Die Pro-Bewegung

Geschichte, Inhalte, Strategien der »Bürgerbewegung Pro Köln« und der »Bürgerbewegung Pro NRW«

Michael Lausberg

Bibliografische Information der Deutschen Bibliothek
Die Deutsche Bibliothek verzeichnet diese Publikation in der Deutschen Nationalbibliografie; detaillierte bibliografische Daten sind im Internet über http://dnb.ddb.de abrufbar.

Michael Lausberg: Die Pro-Bewegung.
1. Auflage, 2010
ISBN 978-3-89771-504-2

© UNRAST-Verlag, Münster
Postfach 8020, 48043 Münster – Tel. (0251) 66 62 93
info@unrast-verlag.de
www.unrast-verlag.de
Mitglied in der assoziation Linker Verlage (aLiVe)

Umschlag: kv, Berlin
Satz: bi, Münster
Druck: Interpress, Budapest

Inhalt

Einleitung 4

Der Begriff des Populismus 8

»Bürgerbewegung Pro Köln« 12

Eckdaten über Pro Köln 12

Deutschen Liga für Volk und Heimat (DLVH) 21

Kommunales Programm 28

Jugend pro Köln 34

Christen pro Köln 39

Zentrale Themen 45

Selbstinszenierung als »Opfer linker Gewalt« 82

Beziehungen zur etablierten extremen Rechten 85

Beziehungen zu ausländischen GesinnungsgenossInnen 90

Der »Anti-Islamisierungskongress« 2008 95

Der »Anti-Islamisierungskongress« 2009 105

Ehemalige MitgliederInnen über das Innenleben
der Pro-Bewegung 107

Die »Bürgerbewegung Pro NRW« (Pro NRW) 111

Eckdaten von Pro NRW 111

Zentrale Themen 121

Fazit 149

Literatur 155

Weitere Informationen 165

1 Einleitung

Seit Mitte der 1980er Jahre kam es in zahlreichen westeuropäischen Ländern zur Etablierung einer neuen Parteienformation, für die sich in der Wissenschaft der Begriff »rechtspopulistisch« herauskristallisierte.[1] Als diese in einzelnen Ländern die ersten Wahlerfolge einfuhren, wurde dies als eine flüchtige Protesterscheinung abgetan. Es wurde erwartet, dass die neuen Formationen im Laufe der Zeit wieder zu Splitterparteien herabsinken oder ganz aus dem Parteiensystem verschwinden würden. Ihre weitere Entwicklung zeigte jedoch, dass diese neuen Parteien ihre Gunst in der Öffentlichkeit und bei Wahlentscheidungen halten oder sogar ausbauen konnten. In Dänemark und Norwegen feierten die Neugründungen Ende der 1980er Jahre erste Wahlerfolge. In der Schweiz entwickelte sich die Schweizerische Volkspartei (SVP) unter Christoph Blocher zu einer der stärksten Parteien des gesamten Landes. Ende November 2009 stimmten fast 57% der stimmberechtigten SchweizerInnen bei einem Referendum dafür, den Bau von Minaretten zu verbieten. Die Volksinitiative für das Minarettverbot im Sommer 2009 wurde von der Schweizerischen Volkspartei (SVP) mit Unterstützung der Kleinpartei Eidgenössisch-Demokratische Union (EDU) ins Leben gerufen. Mit der Initiative sollte das Verbot zur Errichtung von Moscheen mit Gebetstürmen in der Schweizer Verfassung verankert werden. Die Wahlerfolge der Freiheitlichen Partei Österreichs (FPÖ) unter Jörg Haider führten zu einer Regierungsbeteiligung an der Seite der ÖVP Anfang des Jahres 2000. Besonders spektakulär war der Aufstieg des niederländischen Politikers Pim Fortuyn, dessen neu gegründete Partei bei den niederländischen Parlamentswahlen im Jahre 2002 sofort 17% der Stimmen bekam.

In Deutschland feierte die Schill-Partei mit rechtspopulistischen Slogans erste Erfolge. Am 13. Juli 2000 wurde die »Partei Rechtsstaatliche Offensive« (PRO) in Hamburg als Partei auf Landesebene gegründet, die bald darauf in Schill-Partei umbenannt wurde. Zum ersten Vorsitzenden wurde der Hamburger Richter Roland Schill gewählt; die Partei war ganz auf seine Person ausgerichtet. Zahlreiche ehemalige Mitglieder aus den Reihen der Hamburger CDU und der SPD und ehemalige ProtagonistInnen der STATT Partei wechselten im Vorfeld der Bürgerschaftswahl 2001 zu der neu gegründeten Partei. Bei den Hamburger Bürgerschaftswahlen am 23. September 2001 stieg die Schill-Partei aus dem Stand mit 19,4 Prozent der Stimmen zur drittstärksten Kraft auf und zog mit 25 Abgeordneten in die Hamburger Bürgerschaft ein. In einer Koalition mit

---

1 Decker, F.: Die populistische Herausforderung. Theoretische und ländervergleichende Perspektiven, in: Ders. (Hrsg.): Populismus in Europa. Gefahr für die Demokratie oder nützliches Korrektiv?, Bonn 2006, S. 9-32, hier S.9f

CDU und FDP erlangte die Schill-Partei Regierungsbeteiligung. Sie erreichte damit ihr vordergründiges Wahlziel, die jahrzehntelangen SPD-Herrschaft in Hamburg zu beenden. Roland Schill wurde Innensenator und Zweiter Bürgermeister, Mario Mettbach bekam den Posten des Senators für Bauwesen, Peter Rehaag wurde Senator für Umwelt und Gesundheit.

Seit den Terroranschlägen vom 11.9.2001 auf die Zwillingstürme des World Trade Centers und das Pentagon gewann das Thema Islam in der BRD eine besondere Bedeutung.

Das Öffentlichkeitsbild des Islam wurde in der Folgezeit auf Negativ- und Fremdbilder reduziert, MuslimInnen bzw. Menschen, die im Sinne einer christlich-abendländischen Gesellschaft als MuslimInnen imaginiert werden, wurden generell dem Verdacht ausgesetzt, die »westliche Zivilisation« und das »christliche Abendland« vernichten zu wollen. Die These von Samuel P. Huntington, dass die Konflikte des 21. Jahrhunderts durch kulturelle Differenzen entstehen, hatte Hochkonjunktur.[2] Der Grundtenor in den Medien lautete, dass »MuslimInnen«[3] gewaltbereit wären und der angebotene Dialog lediglich eine Täuschung sei. »MuslimInnen« seien nicht in der Lage, sich von den Gewaltdimensionen des Islams zu befreien, da der Islam keine Aufklärung im westlichen Sinne durchlaufen habe. Die Tendenz in vielen Medien, die muslimische Religion mit der Bereitschaft zur Gewaltanwendung und mit Terrordrohungen gleichzusetzen, beeinflusste in einem starken Maße die öffentliche Meinung. In einem Freund-Feind-Denken wurde der Islam zu einer undifferenzierten Einheit homogenisiert, der nach der Weltherrschaft streben würde.[4]

Dieses negativ besetzte Islambild, das immer ein kulturalistisches Konstrukt einer *weißen*, christlichen, abendländischen Gesellschaft ist, nutzen die sich selbst als rechtspopulistisch bezeichnenden Formationen »Bürgerbewegung Pro Köln« und »Bürgerbewegung Pro NRW« zur antimuslimisch rassistischen Agitation.

Die »Bürgerbewegung Pro Köln« (Pro Köln) ist seit den Kommunalwahlen 2004 mit eigener Fraktion im Stadtrat von Köln vertreten. Sie wird seit dem Jahre 2004 unter dem Verdacht einer rechtsextremistischen Bestrebung im NRW-Verfassungsschutzbericht aufgeführt und beobachtet. Überregional bekannt wurde Pro Köln durch ihre rassistische und islamophobe Agitation gegen

---

2 Huntington, S.P.: Kampf der Kulturen – Die Neugestaltung der Weltpolitik im 21. Jahrhundert, München/Wien 1996

3 Es handelt sich dabei immer um konstruierte Bilder eines »Orients«, dem das »eigene« christlich-abendländische Bild entgegen gestellt wird.

4 Vgl. dazu Ates, S.: Das Islambild in den Medien nach dem 11.September 2001, in: Butterwegge, C./Hentges, G. (Hrsg.): Massenmedien, Migration und Integration, Wiesbaden 2006, S. 151-170, hier S. 165ff oder Jäger, S./Halm, D. (Hrsg.): Mediale Barrieren. Rassismus als Integrationshindernis, Münster 2008

den Bau einer Moschee in Köln-Ehrenfeld. Vom 8. November 2008 bis zum 11. April 2009 führte Pro Köln monatlich »Mahnwachen« gegen die »schleichende Islamisierung« durch. Themen der Kundgebungen, die meist nur von ca. 50-100 Menschen besucht wurden, waren »Aktiv pro Menschenrechte – gegen die Unterdrückung der Frau im Islam«, »Gegen Türkisierung und Islamisierung – Köln darf nicht Istanbul werden«, »Nein zu türkischem Nationalismus und Chauvinismus – Das Schicksal der Armenier mahnt!«, »Gegen Großmoscheen, Hassprediger, Minarette, Muezzinruf und Parallelgesellschaften« und »Nein zur Kölner Großmoschee – Für das Grundgesetz statt Minarett und Scharia«. Der Verein Pro Köln wurde am 5. Juni 1996 in Köln-Dünnwald als Ableger der Deutschen Liga für Volk und Heimat (DLVH) gegründet. Bei den Kommunalwahlen in Nordrhein-Westfalen am 26. September 2004 erreichte Pro Köln 4,7% der Stimmen und zog damit in den Stadtrat ein. Im Jahre 2008 organisierte Pro Köln einen »Anti-Islamisierungskongress« in Köln. Der breite Protest, der sowohl von antifaschistischen Gruppen als auch von VertreterInnen der bürgerlichen Mitte getragen wurde, führte zum Abbruch des geplanten Kongresses. Die zentrale Kundgebung von Pro Köln auf dem Kölner Heumarkt wurde aus Sicherheitsgründen von der Polizei untersagt. Der »Anti-Islamisierungskongress« wurde am 9. Mai 2009 im Hinblick auf die anstehenden Kommunalwahlen in NRW in Köln wiederholt. Bei den Kommunalwahlen am 30.8.2009 konnte Pro Köln das Ergebnis von 2004 noch einmal auf 5,36% der Stimmen steigern und errang damit einen Achtungserfolg.

Die »Bürgerbewegung Pro Nordrhein-Westfalen« (Pro NRW) ist eine extrem rechte Regionalpartei, die eine Ausweitung der »Bürgerbewegung pro Köln« auf das Bundesland Nordrhein-Westfalen darstellt. Etwa die Hälfte der Pro NRW Verbände kandidierten am 30. August 2009 erstmalig zur Kommunalwahl in Nordrhein-Westfalen. Dabei wurden landesweit von Pro Köln und Pro NRW 46 Mandate in den Kreistagen, Stadträten und Bezirksvertretungen der kreisfreien Städte erreicht. Pro NRW bzw. Pro Köln zogen in Fraktionsstärke in die Räte der kreisfreien Städte Köln, Gelsenkirchen und Leverkusen ein. Außerdem wurden von Pro NRW Mandate in der kreisfreien Stadt Bonn und in den Städten Bergheim, Dormagen, Radevormwald, Leichlingen und Lemgo errungen. Pro NRW ist in den Kreistagen des Rhein-Erft-Kreises, des Rheinisch-Bergischen Kreises, des Oberbergischen Kreises und des Rheinkreis Neuss vertreten. Das langfristige Ziel von Pro NRW ist die erfolgreiche Teilnahme an den nordrhein-westfälischen Landtagswahlen im Mai 2010

In der wissenschaftlichen Literatur wurden die Themenbereiche »Bürgerbewegung Pro Köln« und »Bürgerbewegung Pro NRW« bislang vernachlässigt.

Es verwundert sehr, dass neben dem Sammelband von Alexander Häusler[5] nur drei andere wissenschaftliche Beiträge[6] über Pro Köln erschienen sind. Bei dieser Untersuchung von Pro Köln und Pro NRW ist als Untersuchungszeitraum die Zeit bis Ende 2008 vorgesehen; bei der aktuellen Entwicklung wird nur auf die wichtigsten Ereignisse eingegangen. Das Thema Strategien gegen Pro Köln und Pro NRW wird hier nicht behandelt; eine fundierte Darstellung findet sich bereits im Sammelband von Alexander Häusler[7].

In der Arbeit wird zunächst eine Definition des Begriffes Populismus vorgenommen. Danach wird auf die »Bürgerbewegung Pro Köln« eingegangen. Dabei werden zunächst die Eckdaten der Entwicklung von Pro Köln vorgestellt, bevor einzelne Themenbereiche untersucht werden. Die Darstellung der »Bürgerbewegung Pro NRW« ist Untersuchungsgegenstand des nächsten Kapitels. Zuerst werden auch hier die wichtigsten Entwicklungsschritte nachgezeichnet. Danach stehen die wichtigsten Themenbereiche von Pro NRW (Islamismus, Kriminalität, Schul- und Bildungspolitik, Migration, Wirtschaftspolitik) im Mittelpunkt der Untersuchung. In der Schlussbemerkung wird eine Zusammenfassung und Bewertung der Untersuchungsergebnisse durchgeführt.

---

5 Häusler, A.(Hrsg.): Rechtspopulismus als »Bürgerbewegung«. Kampagnen gegen Islam und Moscheebau und kommunale Gegenstrategien, Wiesbaden 2008
6 Häusler, A./Peters, J.: Rechtspopulismus in Gestalt einer »Bürgerbewegung«. Struktur und politische Methodik von Pro NRW und Pro Deutschland. Expertise der Arbeitsstelle Neonazismus/Forschungsschwerpunkt Rechtsextremismus und Neonazismus der Fachhochschule Düsseldorf, Köln 2007; Häusler, A./Killgus, H-P. (Hrsg.): Feindbild Islam. Rechtspopulistische Kulturalisierung des Politischen. Dokumentation zur Fachtagung vom 13.9.2008, Köln 2008 sowie Detjen, J.: Die rechtspopulistische Mobilisierungsstrategie von »pro Köln«, in: Helas, H./Rubisch, D.: Rechtsextremismus in Deutschland. Analysen, Erfahrungen, Gegenstrategien, Berlin 2006, S. 84-94
7 Vgl. dazu Häusler, Rechtspopulismus als »Bürgerbewegung«. Kampagnen gegen Islam und Moscheebau und kommunale Gegenstrategien, a.a.O., S. 241-290

Der Begriff des Populismus

Der Begriff Populismus tauchte das erste Mal in der Sozialwissenschaft Ende des 19. Jahrhunderts auf. Damit wurde die Farmerbewegung in den USA beschrieben, die sich gegen die in der Hauptstadt New York ansässigen Großkonzerne für billige Kredite, politische Teilhabe und landwirtschaftliche Verwertungsgenossenschaften engagierte und dazu im Jahre 1892 die Populist Party gründete.

Alle Versuche, den Populismusbegriff hinreichend zu erläutern, haben gezeigt, dass er zu komplex, kontextabhängig und variabel ist, um in engen Definitionen erfasst werden zu können. Bezogen auf die aktuelle Problemlage des Populismus in Europa gibt es einen Konsens über wichtige Aspekte in der Forschungslandschaft. Dazu gehört vor allem die Erkenntnis, dass der Populismus in den modernen Massendemokratien infolge von Modernisierungskrisen und politischen Repräsentationsproblemen ein Dauerphänomen darstellt, das zwar in seiner Größenordnung und Virulenz beträchtlichen Schwankungen unterworfen, aber jederzeit zu gegenwärtigen ist. Die traditionellen Parteibindungen haben sich in den letzten Jahrzehnten in der BRD und anderen Ländern abgeschwächt, so dass populistische Parteien unter bestimmten Voraussetzungen leichter WählerInnen für sich gewinnen können.

Es ist ein schweres Unterfangen, die historischen und den bestehenden populistischen Parteien und Bewegungen auf einen Nenner zu bringen. Dennoch gibt es eine Reihe von Aspekten, die in ihrer Mehrzahl, wenn auch nicht alle gleichzeitig und in derselben Form auf die meisten Fälle zutreffen:[8]

1) Zielgruppe des Populismus sind in der Regel die Unter- und Mittelschichten, die sich durch die bestehende gesellschaftliche, wirtschaftliche und politische Ordnung oder ihre Entwicklung benachteiligt sehen. Für diese Entwicklung werden die etablierten Institutionen, deren Repräsentanten und das herrschende politische Establishment verantwortlich gemacht.
2) Im Mittelpunkt stehen dabei fast immer Ärger und Misstrauen vor allem gegen »die da oben« und der diffuse Protest gegen sie. Es handelt sich in erster Linie um eine Bewegung des »gegen«, des Widerstandes gegen herrschende Verhältnisse, zumeist ohne ein differenziertes konstruktives Handlungsprogramm.

---

8 Meyer, T.: Populismus und Medien, in: Decker, F.: (Hrsg.): Populismus in Europa. Gefahr für die Demokratie oder nützliches Korrektiv?, Wiesbaden 2006, S. 81-98, hier S. 81f

3) Beim Populismus als Strategie geht es um die Instrumentalisierung von Schwarz-Weiß-Bildern des Politischen und groben Schemata der emotionalen Entdifferenzierung. Dabei werden komplexe Probleme in einfache, einprägsame Parolen transformiert.
4) Zumeist spitzt sich die Entdifferenzierung zu einer Norm des Freund-Feind-Denkens zu, bei der das Volk (»wir hier unten«), die »Oberen« als Gegensatz unversöhnlich kontrastiert werden. Die politische Theorie Carl Schmitts erlangt dabei hegemonialen Charakter.
5) Es wird ein einseitiges Bild der Wirklichkeit entworfen; einfache, einprägsame Slogans und Lösungen werden angeboten, um so mehr Aufmerksamkeit zu erlangen. An der Stelle von konsensorientierter Kommunikation treten Anklage, Anprangern und verschiedene Formen der Verdächtigung, wobei Aspekte der praktischen Realisierbarkeit außer Acht gelassen werden. Im Hinblick auf den Populismus als Methode werden zwei Kriterien in den Mittelpunkt gestellt: Erstens geht es immer um die Verschärfung vorhandener populärer Vorurteile und ihrer Instrumentalisierung, wobei unterstellt wird, dass sie im Bewusstsein der Benachteiligten innerhalb der Gesellschaft vorliegen. Zweitens benutzt der Populismus die reine Lehre von Gut und Böse und verdächtigt alle komplexen Lösungen und Kompromisse als unbrauchbar.

Es gibt keinen monokausalen Erklärungsansatz für das Phänomen des Populismus; seine Ursachen sind vielfältig. Als Hintergrundmotiv kann immer ein akutes Modernisierungsproblem vermutet werden, das auf kulturellem, sozialem oder ökonomischen Gebiet Bedrohungsängste, Entwurzelungserfahrungen und Ängste auslöst.

Das populistische Modell erscheint für Teile der Wählerschaft dann besonders attraktiv, wenn die gewählten Repräsentanten des Staatsapparates die Vorstellungen der Mitglieder unzureichend verwirklichen, also eine Krise der Repräsentation und Legitimation besteht.[9] Entscheidend ist das Gefühl der eigenen Benachteiligung, das sich aus der Orientierung an bestimmte Erwartungen oder Referenzgruppen ergibt.

Ein Merkmal populistischer Bewegungen sind charismatische Führungsfiguren, die sich zu Anwälten des »Volkes« aufschwingen und suggerieren, dass sie selbst aussprechen, was die schweigende Mehrheit sich nicht zu sagen traut. Diese Personenzentriertheit entspringt dem Bedürfnis von benachteiligten Menschen, die sich klare Weltbilder und Autorität wünschen. Eine notwendige

---

9 Vgl. dazu Papadopoulos, Y.: Populism, the Democratic Question, and Contemporary Governance, in: Mény, Y,/Surel, Y.: (Hrsg.): Democracies and the Populist Challange, New York 2002, S. 81-98

Differenzierung der Weltsicht wird von potentiellen Wählern populistischer Parteien nicht für wichtig erachtet oder negiert; Eigenschaften wie Renitenz oder Toleranzfähigkeit sind nicht sonderlich ausgeprägt.

Die zentrale Botschaft gegenwärtiger populistischer Ideologiebildung besteht darin, dass die Politik und das »korrupte Establishment« der Kontrolle durch das Volk, den demokratischen Souverän, entglitten seien.[10] Es herrscht eine negative Einstellung der Menschen in Bezug auf die hegemoniale Führung, was zu mangelhaft empfundener Partizipation am politischem Prozess führt. Lobbyismus, Skandale wie Spendenaffären, die durch die Massenmedien publiziert werden, tragen zu dieser Stimmung bei. Das vorgebliche Ziel des Populismus ist es, »die herrschende politische Klasse soweit als möglich ihrer Macht zu berauben, um so dem Volk seine Souveränität zurückzugeben.«[11] Populisten betonen dagegen in der Regel ihre »Bürgernähe« im Gegensatz zur »etablierten« Politik, werfen ihren Gegnern vor, die Probleme der »einfachen Leute« zu ignorieren, undemokratisch vorzugehen und elitären Partikularinteressen verpflichtet zu sein.

Alle Kernthemen und programmatischen Botschaften der populistischen Parteien und Bewegungen sind in den Gegensatz zwischen Volk und Elite eingewoben.[12]

Lars Rensmann weist mit Recht auf die vertikale und horizontale Orientierung populistischer Ideologie hin:[13]

«Vertikale Orientierung (gegen ›die da oben‹)
- Antiparteienorientierung/Antiparteienpartei
- Antiestablishment/Betonung kollektiver Identität (›unten‹) und Gemeinschaft gegenüber individuellen Interessen (›oben‹)
- Vertretung eines homogenisierten ›Volkswillens‹ bzw. der ›schweigenden Mehrheit‹

---

10 Canovan, M.: Taking Politics to the People. Populism as the Ideology of Democracy, in Mény, Y./Surel, Y. (Hrsg.): Democracies and the Populist Challange, New York 2002, S. 25-44, hier S. 27

11 Betz, H.-G.: Rechtspopulismus. Ein internationaler Trend?, in: Aus Politik und Zeitgeschichte, Band 9-10, 1998, S. 3-12, hier S. 5

12 Geden, O.: Identitätsdiskurs und politische Macht. Die Mobilisierung von Ethnozentrismus zwischen Regierung und Opposition am Beispiel der FPÖ und SVP, in: Frölich-Steffen/Rensmann, L. (Hrsg.): Populisten an die Macht. Populistische Regierungsparteien in Ost- und Westeuropa, Wien 2005, S. 71-85, hier S. 78

13 Rensmann, L.: Populismus und Ideologie, in: Decker, F. (Hrsg.): Populismus in Europa. Gefahr für die Demokratie oder nützliches Korrektiv?, Wiesbaden 2006, S. 59-80, hier S. 65

- Soziokulturelle Modernisierungsabwehr/gegen Modernisierung als ›Eliten-Projekt‹
- Antipluralistische Elemente

Horizontale Orientierungen (gegen ›außen‹)
- Anti-EU-Positionen
- Anti-Globalisierung
- Antiamerikanismus
- Sozialprotektionismus/Abwehr von Zuwanderung (vor allem von rechten Varianten)
- Antipluralistische Elemente«

»Bürgerbewegung Pro Köln«

Eckdaten über Pro Köln

Bei ihrer Namensgebung versucht die »Bürgerbewegung Pro Köln«, sich einen möglichst seriösen bürgerlichen Anstrich zu geben, um nicht gleich mit dem Vorwurf des Rechtsextremismus belegt zu werden. Auf den ersten Blick ist für potentielle WählerInnen oder Interessierte nicht erkennbar, dass es sich bei Pro Köln um eine extrem rechte Gruppierung handelt. Dies ist für die Strategie von Pro Köln von entscheidender Bedeutung, um als bürgerliche Partei, die sich für lokale Interessen einsetzt, angesehen zu werden.[14]

Pro ist eine griechisch-lateinische Vorsilbe, die unter anderem mit »für« übersetzt wird. Die Namensgebung Pro Köln suggeriert, dass die Partei sich in welcher Form auch immer »für Köln«, also für lokale Interessen, einsetzt.

Pro kann aber auch eine Anlehnung an die »Partei Rechtsstaatliche Offensive« (PRO) darstellen. PRO war eine rechtspopulistische Kleinpartei in Deutschland, die von 2000 bis 2007 existierte. Sie war von 2001 bis 2004 an der Regierung in Hamburg beteiligt.[15] In ihrer Geschichte verwendete sie insgesamt drei verschiedene Kurzbezeichnungen: War zunächst PRO das offizielle Kürzel, so musste sie nach einer Klage der Partei »Pro DM« im Jahr 2001 darauf verzichten, weshalb sie sich anschließend nach ihrem Gründer Schill nannte und daraufhin in der Öffentlichkeit meistens als »Schill-Partei« bezeichnet wurde. Nach der Trennung von diesem war bis zur Auflösung »Offensive D« die offizielle Kurzbezeichnung. In ihrer theoretischen Ausrichtung orientierte sich die Partei an den österreichischen Rechtspopulisten Jörg Haider. In ihrem Programm plädierte die »Partei Rechtsstaatlicher Offensive« unter anderem für die ihrer Ansicht nach notwendige Stärkung der inneren Sicherheit. Die Bekämpfung des islamistischen Terrors sollte durch die Schaffung von »Sicherungsgesetzen« erfolgen. Eine »konsequente Strafverfolgung« und die striktere Anwendung der Gesetze war ein weiteres Ziel, wobei das Recht der Opfer eindeutig Vorrang vor dem Recht der Täter haben sollte. Darüber hinaus strebte die Partei eine restriktivere »Ausländerpolitik« an, sodass eine »sichere Ausländerpolitik« möglich werden könne. Zuwanderung sollte streng kontrolliert werden, Asylmissbrauch stärker

---

14 Häusler, A.: Rechtspopulismus als Stilmittel zur Modernisierung der extremen Rechten, in: Häusler, Rechtspopulismus als »Bürgerbewegung«. Kampagnen gegen Islam und Moscheebau und kommunale Gegenstrategien, a.a.O., S. 37-54, hier S. 38

15 Freudenberg, A.: Freiheitlich-konservative Kleinparteien im wiedervereinigten Deutschland: Bund Freier Bürger, Deutsche Partei, Deutsche Soziale Union, Partei Rechtsstaatlicher Offensive, Leipzig 2009, S. 136ff

als bisher bekämpft werden. Das Asylrecht sollte aus der Verfassung genommen und als einfaches Gesetz verankert werden. Die multikulturelle Gesellschaft wurde abgelehnt, ebenso der geplante EU-Beitritt der Türkei.

Bei den Hamburger Bürgerschaftswahlen am 23. September 2001 wurde die »Schill-Partei« aus dem Stand mit 19,4 Prozent der Stimmen zur drittstärksten Kraft und zog mit 25 Abgeordneten in die Hamburger Bürgerschaft ein. Zusammen mit CDU und FDP bildete die »Schill-Partei« die Regierung. Der extrem rechte Charakter der Partei wurde unter anderem deutlich, als der Bezirksvorsitzende, Frederick Schulze, in Düsseldorf am 11. Oktober 2002 bei einer Veranstaltung in Gegenwart von Roland Schill Gegendemonstranten zurief, sie sollten »sich lieber Arbeit suchen, denn Arbeit macht frei«. Seit den Wahlerfolgen der Schill-Partei in Hamburg und der österreichischen FPÖ auf europäischer Ebene wurden rechtspopulistische Politikansätze hoffähig und prägten auch die Vorgehensweise und Inhalte von Pro Köln.

De Partei »PRO Deutsche Mitte– Initiative PRO – DM« (PRO DM) war eine rechtspopulistische Kleinpartei, die von 1998 bis 2007 existierte und die gegen die Einführung des Euro kämpfte.[16] Ihre dominanteste Person in der öffentlichen Wahrnehmung war ihr Vorsitzender Bolko Hoffmann. In ihrer knapp zehnjährigen Geschichte trat sie nur sporadisch zu Wahlen an. 2004 nahm sie den ehemaligen Hamburger Innensenator Roland Schill, der bei seiner ursprünglichen Partei in Ungnade gefallen war, bei sich auf. Mit Schill als Spitzenkandidat trat sie im selben Jahr bei der Hamburger Bürgerschaftswahl unter dem Kürzel »Pro DM/Schill« an und erreichte 3,1 %. Ihr Vorsitzender, der Euro-Gegner und Verleger Bolko Hoffmann, führte die Partei autoritär und zentralistisch. Ehemalige Mitglieder beklagten im Nachhinein auch unter anderem ein undemokratisches Vorgehen des Parteivorsitzenden bei der Aufstellung von KandidatInnen und bei der Gründung von Landesverbänden. Die Partei sprach sich für eine starke Zuwanderungsbegrenzung aus, strebte eine schnellere Abschiebung »nichtdeutscher« Straftäter an und forderte, dass »ausländische« Drogendealer in ihr Herkunftsland abgeschoben werden. Außerdem fordert die Partei eine massive Verschärfung der Maßnahmen zur »inneren Sicherheit« und eine restriktive Drogenpolitik.

Die Pro-Bürger-Partei (PBP) war eine Nachfolgegruppierung der Schill– Partei. Sie existierte vom 28. Februar 2003 bis zum 10. Juni 2005.Bei der Kommunalwahl in Nordrhein-Westfalen 2004 erlangte die PBP mehrere Mandate: im Kreistag des Kreis Recklinghausen (1 Mandat), sowie in den Rathäusern der

---

16 Jesse, E.: Die Rechts(außen)parteien. Keine ersichtlichen Erfolge, keine Erfolge in Sicht, in: Niedermayer, O. (Hrsg.): Die Parteien nach der Bundestagswahl 2002, Berlin 2003, S. 174

Städte Duisburg (2), Castrop-Rauxel (1), Gelsenkirchen (1), Herten (2) und Recklinghausen (1).[17]

Die Eigenbezeichnung von Pro Köln als »Bürgerbewegung« besitzt Tradition in der Namensgebung extrem rechter Gruppen und Initiativen.[18]

In den 1970er Jahren entwickelte sich die Bürgerinitiativbewegung auch als Alternative zur APO. Während sich die APO als eine allgemeine Bewegung gegen Entwicklung in den Parlamenten, insbesondere dem Bundestag, verstand, versuchten die Bürgerinitiativen meist, lokale Interessen parteiübergreifend geltend zu machen. Eine Bürgerinitiative ist eine aus der Bevölkerung heraus gebildete Interessensvereinigung, die aufgrund eines konkreten Anlasses in ihrer politischen, sozialen oder ökologischen Welt Selbsthilfe organisiert und somit möglicherweise Einfluss auf die öffentliche Meinung, auf staatliche Einrichtungen, Parteien oder andere gesellschaftliche Gruppierungen nimmt.

Unter der Bezeichnung »Bürgerinitiative Ausländerstopp« (BIA) wurden seit den 1980er Jahren in mehreren deutschen Ländern extrem rechte Gruppierungen aus dem Umfeld der Nationaldemokratischen Partei Deutschlands (NPD) tätig. In den 1990er Jahren und nach 2000 traten solche Bürgerinitiativen in einigen Fällen erfolgreich bei Kommunalwahlen in Bayern an. Die erste »Bürgerinitiative Ausländerstopp« wurde 1980 von ehemaligen NPD-Funktionären in Wattenscheid gegründet. Sie gab jeden zweiten Montag die Publikation »Deutsche Zukunft« heraus. Mitinitiator war das NPD-Mitglied Hagen Prehl, der bereits Ende der 1970er Jahre in München mit extrem rechten Flugblättern der »Aktion Ausländerstopp« hervortrat. Anfang der 1980er Jahre stellte die Initiative einen Antrag auf ein Volksbegehren zur Einrichtung getrennter Schulklassen von deutschen und »ausländischen« Kindern in Nordrhein-Westfalen. Weitere Initiativen entstanden zur gleichen Zeit z.B. auch in Recklinghausen, die von dem NPD-Kreisvorsitzenden Joachim Gläßel geleitet wurde. Bei den bayerischen Kommunalwahlen 1996 erhielt eine »Bürgerinitiative Ausländerstopp« im Landkreis Neumarkt in der Oberpfalz 2 Prozent und ein Mandat. Im Juli 2001 wurde in Nürnberg mit personeller und materieller Unterstützung der NPD eine weitere Initiative gegründet. Ihr Ziel war es, bei der Nürnberger Stadtratswahl mit einer möglichst starken Fraktion ins Nürnberger Rathaus einzuziehen.[19] Unter ihrem Vorsitzenden Ralf Ollert bekam die Initiative bei den Kommunalwahlen am 3. März 2002 2,3 Prozent der Stimmen

---

17 taz vom 20. April 2005

18 Häusler, A.: Rechtspopulismus als Stilmittel zur Modernisierung der extremen Rechten, in: Häusler, Rechtspopulismus als »Bürgerbewegung«. Kampagnen gegen Islam und Moscheebau und kommunale Gegenstrategien, a.a.O., S. 37-54, hier S. 39

19 Bayerisches Staatsministerium des Innern (Hrsg.): Verfassungsschutzinformationen Bayern. 1. Halbjahr 2002, München 2002, S. 10

und zog damit in den Nürnberger Stadtrat ein. Auch weitere Plätzen der Liste wurden mit Mitglieder und Funktionäre der NPD besetzt, andere Kandidaten kamen aus dem Spektrum der neonazistischen »Freien Kameradschaften«. Kurz nach der Wahl leitete die Staatsanwaltschaft ein Ermittlungsverfahren gegen Ralf Ollert wegen Volksverhetzung ein. Ausgangspunkt waren Veröffentlichungen auf der Website der Bürgerinitiative, in denen von einem »judäo-globalistischen Völkermordprogramm der ›multikulturellen Gesellschaft‹« die Rede war.[20]

In Anlehnung an ihre Vorbilder, der Vlaams Belang in Belgien und die österreichische FPÖ, bezeichnete sich die Pro-Bewegung offen als »rechtspopulistisch«. Auf der Gründungsversammlung des Bezirksverbandes von Pro NRW am 28.04.2008 erläuterte Jörg Uckermann diesen Begriff:[21] »Als stellvertretender Bezirksbürgermeister von Köln-Ehrenfeld habe ich die kommunalpolitischen Probleme und die Verweigerungshaltung der Altparteien insbesondere auch der CDU im Detail kennen gelernt. Bei pro Köln bzw. pro NRW sind dagegen Menschen mit Gespür für den Bürgerwillen und der Entschlossenheit zu einer bürgerfreundlichen Politik am Werke. Das verstehe ich als politischen Populismus im besten Sinne.«

Diese Eigenbezeichnung als PopulistInnen bedeutet jedoch keine Abkehr von extrem rechten Inhalten; Häusler spricht zutreffend von einer »dem politischen Zeitgeist konforme Ausprägung der extremen Rechten«.[22]

Verteilungskämpfe innerhalb der Gesellschaft werden ethnisiert; Huntingtons Dogma vom »Kampf der Kulturen« auf die Bundesrepublik übertragen. Der Bielefelder Forscher Wilhelm Heitmeyer spricht davon, dass sich durch die bereits erkennbaren ökonomischen, sozialen und politischen Folgen eines autoritären Kapitalismus günstige Bedingungen für die Ausbreitung des Rechtspopulismus ergeben.[23]

Pro Köln ist darum bemüht, sich als Partei von allen anderen extrem rechten Parteien in der Öffentlichkeit zu distanzieren. Bei jeder Gelegenheit wird hervorgehoben, dass sie sich dem Grundgesetz der BRD verpflichtet fühlen:[24] »Wir sind und bleiben eine völlig grundgesetzkonforme Bürgerbewegung, die sich eindeutig zu den Werten der demokratischen Grundordnung bekennt und jeder Art des Radikalismus eine entschiedene Absage erteilt.« Trotz diesen ver-

---

20 Ebd., S. 19
21 Häusler, A.: Rechtspopulismus als Stilmittel zur Modernisierung der extremen Rechten, in: Häusler, Rechtspopulismus als »Bürgerbewegung«. Kampagnen gegen Islam und Moscheebau und kommunale Gegenstrategien, a.a.O., S. 37-54, hier S. 40
22 Ebd., S. 49
23 Heitmeyer, W./Loch, D.: Schattenseiten der Globalisierung, Frankfurt/M. 2001, S. 528
24 www.pro-koeln-online.de/artike08/170308_ghetto.htm

balen Abgrenzungsversuchen besteht kein Zweifel, dass sie dem extrem rechten Lager angehören.

Um den politischen Kontext von Pro Köln näher beleuchten zu können, werden nun einige Eckdaten der historischen Entwicklung und ihre politischen Aktivitäten vorgestellt.

Die »Bürgerbewegung Pro Köln« wurde am 5.6.1996 in Köln-Dünnwald gegründet und ins Vereinsregister eingetragen. Zu den Gründungsmitgliedern gehörten die bereits in der »Deutschen Liga für Volk und Heimat« (DLVH) aktiven Markus Beisicht, Manfred Rouhs und Bernd M. Schöppe. Erster Vorsitzender war Sven Möller, der jedoch völlig im Hintergrund blieb. Im Jahre 1999 übernahm die damalige Jurastudentin Judith Wolter den Vorsitz von Pro Köln. Wolter hatte 1999 zur Kommunalwahl noch für die »Republikaner« kandidiert. Im Dezember 2005 erschien unter dem Titel »Kölner Zeitbombe« ein Beitrag von Wolter in der extrem rechten österreichischen Zeitschrift »Aula«, in dem sie eine »radikale Umkehr in der Ausländerpolitik« und Maßnahmen gegen die »schleichende Islamisierung« anmahnte.[25] Im Jahre 2007 war Wolter Mitautorin des Sammelbandes »Was der Verfassungsschutz verschweigt. Bausteine für einen alternativen Verfassungsschutz-Bericht«, der vom JF-nahen Institut für Staatspolitik verlegt wurde.[26]

Bei der Direktwahl des Kölner Oberbürgermeisters im Jahre 2000 bekam der Pro Köln-Kandidat Stephan Flug, der als »kölscher Haider« bezeichnet wurde, lediglich enttäuschende 0,5% der Stimmen.

Dieses Desaster sollte sich nicht wiederholen. Pro Köln bündelte alle Kräfte, um bei den Kommunalwahlen 2004 erfolgreich abzuschneiden. Es konnten Kandidaten für alle 45 Kölner Wahlbezirke aufgestellt werden. Mit der Agitation gegen den Bau der Moschee in Köln-Ehrenfeld und zu diesem Thema abgehaltene Informationsveranstaltungen schaffte es Pro Köln, in der Kölner Öffentlichkeit bekannt zu werden. Neben diesen aktionistischen Auftritten wurde durch Aufkleber, Postwurfsendungen und Unterschriftensammlungen politische Arbeit betrieben.

In ihrem Grundsatzprogramm 2004 sprach sich Pro Köln »undogmatisch, überparteilich und ohne Tabus« gegen Korruption und die »Misswirtschaft« der anderen Parteien aus.[27]

Neben wirtschaftspolitischen Forderungen wie die Stärkung der mittelständischen Unternehmen und die Senkung der Gewerbesteuer prangerte sie den »Sozialhilfemissbrauch«, die Kosten für die Unterbringung von Asylbewerbern, die »ausufernde Roma-Klau-Kids-Problematik« sowie das »Meinungsmonopol

---

25 Die Aula vom Dezember 2005, S. 10
26 Jugendclub Courage (Hrsg.) Köln ganz rechts, Köln 2008, S. 23
27 www.pro-koeln-online.de/das/htm

des Neven-Du-Mont-Verlages« an. Weiterhin forderte Pro Köln ein rigoroses Durchgreifen gegen Kriminelle und ihre schnelle Aburteilung. Die Partei stellte die Frage, ob »der rheinische Charakter unserer Stadt nicht durch ungebremste Masseneinwanderung verloren geht.« Sie plädierte in diesem Zusammenhang für eine äußerst restriktive Zuwanderungspolitik.

Bei der Wahl zum Kölner Stadtrat gelang ihr ein bemerkenswerter Wahlerfolg von 4,7% der Stimmen. Dadurch war Pro Köln mit vier Mandaten im Stadtrat vertreten, die von Manfred Rouhs, Bernd-Michael Schöppe, Regina Wilden und Judith Wolter besetzt wurden. Ein fünftes Mandat bekam Pro Köln durch den Übertritt des Ratsherren Hans-Martin Breninek von den »Republikanern«. Ihnen gelang ebenfalls der Sprung in alle neun Kölner Bezirksvertretungen mit 12 Mandaten. Die Ergebnisse von Pro Köln in den einzelnen Stadtbezirken waren unterschiedlich. In den Stadtbezirken Innenstadt (2,8%), Lindenthal (2,92%) sowie Rodenkirchen (4,04%) schnitten sie schlecht ab, in Chorweiler (7,05%), Porz (6,63%), Kalk (5,79%), Nippes (5,23%), Mülheim (5,21%) und Ehrenfeld (5,05%) erreichten sie mehr als 5 Prozent.

Dieses Wahlergebnis brachte für einige Aktivisten von Pro Köln neue Positionen und Zuständigkeitsbereiche mit sich. Markus Beisicht blieb Vorsitzender, Manfred Rouhs wurde neben seinem angestammten Posten des Schatzmeisters von Pro Köln nun Geschäftsführer der Fraktion Pro Köln im Stadtrat. Judith Wolter wurde Vorsitzende der Fraktion Pro Köln und behielt ihren alten Posten als geschäftsführende stellvertretende Vorsitzende. Regina Wilden, Vorstandsmitglied von Pro Köln, wurde Ratsmitglied und Vorsitzende der Porzer Fraktion. Hans-Martin Breninek wurde neben seinem Amt als Mitglied des Rates gleich zum Vorstandsmitglied von Pro Köln berufen.

Im Jahr 2005 wechselte der Politikwissenschaftler Markus Wiener zu Pro Köln. Wiener war in der Prager Burschenschaft Teutonia zu Regensburg aktiv, einer schlagenden Verbindung. Vom stellvertretenden Vorsitzenden von Pro Köln stieg er in kürzester Zeit zum Generalsekretär von Pro NRW auf.

Nach eigenen Angaben verdoppelte sich seit dem Einzug in den Rat der Stadt Köln 2004 die Mitgliederzahl auf annähernd 300 Personen.[28] Zur weiteren Ausdehnung war Pro Köln bestrebt, neue Mitglieder zu gewinnen. Ein erster Erfolg war der Wechsel des stellvertretenden Bezirksvorstehers von Ehrenfeld, Jörg Uckermann, von der CDU zu Pro Köln.

Im Jahre 2008 vermeldete Pro Köln einen weiteren öffentlichkeitswirksamen Wechsel von der CDU zur »Bürgerbewegung«. Der 22jährige Gereon Breuer, Kreisvorsitzender der JU Siegen-Wittgenstein, Vorsitzender der RCDS an der

---

28 Killgus, H.-P./Peters, J./Häusler, A.: PRO KÖLN-Entstehung und Aktivitäten, in: Häusler, Rechtspopulismus als »Bürgerbewegung«. Kampagnen gegen Islam und Moscheebau und kommunale Gegenstrategien, a.a.O., S. 55-71, hier S. 63

Universität Siegen, Europabeauftragter des CDU-Kreisverbandes Siegen-Wittgenstein sowie persönlicher Referent des CDU-Bundestagskandidaten Ulrich Künkler trat zu Pro Köln bzw. Pro NRW über.[29] Über die Gründe seines Wechsels äußerte Breuer:[30] »Unter Rüttgers darf es in NRW keinen konservativen CDU-Flügel mehr geben. Die Landespartei ist zeitgeisthörig, völlig angepasst und kaum mehr von der SPD zu unterscheiden. Jedes CDU-Mitglied, der sich irgendwann mal politisch unkorrekt geäußert hat, wird ins Abseits manövriert. (…) So wie die Linkspartei Teile der SPD-Mitgliedschaft übernommen hat, so rekrutieren wir derzeit zahlreiche ehemalige CDU-Mitglieder und –Funktionäre. Politisch heimatlos gewordene Christdemokraten finden bei uns eine neue politische Heimat, in der man sich noch für die Bewahrung einer deutschen Leitkultur einsetzen kann. Die CDU befindet sich in NRW in einem regelrechten Erosionsprozess gerade an ihrem konservativen Rand. (…) Nicht umsonst verabschiedet sich ein Friedrich Merz aus der Politik.«

In einem Interview stellte Breuer seine politischen Vorstellungen vor:[31] »Wir müssen die FPÖ Deutschlands werden. (…) Insbesondere auf dem Feld der Integrationspolitik hat die Union zu wenig getan, um als eine wahrhaft konservative Partei gelten zu können. Den EU-Beitritt der Türkei abzulehnen und gleichzeitig eine Vereinigung der ›Türken in der CDU‹ in den eigenen Reihen zu dulden – das passt nicht zusammen.«

Breuers Arbeitsschwerpunkte innerhalb der Pro-Bewegung waren die Gestaltung der Internetseiten und die Mitgestaltung der Öffentlichkeitsarbeit im Vorfeld der nordrhein-westfälischen Kommunalwahlen. Außerdem stieg er zum persönlichen Referenten von Markus Beisicht auf.[32]

Pro Köln verkündete weitere zukünftige Übertritte von der CDU zur Pro-Bewegung:[33] »Wir stehen derzeit mit zwei Kölner CDU-Funktionären in ergebnisoffenen Gesprächen. Aber auch im gesamten Bundesland gibt es zwischenzeitlich ein ganzes Netzwerk von Kontakten zu vielfach enttäuschten CDU-Funktionären, die den verhängnisvollen Multi-Kulti-Kurs ihrer Partei so nicht mehr mittragen wollen. (…) Personen wie Schramma, Laschet treiben unzählige CDU-Mitglieder aus der Partei.« Diese Meldung erwies sich jedoch als hohle Phrase, weitere Übertritte von Mitgliedern von regionaler Bedeutung aus der CDU blieben aus.

Pro Köln erstellte ein eigenes Informationsblatt über die Tätigkeiten ihrer Mitglieder im Rat, in den Ausschüssen und Bezirksvertretungen, um die »beständig

---

29 www.pro-koeln-online.de/artikel 108/181208_fraktion.htm
30 www.pro-koeln-online.de/artikel 108/111208_cdu.htm
31 www.pro-koeln-online.de/artikel 108/121208_interview.htm
32 www.pro-koeln-online.de/artikel 108/101208_breuer.htm
33 www.pro-koeln-online.de/artikel 108/111208_cdu.htm

konsequente Oppositionsarbeit in den städtischen Gremien« zu dokumentieren.[34] Bei der Auflistung nach einem Jahr »Oppositionsarbeit« stand allerdings nur die Quantität im Vordergrund:[35] »Im Stadtrat und in den Fachausschüssen gab es bisher über 80 Anträge und Anfragen der Fraktion Pro Köln! Und in den Bezirksvertretungen waren es sogar über 90 Anträge und Anfragen! In vielen Ratsitzungen stellt Pro Köln die meisten Anträge und Anfragen!« Es wird verschwiegen, dass die anderen im Rat der Stadt Köln vertretenen Personen die meist unsinnigen Anträge von Pro Köln prinzipiell ablehnen und sich nur selten inhaltlich dazu äußern, um der Fraktion Pro Köln keine weitere Plattform für ihre Agitation zu bieten. Neben den Themen Moscheebau, Migration und Islam geht es bei den meisten Anträgen um Korruptionsvorwürfe. Pro Köln orientiert sich dabei an dem konservativen Kölner Soziologen Erwin K. Scheuch, der am 13.10. 2003 verstarb.[36] Erwin K. Scheuch schrieb mehrere Artikel in der Zeitung »Junge Freiheit« und verteidigte das rechte Wochenblatt gegen die Überwachung durch den Verfassungsschutz.

Pro Köln schrieb: »Der Soziologe war mit offensiver Kritik am Parteiensystem und an der Selbstbedienungsmentalität vieler Politiker überall im etablierten Politikbetrieb angeeckt. Seine Arbeiten über Cliquen, Klüngel und Mittelmaß in der Politik machten den streitbaren Wissenschaftler weit über die Grenzen der Domstadt hinaus bekannt. Scheuch nahm kein Blatt vor den Mund, wenn es darum ging, den Niedergang der politischen Kultur in Deutschland anzuprangern.«

Die Abgrenzung der CDU zu Pro Köln wurde nicht immer durchgehalten. Am 24.3.2005 fand Judith Wolter bei einer Veranstaltung der Jungen Union in Brühl eine Plattform, um ihre politische Propaganda zu verbreiten. Wolter wertete die Veranstaltung folgendermaßen:[37] »Die Versammlung der Jungen Union in Brühl (…) bedeutet einen ersten, wichtigen Schritt in Richtung auf die Normalisierung des Verhältnisses der CDU zu unserer Bürgerbewegung.«

---

34 Pro Köln (Hrsg.): Informationen der Fraktion Pro Köln im Rat der Stadt Köln Nr.12/4.Quartal 2005, S. 3

35 Ebd.

36 Die wichtigsten Schriften Scheuchs zum Thema Korruption in der Politik sind: Scheuch, E:K./Scheuch, U.: Cliquen, Klüngel und Karrieren: Über den Verfall der politischen Parteien, Reinbek 1992; Scheuch, E:K./Scheuch, U.: Bürokraten in den Chefetagen, Reinbek 1995; Scheuch, E. K.: Die Spendenkrise – Parteien außer Kontrolle, Reinbek 2000

37 www.sueddeutsche.de/politik/249/398034/text/

Pro Köln bzw. Pro NRW äußerten sich immer wieder lobend über die islamfeindlichen Äußerungen des Niederländers Geert Wilders und seinen rassistischen Trashfilm »Fitna«.[38]

Geert Wilders gründete Anfang 2006 die »Partij voor de Vrijheid« (PVV). Die Partei trat bei den niederländischen Parlamentswahlen am 22.11.2006 an und erhielt auf Anhieb 5,9% der Stimmen und neun Sitze im Parlament. Das Programm der Partei vertritt eine radikale islamophobe Haltung und fordert eine strikte Beschränkung der Einwanderung in die Niederlande. In einem Interview im Februar 2007 äußerte Wilders, dass Muslime, die in den Niederlanden leben wollten, die Hälfte des Korans rausreißen und wegwerfen müssten, weil darin »schreckliche Dinge« stünden. Den Propheten Mohammed, wenn er noch lebe, würde er »als Extremisten (…) aus dem Land jagen«.[39] Er sprach sich dafür aus, den Koran zu verbieten, da »er Muslime in verschiedenen Suren dazu aufruft, Juden, Christen, Andersgläubige und Nichtgläubige zu unterdrücken, zu verfolgen oder zu ermorden, Frauen zu schlagen und zu vergewaltigen und mit Gewalt einen weltweiten islamischen Staat zu errichten.« Außerdem fordert er das Verbot für den Bau weiterer Moscheen. Wilders islamophobe Ansichten entsprechen der Meinung weiter Bevölkerungskreise. Laut einer repräsentativen Umfrage sagten 56% der Niederländer, es sei der größte Fehler der Geschichte gewesen, so viele Muslime ins Land zu lassen. 57% sehen den Islam als die größte Bedrohung der Zeit.[40]

Am 28.11.2007 gab Wilders bekannt, an einem Kurzfilm über den Koran mit dem arabischen Titel »Fitna« zu arbeiten, der Ende Januar 2008 im niederländischen Fernsehen ausgestrahlt werden sollte. Wegen zahlreichen Protesten aus dem In- und Ausland fand sich aber kein Sender, der ihn ausstrahlen wollte. Schließlich wurde der Film am 27. März 2008 auf der Internetseite »LiveLeak« veröffentlicht.[41]

Die Pro-Bewegung wollte Wilders ihre »Solidarität« zeigen und lud ihn zu ihren »Anti-Islamisierungskongressen« 2008 und 2009 ein. Wilders, der nach der Ausstrahlung des Filmes Morddrohungen erhielt, nahm jedoch die Einladungen nicht an.

Menschen, die sich öffentlich gegen die Pro-Bewegung aussprechen, sind nicht selten Anfeindungen ausgesetzt. Der Ehrenfelder Bürgermeister Josef Wirges (SPD), der sich in seinem Stadtteil seit Jahren gegen die islamophoben Bestrebungen von Pro Köln einsetzt, wird als »Türkenbürgermeister« beschimpft,

---

38   http://www.pro-nrw.org/index.php?option=com_content&view=article&id=339: bravo-und-dank-an-geert-wilders&catid=30&Itemid=43
39   www.spiegel.de/politik/ausland/0,1518,498881,00.html
40   Spiegel Online: Rechtspopulist fordert Koran-Verbot vom 8.8. 2007
41   Aachener Nachrichten vom 28.8.2008

täglich findet er in Internetforen Beschimpfungen.[42] Ein anonymer Drohbrief enthielt die Aussagen: »An Linksnazirotfaschist-Antidemokrat, der nach DDR-NS-Methoden das deutsche Volk entmündigt + den Islamfaschismus fördert. (…) BI Köln für SPD-Verbot wg. Hochverrat +Völkermord, SPD =antideutsches Dreckspack.« In einem anderen Brief sind konkrete Morddrohungen enthalten: »Sie sind das letzte antideutsche Dreckspack, als Rotnazilinksfaschist sitzen Sie mit Ihrer – gegen das Volk und Vaterland gerichteten –Islampoussirerei in einem Boot mit DVU-Frey +Teilen von NPD+Neonazis. (…) Ihresgleichen würde in einem gesunden Staat und bei einem national souveränen Volk längst wegen Nationalverrates auf die Todesstrafe warten! Kommando Karl Martell«

Deutschen Liga für Volk und Heimat (DLVH)

Der Aufbau und die Entwicklung der im Jahre 1996 gegründeten »Bürgerbewegung Pro Köln« sind eng verknüpft mit der extrem rechten »Deutschen Liga für Volk und Heimat« (DLVH), die in Köln jahrelang die hegemoniale Partei des rechten Lagers war. Die DLVH wurde am 3.10.1991 von Mitgliedern der »Deutschen Allianz-Vereinigte Rechte« (DA), einer Vereinigung ehemaliger Mitglieder der »Republikaner«, der NPD und der DVU, gegründet; im Oktober 1996 löste sie sich als Partei auf und konstituierte sich gleichzeitig neu als Verein.[43] Die DLVH verstand sich als Sammlungsbewegung des rechten Lagers in der BRD. Der DLVH entstammen mehrere heutige Spitzenfunktionäre von Pro Köln wie Manfred Rouhs und Markus Beisicht.

Manfred Rouhs, der 1965 in Krefeld geboren wurde, hat innerhalb der Pro-Bewegung verschiedene Ämter inne. Gleichzeitig ist er Publizist und Verleger der völkischen Zeitschrift Nation 24. Seine ersten politischen Erfahrungen machte er in der Jungen Union (JU), wechselte aber im Jahre 1981 zur Jugendorganisation der NPD, die Jungen Nationaldemokraten (JN).[44] Von 1985 bis 1987 war Rouhs JN-Landesvorsitzender in Nordrhein-Westfalen. Im März 1987 wurde Rouhs während seines Jura-Studiums in Köln Mitglied des Rings Freiheitlicher Studenten (RFS).1987 trat er den »Republikanern« bei und baute zusammen mit Markus Beisicht den Kölner Kreisverband der »Republikaner« auf. Hintergrund seines Ausscheidens bei der JN waren Vorwürfe, er habe die Namen der

---

42 www.berlinonline.de/berliner-zeitung/archiv/.bin/dump.fcgi/2009/0508/seite1/0036/index.html

43 Grumke, T./Wagner, B. (Hrsg.): Handbuch Rechtsradikalismus. Personen – Organisationen – Netzwerke vom Neonazismus bis in die Mitte der Gesellschaft, Opladen 2002, S. 366

44 Jugendclub Courage, Köln ganz rechts, a.s.O., S. 10

nordrhein-westfälischen JN-Mitglieder an die Republikaner weitergegeben.[45] Bei den Kommunalwahlen 1989 zog er für die Partei mit mehr als sieben Prozent der Stimmen in den Kölner Stadtrat ein. Allerdings enthob ihn im Oktober 1989 der Landesvorstand der »Republikaner« in NRW wegen »Putschversuches« von seinen Ämtern, was einen Monat später zu seinem Ausschluss aus der Partei führte. Im Jahre 1991 gründeten unter anderem Rouhs und Beisicht den Kölner Kreisverband der DLVH; Rouhs wurde DLVH-Kreisvorsitzender. Im Kölner Stadtrat bildete die DLVH von 1991-1993 eine eigene Fraktion. Nach einem erfolglosen Aufbau eines »Nationalen Zentrums« in Eschweiler-Dürwiß zog Rouhs wieder nach Köln.

Im Jahre 1987 erschien die erste Ausgabe seiner extrem rechten Zeitschrift »Europa vorn«.[46] Rouhs publizierte ebenfalls die Broschüre »Europa Vorn aktuell«, die sich vor allem mit der Kommentierung tagespolitischer Fragen beschäftigte, und die mindestens einmal jährlich erscheinende Sonderausgabe »Europa Vorn spezial«. In dieser Sonderausgabe ging es vorrangig um Hintergrundberichte und theoretische Abhandlungen. Der Charakter des Projektes »Europa Vorn« lag darin, ein Strategiepapier der extremen Rechten zu werden und damit eine intellektuelle Basis zu schaffen. Das geistige Fundament von »Europa Vorn« bestand sowohl aus den Vorstellungen des Alain de Benoist sowie der französischen Nouvelle Droite[47] als auch der »Konservativen Revolution«, einer geistig-politische Sammelbewegung antidemokratischer jungkonservativer Kräfte in der Weimarer Republik. Die rassistische Stoßrichtung von »Europa Vorn« durchdringt die meisten Artikel. Zu dem Pogrom in Rostock-Lichtenhagen bemerkte Rouhs:[48] »Entgegen Presse- und Polizeiverlautbarungen war es nicht etwa eine ›Stadtguerilla‹, waren es keine ›organisierten Rechtsextremisten‹ oder ›Neonazis‹, die in Rostock vollendete Tatsachen geschaffen haben. Nachdem Rundfunk und Fernsehen zwei Tage lang über den Menschenauflauf und die bürgerkriegsähnlichen Zustände vor dem Rostocker Asylanten-Hochhaus berichtet hatten, setzten sich immer mehr und mehr junge Burschen aus dem Umland ins Auto oder in die Bahn, um beim »Asylantenklatschen« mitzumachen. (…) Es gärt in Deutschland. Die Distanz weiter Bevölkerungskreise zum politischen Establishment war noch nie seit 1949 so groß wie heute. Qualitativ neu ist, dass diese Distanz in Gewaltbereitschaft umschlägt – wenn auch vorerst

---

45 Grumke,/Wagner, Handbuch Rechtsradikalismus. Personen – Organisationen – Netzwerke vom Neonazismus bis in die Mitte der Gesellschaft, a.a.O., S. 306
46 Innenministerium des Landes Nordrhein-Westfalens (Hrsg.): Verfassungsschutzbericht 1996, Düsseldorf 1997, S. 141
47 Nähere Informationen zur Bedeutung und Entwicklung der Nouvelle Droite finden sich bei Schmid, B.: Die neue Rechte in Frankreich, Münster 2009, S. 7ff
48 Europa Vorn, Nr. 35,1991, S: 6

noch gegen die unmittelbar sichtbaren, äußeren Zeichen einer Politik, deren Ziel die Abschaffung Deutschlands im Namen einer multikulturellen Wahnvorstellung ist.«

Mitte 1998 wurde die Zeitschrift von »Europa Vorn« in »Signal« umbenannt. Der neue Name erinnert an eine gleichnamige Auslandszeitschrift im 2. Weltkrieg (1940-1945), die zeitweise in 20 verschiedenen Sprachen erschien. Die Beweggründe für die Umbenennung lagen in den veränderten politischen Konstellationen nach dem Ende des Kalten Krieges:[49] »Begründet wurde die Namensänderung mit Irritationen die der alte Titel nach dem Ende des Kalten Krieges ausgelöst hatte. Während man ursprünglich mit dem Europabegriff einen Gegensatz zu den beiden Supermächten zum Ausdruck bringen und ein Europa der ›freien Völker‹ im Sinne der Nouvelle Droite propagieren wollte, könnte er heute zum Europa der EU missverstanden werden.« Seit dem Jahre 2003 erscheint Rouhs' Zeitschrift unter dem Titel »Nation24«.

Markus Beisicht, Jahrgang 1963, studierte wie Rouhs Rechtswissenschaften an der Universität Köln und bekleidete bis 1987 den Posten des Bundesvorsitzenden des »Ringes Freiheitlicher Studenten« (RFS).[50] Das Amtsgericht Münster stellte in einem Beschluss vom 6. November 1981 über den RFS fest:[51] »(...) zusammenfassend nach Überlegung des Gerichts im Hinblick auf den dargelegten Erkenntnisstand zum Charakter des Ring Freiheitlicher Studenten nicht zu bestreiten ist, daß es sich bei dieser Vereinigung um eine studentische Gruppe mit stark neofaschistischen Tendenzen handelt.«

Im Jahre 1988 wechselte das bisherige CDU-Mitglied Beisicht zu den »Republikanern« und wurde sofort Parteivorsitzender des Kölner Kreisverbandes. Wie Rouhs wurde er im folgenden Jahr für die »Republikaner« in den Kölner Stadtrat gewählt. Im Jahre 1991 wechselte er zur neu gegründeten DLVH und saß für diese Partei bis 1994 im Kölner Stadtrat. Schnell stieg er zum Landesvorsitzenden der DLVH in Nordrhein-Westfalen auf und wurde Mitglied des Bundesvorstandes.

Neben diesen Funktionen betrieb er noch eine Rechtsanwaltskanzlei in Leverkusen; als Rechtsanwalt vertrat er mehrmals Personen der rechten Szene, darunter auch Axel Reitz, einer der einflussreichsten Aktivisten aus dem Spektrum der neonazistischen »Freien Kameradschaften« und des Kampfbundes Deutscher Sozialisten (KDS).[52]

---

49 Innenministerium des Landes Nordrhein Westfalen (Hrsg.): Verfassungsschutzbericht 1998, Düsseldorf 1999, S. 118
50 Jugendclub Courage., Köln ganz rechts, a.a.O., S. 18
51 Amtsgericht Münster: Beschluss vom 6. November 1981, Az. 32 Ds 46 Js 59/80, S. 9
52 Jugendclub Courage Köln., Köln ganz rechts, a.a.O., S. 18

Am 18.1.1991 konstituierte sich in München der Verein »Deutsche-Allianz-Vereinigte Rechte« als Sammlungsbewegung.[53] Im August beschloss der Bundesvorstand auf einer Sitzung in Würzburg aufgrund einer Klage der Allianz-Versicherungsgesellschaft, den Verein in »Deutsche Liga für Volk und Heimat« umzubenennen. In Villingen-Schwenningen kam es am 3.10.1991 zur offiziellen Parteigründung der DLVH. Unter den Gründungsmitgliedern und dem Parteipräsidium befanden sich einige ehemalige Funktionsträger extrem rechter Parteien; u.a. Rudolf Kendzia (ehemaliger Landesvorsitzender der NPD in Berlin und später Schatzmeister der »Republikaner« in Berlin), Harald Neubauer (diverse Funktionen in der NPD, DVU und bei den »Republikanern«), Jürgen Schützinger (ehemaliger stellvertretende Bundesvorsitzende der NPD), Franz Glasauer (ehemaliger NPD-Funktionär in Bayern und danach Schriftführer der »Republikaner« in Bayern) oder Martin Mußgnug, der zuvor ca. 20 Jahre Bundesvorsitzender der NPD war.

In einem Flugblatt hieß es zur Gründung:[54] »Das politische Versagen der Altparteien ist offenkundig. Deutsche Patrioten haben sich deshalb zur Deutschen Allianz zusammengeschlossen, um eine politische Alternative für die Neunziger ins Leben zu rufen und in der bundesdeutschen Parteienlandschaft zu verankern. Die Deutsche Allianz versteht sich als nationale Sammlung.«

Das politische Programm der DLVH trug von vornherein rassistische Züge[55]: »Die politische Arbeit der DLVH wird bestimmt von dem Ziel, Deutschland als Land der Deutschen zu erhalten, seine Identität zu schützen und seine nationalen Interessen nach innen und außen wirksam zu vertreten. Sie wendet sich entschieden gegen die maßlose und unkontrollierte Einwanderung, gegen den Asylmissbrauch und die Überfremdung Deutschlands.« Die Wirtschaftspolitik wird lediglich mit nationalistischen Phrasen gefüllt:[56] »Die Deutsche Liga bekennt sich zu einer Wirtschafts- und Sozialordnung der nationalen Präferenz. Arbeitsplätze, Wohnraum und soziale Versorgung müssen vorrangig den Einheimischen zur Verfügung gestellt werden.«

---

53 Grumke/Wagner, Handbuch Rechtsradikalismus. Personen – Organisationen – Netzwerke vom Neonazismus bis in die Mitte der Gesellschaft, a.a.O., S. 367

54 Zitiert nach Braasch, S.: »Deutsche Liga für Volk und Heimat – Neue Rechtspartei gegründet,« in: Der Rechte Rand 14/1991, S. 20

55 Innenministerium des Landes Nordrhein-Westfalen (Hrsg.): Verfassungsschutzbericht des Landes Nordrhein-Westfalen 2000, Düsseldorf 2001, S. 76

56 Zitiert nach Grumke/Wagner, Handbuch Rechtsradikalismus. Personen – Organisationen – Netzwerke vom Neonazismus bis in die Mitte der Gesellschaft, a.a.O., S. 367

Das Parteiprogramm ähnelte sprachlich und ideologisch dem Programm der NPD.[57] Die DLVH lehnte eine »multikulturelle Gesellschaft« ab und forderte eine »Ausländerpolitik, die den berechtigten Schutzinteressen des deutschen Volkes entspricht«. Daneben offenbarte sie deutliche Tendenzen zum Geschichtsrevisionismus, indem sie das NS-System und dessen Verbrechen relativierte. Stattdessen wurde eine Geschichtsschreibung gefordert, »die der Wahrheit entspricht und nicht für Kollektivschuldthesen und andere politische Manipulationen missbrauchen läßt«. Die »Wiederherstellung Deutschlands in den Grenzen von 1937« war ein zentraler Programmpunkt. Die DLVH lehnte die Mitgliedschaft der BRD in der EU ab und agitierte gegen den Vertrag von Maastricht. Die fortschreitende Einigung Europas wurde mit »Gleichmacherei«, »Überfremdung« und »Bevormundung« gleichgesetzt.

Die DLVH verfügte bundesweit über acht Landesverbände. Im Landesverband Nordrhein-Westfalen bilden die Städte Hagen und Köln Schwerpunkte. Gleichberechtigte Bundesvorsitzende neben Beisicht waren Harald Neubauer aus München, der bis zur Wahl am 12. Juni 1994 Mitglied des Europaparlamentes war, Jürgen Schützinger aus Villingen-Schwenningen und Ingo Stawitz aus Kiel, der früher für die DVU im Landtag Schleswig-Holsteins saß.

Die DLVH konnte nur relativ wenige gute Ergebnisse bei Wahlen erzielen. Es gab jedoch einzelne Achtungserfolge. Die DLVH erhielt mit ihrem Kandidaten Martin Mußgnug im Wahlkreis Tuttlingen-Donaueschingen bei der Landtagswahl in Baden-Württemberg 1992 4,6% der Stimmen und in Villingen-Schwenningen erhielt die Partei mit ihrem Kandidaten Schützinger 3,0%. Im Jahre 1993 kandidierte der Neonazi Frank Hübner ohne großen Erfolg für das Oberbürgermeisteramt in Cottbus. Allerdings konnte die DLVH durch Parteiübertritte Mandate in den Landesparlamenten von Bremen (1991-1993) und Schleswig-Holstein (1993-1996) übernehmen.[58]

Die DLVH machte in Köln Stimmung gegen die »multikriminelle Gesellschaft« und insbesondere gegen Roma und Sinti aus dem ehemaligen Jugoslawien.[59] Der traurige Höhepunkt war Anfang 1993 die Aussetzung einer Belohnung in Höhe von 1.000 DM in Form eines Steckbriefes für Hinweise, die zur Verhaftung einer versteckt lebenden abgelehnten Asylbewerberin führen würden. Mit dem auch später von Pro Köln verwendeten Motto »Domit uns

---

57 Innenministerium des Landes Nordrhein-Westfalen (Hrsg.): Verfassungsschutzbericht des Landes Nordrhein-Westfalen 1994, Düsseldorf 1995, S. 57

58 Grumke/Wagner, Handbuch Rechtsradikalismus. Personen – Organisationen – Netzwerke vom Neonazismus bis in die Mitte der Gesellschaft, a.a.O., S. 367

59 Killgus, H.-P./Peters, J./Häusler, A.: PRO KÖLN-Entstehung und Aktivitäten, in: Häusler, Rechtspopulismus als »Bürgerbewegung«. Kampagnen gegen Islam und Moscheebau und kommunale Gegenstrategien, a.a.O., S. 55-71, hier S. 56

Kölle kölsch bliev« gab sich schon die DLVH einen kruden lokalpatriotischen Anstrich. Im Rat der Stadt Köln stellte die DLVH einen Antrag zur Gründung einer »kommunalen Bürgerwehr.«[60]

Die DLVH nahm nicht an Bundestags- oder Europawahlen teil. Ein Schwerpunkt für die Bundespartei war die Teilnahme an den Kommunalwahlen 1994 in Köln.

Das Wahlprogramm bestand größtenteils aus Beschimpfungen von PolitikerInnen anderer Parteien und Stigmatisierungen sozialer Randgruppen. Unter der Überschrift »Allein gegen die Mafia« hieß es:[61] »Köln ist in der Hand einer korrupten und inländerfeindlichen Politikerkaste aus SPD, CDU, FDP und ›Grünen‹ (…) Die heimischen Autofahrer werden verteufelt, währenddessen Zigeuner, Schwulen- und Lesbengruppen und Asylbetrüger gehätschelt werden. (…) Nichts ärgert die Ausländerlobby, die Kirchen, die Arbeitgeberverbände, die Gewerkschaften, die Synagogengemeinde, die Neven-Dumont-Presse sowie die Altparteienmafia mehr als eine starke Opposition von Rechts im Kölner Rat!«

Die Kölner DLVH stand in engem Kontakt mit der gewaltbereiten neonazistischen Szene. Zur Kommunalwahl 1994 trat sie mit einer offenen Liste an, auf der auch Mitglieder der kurze Zeit später verbotenen neonazistischen »Freiheitlichen Deutschen Arbeiterpartei« (FAP)[62] und der NPD kandidierten. Zwei der damaligen DLVH-Kandidaten machten später durch menschenverachtende Taten Schlagzeilen.[63] Thomas Adolf, der zeitweise als Chauffeur für Manfred Rouhs arbeitete, ermordete im Jahre 2003 in Overath ein Ehepaar und dessen Tochter. Der ehemalige Söldner Adolf bezeichnete sich als »Führer der mit der Befreiung des Deutschen Reichsgebietes beauftragten SS-Division Götterdämmerung«.[64] Ulrich Klöries, ehemaliges Mitglied der FAP, ermordete im Jahre 2006 in Köln-Kalk seine Mitbewohnerin.

Das Ergebnis der Kommunalwahl war für die DLVH eine Katastrophe. Die Partei, die vorher durch Übertritte von den »Republikanern« mit 2 Abgeordneten im Rat vertreten waren, erreichte lediglich 1,3% der Stimmen und scheiterte damit deutlich an der Fünfprozenthürde.

In einem Mitgliederrundbrief vom 1.11.1994 reagierte der Bundesvorstand auf das schlechte Wahlergebnis, indem er das frühere Ziel der Partei, die Zu-

---

60 Detjen, Die rechtspopulistische Mobilisierungsstrategie von »pro Köln«, in: Helas, H./Rubisch, D. (Hrsg.): Rechtsextremismus in Deutschland. Analysen, Erfahrungen, Gegenstrategien,a.a.O., S. 85

61 Zitiert aus Jugendclub Courage., Köln ganz rechts, a.a.O., S. 56

62 Vgl. dazu Christians, G.: Die Reihen fest geschlossen: die FAP, zu Anatomie und Umfeld einer militant neofaschistischen Partei in den 80er Jahren, Marburg 1990

63 Jugendclub Courage Köln., Köln ganz rechts, a.a.O., S. 10

64 Kölner Stadtanzeiger vom 30.12.2003

sammenarbeit mit anderen Parteien des rechten Lagers propagierte:[65] »Es geht um die Schaffung eines personellen Kristallationskerns, der verlässlich in der Fläche ausstrahlt und die verschiedenen Organisationsschwerpunkte zu einem funktionierenden Ganzen verbindet. Keine der vorhandenen Parteien und Gruppierungen ist allein stark und flächendeckend genug, um aus eigener Kraft die breite Wählermasse anzusprechen. Wir werden jetzt verstärkt alle Kontakte und Kanäle nutzen, um schon 1995 zu einem ›runden Tisch‹ der deutschen Rechten zu gelangen. Noch nie war die Situation günstiger.«

Aufgrund des Verlustes der Fraktionszuschüsse konnte die DLVH ihre Zeitung »DomSpitzen« nicht mehr monatlich herausgeben, sondern nur ab Herbst 1994 noch vierteljährlich. Neben den »DomSpitzen« brachte der Kölner Kreisverband noch die Schülerzeitung »Der Hammer« heraus. Die bundesweite Publikation der DLVH, die »Deutsche Rundschau« war für die Verbreitung rassistischer, antiziganistischer und revisionistischer Propaganda verantwortlich. Im Februar 1994 bezeichnete das Blatt den Angriff auf Dresden im 2. Weltkrieg »(…)den in den Dimensionen der Zeit, Raum und Qual größten und vielleicht perversesten Akt des Völkermords in der Geschichte der Menschen«.[66]

Im Jahre 1994 unterstützte die Zeitschrift auch die Vereinigungsbestrebungen im extrem rechten Lager. Es wurde die so genannte »Pulheimer Erklärung« veröffentlicht und für Unterschriften der Erklärung geworben.

Funktionäre der »Republikaner«, DVU, NPD, DSU und anderer rechter Splitterparteien sowie parteiungebundene Personen des rechten Establishment aus dem Rheinland trafen sich am 10.6.1995 in Bergisch-Gladbach auf Einladung des DLVH-Landesvorsitzenden Markus Beisicht und Manfred Rouhs zu einem ersten »Runden Tisch der Konservativen und Demokratischen Rechten im Rheinland«, um über eine Zusammenarbeit zu beraten. Die Versammlung, an der über 80 Personen teilnahmen, verabschiedete folgende Erklärung, den so genannten »Rheinischen Appell«:[67] »Die jüngsten Landtagswahlen haben gezeigt, die potentiellen Wähler sind rechter Zwietracht im parteipolitischen Bereich überdrüssig. Geringe Stimmenzahlen für die antretenden Rechtsparteien und Flucht in die Wahlenthaltung sind die Folge. Man kann nicht glaubhaft den Anspruch erheben, die Einheit Deutschlands vollenden und dem ganzen Volk dienen zu wollen, wenn man nicht einmal die Einheit der Gleichgesinnten erreicht, die dazu bereit sind. Die heute Versammelten sind sich einig, daß eine

---

65 Innenministerium des Landes Nordrhein-Westfalen (Hrsg.): Verfassungsschutzbericht des Landes Nordrhein-Westfalen 1994, Düsseldorf 1995, S. 57

66 Zitiert aus Benz, W. (Hrsg.): Antisemitismus in Deutschland. Zur Aktualität eines Vorurteils, München 1995, S. 102

67 Innenministerium des Landes Nordrhein-Westfalen (Hrsg.): Verfassungsschutzbericht des Landes Nordrhein-Westfalen über das Jahr 1995, Düsseldorf 1996, S. 71

in Zukunft einheitlich auftretende politische Rechte den zu erwartenden harten Kampf bestehen und Erfolge erringen kann. Um die Einheit aller Patrioten (rechtzeitig) vorzubereiten, sollen ab sofort überall lokal, regional und letztendlich bundesweit unter dem Motto ›Ein Herz für Deutschland‹ Runde Tische einberufen werden mit dem Ziel, ungeachtet früherer Auseinandersetzungen jede Person und jede Strömung solidarisch zu stützen, die auf eine Sammlung der demokratischen Rechten hinwirkt.« Die Einigungsbestrebungen fanden am 19.11.1995 in einer offiziell als Autorenlesung von Franz Schönhuber deklarierten Veranstaltung in Overath-Marialinden ihre Fortsetzung,

Im Oktober 1996 wurde die DLVH von einer Partei in einen Verein umgewandelt, da so die angestrebte Sammlungsbewegung besser verkauft werden konnte. Dies war auch eine Reaktion auf die enttäuschenden Ergebnisse der DLVH bei Wahlen.

Als die DLVH bei der Wahl 1999 trotz der Abschaffung der Fünfprozenthürde den Einzug in den Kölner Stadtrat verpasste, wandten sich Beisicht und Rouhs dem Projekt Pro Köln zu.

Die Mitgliederzahl ging bundesweit von 600 im Jahre 1999 auf ca. 300 im Jahre 2000 zurück. Im Jahre 2001 verfügte die DLVH nur noch über ca. 200 Mitglieder.[68]

Als Partei und auch Verein blieb die DLVH relativ bedeutungslos. Das angestrebte Ziel, eine neue alternative Partei zu den bisherigen rechtsextremistischen Parteien zu etablieren, schlug fehl. Obwohl einige bekannte Persönlichkeiten der extrem rechten Szene zur DLVH wechselten, konnte der selbst formulierte Ansatz einer Sammlungsbewegung nicht erfüllt werden.

Kommunales Programm

Die politische Forderungen von Pro Köln bestehen mehrheitlich aus Themen, mit denen an rassistische Einstellungsmuster angeknüpft werden kann, die in allen Schichten der bundesrepublikanischen Gesellschaft vorhanden sind. Markus Beisicht stellte im November 2008 fest:[69] »Illegale gehören z. B. nicht weiter alimentiert, sondern schnellstmöglich abgeschoben! (…) Zahlreiche Entscheidungen sind nicht bürgernah, sondern vielmehr unverständlich bzw. schlicht bürgerfeindlich. So versucht die politische Klasse in dieser Stadt nach wie vor mit Brachialgewalt gegen die überwiegende Mehrheit der einheimischen Bevölkerung eine osmanische Prunkmoschee für Köln-Ehrenfeld durchzupau-

---

68   Grumke./Wagner, Handbuch Rechtsradikalismus. Personen – Organisationen – Netzwerke vom Neonazismus bis in die Mitte der Gesellschaft, a.a.O., S. 367
69   www.pro-koeln-online.de/artikel08/051108_ob.htm

ken. Die Kölner Bürgerschaft soll hierzu nicht gefragt werden. Unser Hauptanliegen bleibt daher die Verhinderung der Pläne zum Bau der Großmoschee in Köln-Ehrenfeld, die übrigens nur der Anfang einer ganzen Serie von Großmoscheebauten in Köln darstellt. (...)Vor allem möchten wir, dass ältere Menschen sich in den Straßenbahnen und auf Straßen und Plätzen wieder ohne Angst vor gewalttätigen Jugendlichen mit und ohne Migrationshintergrund bewegen können. Wir sind ganz entschieden für verstärkte Sicherheits- und Wachdienste und plädieren für die sofortige Unterbringung jugendlicher Intensivtäter in geschlossenen Heimen.«

Das Zitat von Einstein »Jede Wahrheit braucht einen Mutigen, der sie ausspricht«, das unter anderem auf Transparenten der von Pro Köln organisierten Demonstrationen zu sehen ist, macht die Selbstwahrnehmung der Gruppierung deutlich: Pro Köln ist die Partei, die im Gegensatz zu der etablierten Politikerkaste für »Ehrlichkeit« und »Wahrheit« steht. Der Pro-Köln-Oberbürgermeisterkandidat Markus Beisicht erklärte in seiner Erläuterung des kommunalen Kurzprogrammes der Partei:[70] »Als OB-Kandidat der Bürgerbewegung pro Köln stehe ich für Anstand und Ehrlichkeit in der Kommunalpolitik.«

Pro Köln versucht, mit einprägsamen Slogans ihre Forderungen in das Gedächtnis der WählerInnen zu transportieren. Komplexe Auseinandersetzungen mit bestimmten Themen werden ignoriert. Auf einem Flugblatt für die Kommunalwahl 2009 findet sich fett gedruckt der Spruch »Sie sind gegen ihn, weil er für euch ist«, daneben ein Portrait von Beisicht. Zunächst wird dargelegt, warum sich weder Schramma noch andere BewerberInnen sich für den Posten des Oberbürgermeisters eignen: »Fritz Schramma (CDU) hat Köln nicht nur während des Anti-Islamisierungskongresses am 20.9.2008 bis auf die Knochen blamiert. Gegen den erklärten Willen von zwei Dritteln der Kölner Bürger will er die Großmoschee um jeden Preis durchboxen. Schramma steht für Misswirtschaft, eine ausufernde Kriminalität und Bürgerfeindlichkeit. (...) Weder Schramma noch ein anderer Bewerber der verbrauchten Altparteien können in Köln etwas zum Guten verändern. Sie sind nicht die Lösung des Problems, sondern ein Teil davon.«

Beisicht dagegen deutete an, dass die Kölner die Wahrung ihrer Interessen in die eigenen Hände nehmen sollen: »Denn wir geben den Kölnern ihre Stadt zurück!«

Auf der anderen Seite werden unter der Überschrift »Macht braucht Kontrolle« die Standpunkte von Pro Köln zu verschiedenen Themenbereichen aneinandergereiht: »CDU, SPD und Co. trampeln in Köln auf den demokratischen Grundrechten der Bürger herum. (...) Nur die Bürgerbewegung pro Köln steht für Anstand und Ehrlichkeit in der Kommunalpolitik der Domstadt.

---

70 Ebd.

Kommunales Programm

Wir setzen uns für alle rechtschaffenden Bürger dieser Stadt ein, sowohl für die alteingesessenen Kölner als auch für die vielen gut integrierten und anständigen Neubürger dieser Stadt. Islamistische Fanatiker, Hassprediger, Asylbetrüger und kriminelle ausländische Jugendbanden haben dagegen nichts in Köln verloren. Wer nur auf unsere Kosten leben will und wem unsere Demokratie und unsere Kultur nicht passt, dem steht es frei, wieder nach Hause zu gehen. In einem Rechtsstaat müssen unsere gemeinsamen Werte auch offensiv verteidigt werden. Dazu gehört die Verhinderung der Pläne zum Bau einer Großmoschee in Köln-Ehrenfeld, die übrigens nur den Anfang einer ganzen Serie von Großmoscheebauten in Köln darstellt. Überall sollen diese steingewordenen Machtsymbole einer aggressiven Islamisierung entstehen, überall sollen islamische Parallelgesellschaften mitten in unseren Veedeln zugelassen werden. Dagegen gilt es, 2009 die seriöse, bürgernahe und heimatverbundene Opposition zu stärken. Pro Köln ist die Lobbyvertretung der ganz normalen Kölner Bürger. Mit der 30jährigen Rechtsanwältin Judith Wolter als Spitzenkandidatin werden wir dafür zur Stadtratswahl antreten.«

Am Ende der Seite werden die wichtigsten Forderungen nochmals stichpunktartig zusammengefasst: »Dafür steht pro Köln: mehr direkte Demokratie, eine bürgernahe Stadtverwaltung, Verstärkung der öffentlichen Sicherheit, hartes Durchgreifen gegen Intensivtäter, Klau-Kids und Vandalismus, Verhinderung islamischer Parallelgesellschaften, Ausweisung islamistischer Hassprediger und potentieller Terroristen, den sofortigen Stopp aller Pläne für Großraummoscheen in Köln, die konsequente Bekämpfung von Korruption und Vetternwirtschaft in de öffentlichen Verwaltung, die persönliche Haftung der Kommunalpolitiker für die von ihnen verursachten Schäden (Messe-Skandal, Lustreisen Affäre etc.)«

Beisicht formulierte als Ziel, hinter CDU, SPD und Bündnis 90/Die Grünen als viertstärkste Fraktion in den nächsten Kölner Rat einzuziehen.[71]

Die Ergebnisse der Nominierungsversammlung für die Kommunalwahl 2009 am 5.12.2008, wo Kandidaten für alle neun Bezirksvertretungen und 45 Wahlbezirke gefunden wurden, sollte die Verankerung in der »Bürgerschaft« als »seriöse patriotische Oppositionsbewegung« symbolisieren:[72] »Dabei spiegeln unsere Kandidaten ein Abbild der ganz normalen Kölner Gesellschaft wieder, von der Schülerin bis zum Rentner, vom Azubi bis zum Studenten, vom Arbeiter bis zum Wissenschaftler, vom Handwerksmeister bis zur Künstlerin, vom Angestellten bis zum selbständigen Geschäftsmann, von der Hausfrau bis zur Rechtsanwältin.« Dabei hob Beisicht den »hohen« Frauenanteil bei den Direktkandidaten hervor:[73] »Über 30 Prozent unserer Wahlbewerber in den 45 Stimmkreisen sind

---

71 www.pro-koeln-online.de/artikel08/061208_beisicht.htm
72 Ebd.
73 Ebd.

Frauen, was angesichts eines unserer Kernthemen-Frauenrechte contra Islamisierung- eigentlich auch logisch ist. Und auch die Mischung der Generationen sei sehr ausgewogen: Unsere jüngste Kandidatin ist im Moment noch 17 Jahre alt, unser ältester bereits 82 Jahre. Insgesamt sind über 30 Prozent unserer Kandidaten jünger als 40 Jahre und rund 20 Prozent unserer Direktbewerber sind sogar jünger als 30 Jahre. Das ist natürlich auch das Ergebnis der engagierten Jugendarbeit von Pro Köln in den letzten Jahren, die noch verstärkt ab Januar 2009 fortgesetzt werden wird.«

Die Spitzenkandidaten für die Bezirksvertretungen waren der 48jährige Geschäftsmann Karl-Heinz Jorris (Innenstadt), der 36jährige Schriftsetzer Bernd M. Schöppe (Rodenkirchen), der 57jährige Schneidermeister Hans-Willi Wolters (Lindenthal), der 40jährige Heilpraktiker Jörg Uckermann (Ehrenfeld), der Student Martin Schöppe (Chorweiler), die 62jährige Hausfrau Regina Wilden (Porz), der 32jährige Politikwissenschaftler Markus Wiener (Kalk) und die 30jährige Rechtsanwältin Judith Wolter (Mülheim).[74]

Das offizielle Programm für die Kommunalwahl 2009 enthielt 16 Punkte, die in wenigen Sätzen dargestellt wurden. Theoretische Abhandlungen fanden sich in diesem Programm nicht wieder, es war vielmehr von plakativen Aussagen geprägt, die für den potentiellen Wähler einprägsam sind. Das Programm wurde eingeleitet von der Präambel »Für ein lebenswertes und lebendiges Köln«, wo die anderen im Rat der Stadt vertretenen Parteien als »skrupellose Abzocker« bezeichnet wurden und Pro Köln sich als »ehrlicher Anwalt« der Kölner Bevölkerung verstand:[75] »Wir geben den Kölnern ihre Stadt zurück!«

Der erste Punkt beinhaltete die Ablehnung des Baus der Moschee in Köln-Ehrenfeld. Der Bau wurde als Zeichen einer »Islamisierung« gedeutet und wurde als integrationsfeindlich verdammt:[76] »Deshalb dient die Ditip nicht der Integration unserer ausländischen Mitbürger, sondern der Entfremdung vieler Türken von ihrem Gastland.« Der Begriff »Gastland« suggerierte, dass türkische MigrantInnen lediglich als Gäste auf Zeit gesehen und nicht als gleichberechtigte Mitglieder der bundesrepublikanischen Gesellschaft verstanden werden.

Im zweiten Abschnitt ging es um die Anprangerung der Korruptionsfälle der letzten Jahre. Pro Köln versuchte, sich als Verteidiger von Demokratie und Rechtsstaatlichkeit zu positionieren:[77] »Diese Parteien bedürfen dringend der demokratischen Kontrolle durch die Bürgerbewegung pro Köln. Damit sie nicht noch mehr Unheil zum Nachteil der Kölner Bürgerinnen und Bürger anrichten.«

---

74 www.pro-koeln-online.de/artikel08/061208_nom09.htm
75 www.pro-koeln-online.de/stamm/programm.htm
76 Ebd.
77 Ebd.

Anschließend wird das Thema Kriminalität behandelt. Köln entwickele sich laut Pro Köln immer mehr zu einer »Hochburg der Gewaltkriminalität«. Um diese Entwicklung zu durchbrechen, müsse die Justiz »endlich die Samthandschuhe ausziehen«. Nicht näher genannte »aktuelle Studien« sollten belegen, dass langjährige Haftstrafen auf potentielle Gewalttäter abschreckend wirken würden. Pro Köln plante, zur Bekämpfung der Kriminalität ausschließlich repressive Maßnahmen verwenden; präventive Mittel wurden völlig ausgeblendet[78]: »Opferschutz vor Täterschutz und harte Strafen für Kriminelle statt Kuschelpädagogik!«

Pro Köln wollte in der Drogenpolitik die bisherige legale Abgabe von Heroin an Süchtige verhindern. Außerdem sollten Drogensüchtige entmündigt werden: »Drogenkranke müssen vor sich selbst geschützt werden. Sie können nur bedingt begründete Entscheidungen über ihr Schicksal treffen.«

Weiterhin bemängelte die Partei, dass Straßen, Bürgersteige und Radwege teilweise in einem katastrophalen Zustand seien. Vorschläge für die Finanzierung von notwendigen Reparaturarbeiten wurden aber nicht gemacht. Dann sprach sich Pro Köln für die Förderung des Breitensports und den Erhalt und Ausbau der Kölner Sportstätten aus. Die Umbenennung des Carl-Diem-Weges an der Sporthochschule Köln wegen nationalsozialistischer Verstrickungen Diems sollte verhindert werden:[79] »Gleichzeitig fordert die Bürgerbewegung die Stadtspitze auf, ihre Aktivitäten gegen die Deutsche Sporthochschule am Carl-Diem-Weg an der Aachener Straße einzustellen. Die Mehrheitsfraktionen im Lindenthaler Bezirksrathaus haben – gegen die Stimme von pro Köln und gegen den erklärten Willen der Leitung der Sporthochschule – die Umbenennung des nach dem Begründer der Lehreinrichtung benannten Weges beschlossen.«

Nachdem kurz auf den Naturschutz (»Sürther Aue bewahren, Nachtflüge verbieten«) eingegangen wurde, hetzte Pro Köln gegen Randgruppen, Illegale und AsylbewerberInnen, die von der Stadt Köln finanziell gefördert werden:[80] »Jahr für Jahr verschwendet die Stadt Köln Steuergeld für unsinnige Projekte. Randgruppen werden finanziell gefördert, während es immer mehr arbeitenden oder arbeitswilligen, unschuldet erwerbslosen Kölnern schlechter geht. Für den Kölner Normalbürger ist kein Geld da, während Wirtschaftsflüchtlinge aus aller Welt regelrecht eingeladen werden, nach Köln zu kommen, um hier ihre Lebenssituation zu verbessern. Leistungen an Asylbewerber werden in bar ausgezahlt, obwohl längst gerichtlich anerkannt ist, daß Menschen, die von sich behaupten, politisch verfolgt zu werden, nur einen Anspruch auf Unterkunft und Verpflegung in Naturalien haben. Romakinder werden oft mit dem Taxi zur

---

78 Ebd.
79 Ebd.
80 Ebd.

Schule gefahren, oft gegen den Willen der Eltern. In Kölner ›Übergangsheimen‹, die meist etliche Jahre länger belegt bleiben als ursprünglich geplant, ist in der Vergangenheit bereits das Inventar durch die Bewohner demontiert und verkauft worden, mit der Folge, daß die Stadt Köln die Einrichtungen auf Kosten des Steuerzahlers neu beschaffen und montieren ließ. Zum Teil dienten diese Einrichtungen zudem als Umschlagplätze für Diebesgut. Die Stadt unterhält Beratungsstellen für Personen, die sich illegal in Deutschland aufhalten. (...) Abgelehnte Asylbewerber müssen unverzüglich abgeschoben und die Beratungsstellen für Illegale geschlossen werden!«

Außerdem sollte der »Kulturstandort Köln« gefördert werden. Welche Projekte diese Förderung verdienen oder nach welchen Kriterien die Finanzierung erfolgen sollte, bliebt unerwähnt. Der preußischen Tradition verpflichtet forderte Pro Köln die Wiederherstellung des Reiterdenkmals auf dem Heumarkt.

In der Wirtschaftspolitik machte Pro Köln Stimmung gegen Großkonzerne in Köln und verlangte steuerliche Entlastungen und den Abbau von bürokratischen Hemmnissen des Mittelstandes und des Kleingewerbes in der Stadt. Die Partei versuchte auf diesem Wege, Klientelpolitik zu betreiben. In der Gesundheitspolitik wehrte sie sich gegen die Privatisierungsinitiativen der städtischen Kliniken. Ihre Vorstellungen zur Stadtplanung blieben diffus, sie sollte »zukunftsorientiert und menschengerecht« gestaltet werden.

Eine gute Ausbildung der Menschen in Deutschland sei »die einzige Ressource, mit der die BRD im internationalen wirtschaftlichen Wettbewerb wuchern kann.« Insgesamt sah Pro Köln gravierende Mängel in der jetzigen Bildungspolitik:[81] »Immer mehr Schüler verlassen die Lehranstalten, ohne richtig lesen, schreiben und rechnen zu können. Von einem Mangel an Pünktlichkeit, Ordnung und Disziplin ganz zu schweigen. Viele Schulabgänger sind nicht ausbildungsfähig.«

Wie in anderen Publikationen wird hier die Bildungsmisere mit der Zuwanderung verknüpft. Als Ausweg wollte sich Pro Köln in den kommunalpolitischen Gremien darum bemühen, »den Schlendrian im schulischen Bereich« zu bekämpfen.

Als einzige Wählergruppe wurden die Senioren direkt angesprochen. Da die »ältere Generation unsere Heimatstadt nach dem Krieg wieder aufgebaut und mit ihrer Lebensleistung die Grundlage für den Wohlstand der Jüngeren gelegt« habe, sei es nicht hinnehmbar, dass sie von der Politik »als lästiger Bittsteller behandelt und finanziell ausgeblutet« werden. Ältere Menschen wurden laut Pro Köln »besonders nachhaltig durch das Versagen unserer politischen Klasse geschädigt«. Beispiele dafür seien die Straßenkriminalität oder die Rentenpolitik.

---

81 Ebd.

Ehrenamtliche HelferInnen sollten nach Ansicht von Pro Köln eine Anerkennung für ihre Arbeit bekommen. Pro Köln forderte eine Ehrenamtskarte, die den freiwilligen HelferInnen eine Preisermäßigung beim Besuch von Museen und Schwimmbädern sowie bei der Nutzung der KVB einräumt.

Abschließend stellte Pro Köln die »Erfolge« ihrer Arbeit im Rat der Stadt Köln dar:[82] »Mehr als vier Jahre kommunalpolitische Arbeit der Bürgerbewegung pro Köln im Rat, den Ausschüssen und den Bezirksvertretungen haben das politische Klima in der Domstadt verändert. Wo pro Köln den Finger in eine kommunalpolitische Wunde legte, war in einigen Fällen zumindest eine zeitweilige Abhilfe der bestehenden Probleme möglich. (...): Die Moschee steht immer noch nicht! Das ist der wichtigste kommunalpolitische Erfolg der Bürgerbewegung pro Köln in der Ratsperiode 2004 bis 2009.«

Die Partei stellte als Anreiz für ihre Wiederwahl in den Rat der Kölner Bevölkerung folgende unrealistische Ankündigung in Aussicht:[83] »Falls die Kölner am 7.6.2009 eine moscheebau-kritische Mehrheit ins Rathaus wählen, wird der neue Rat die Baugenehmigung für diesen orientalischen Prunkbau im Herzen der Domstadt zurückziehen lassen.«

Jugend pro Köln

Pro Köln vertritt die Ansicht, dass für den langfristigen Erfolg einer politischen Organisation eine moderne Jugendarbeit von großer Bedeutung ist. Die Tatsache, dass bei den Kommunalwahlen 2004 mehr als 10% der ErstwählerInnen für Pro Köln ihre Stimme abgaben, ermutigte Pro Köln zu einer nachhaltigen Jugendarbeit.

Bei Demonstrationen, die von Pro Köln initiiert wurden, nahmen viele Jugendliche aus dem neonazistischen militanten Spektrum teil. Um ihre Bemühungen um einen seriösen bürgernahen Anstrich nicht zu gefährden, war Pro Köln jedoch nicht daran interessiert, sich explizit wie die NPD einem neonazistischen Spektrum mit eigener Jugendkultur zu öffnen. Erst durch den Einzug in den Rat der Stadt Köln und den damit verbundenen finanziellen Spielräumen kann von einem Einstieg in eine strukturelle Jugendarbeit gesprochen werden. Der erste Schritt war die Gründung eines »Arbeitskreises Jugend«. Am 30.5.2005 anlässlich des jährlich stattfindenden »Tag der Jugend im Rathaus der Stadt Köln« stellte sich dieser das erste Mal der Öffentlichkeit mit einem Flugblatt vor. Die darin angesprochenen Themen waren Kriminalität und Hetze gegen

---

82 Ebd.
83 Ebd.

MigrantInnen:[84] »Abziehen von Klamotten, Handys oder Taschengeld, Gewalt und Mobbing an Schulen, Klassen, in denen nur noch die Hälfte der Schüler richtig deutsch versteht.«

Die Herausgabe der Schüler- und Jugendzeitung »Objektiv« sorgte für öffentliches Aufsehen.

Der damalige »Jugendbeauftragte« Martin Schöppe äußerte sich in der rechten Schülerzeitschrift »Blaue Narzisse« zu den Zielen:[85] »Wir machen die Jugendzeitung ›Objektiv‹ mit dem Ziel, die Jugendlichen über bestimmte Missstände zu informieren – und natürlich wollen wir auch die Jugendlichen für die pro-Bewegung gewinnen. Wir haben demnach sowohl einen journalistischen als auch einen politischen Anspruch.«

Das Titelbild der ersten Ausgabe zeigte jubelnde deutsche Fußballfans bei der Weltmeisterschaft 2006, die angeblich den »neuen Patriotismus« verkörperten. Neben unverfänglichen Artikeln wird immer wieder gegen den Bau der Ehrenfelder Moschee und gegen muslimische Jugendliche gehetzt. Im frei erfundenen Artikel »Jessica und Ali«, den eine angebliche Martina Arnold, »Religionslehrerin an einer Schule im Ruhrgebiet«, veröffentlicht hatte, kamen besonders rassistische Stereotypen auf unterstem Stammtischniveau zur Sprache. In einer »fiktiven Szene aus dem Großstadtleben« belästigt Ali, Hauptschüler und Kickboxer, die blonde Gymnasiastin Jessica nachts in einer U-Bahn-Station. Ali denkt sich beim Anblick von Jessica:[86] »Oh Mann, scheiße Alter: geile Braut –, die einmal ficken, man, das wäre geil: Ihr Arsch, die dicken Titten, die Haare, – das geht ab … Sie ist allein …, – also ran Alter, worauf wartest du noch.« Die »arme deutsche Jessica« scheint die Gedanken Alis zu erraten und folgert: »Vielleicht hat Mutter ja doch Recht, wenn sie sagt, dass viele Moslems ihren sexuellen Kohldampf auf unseren Straßen vor sich herschieben und keine Grenzen bei Mädchen akzeptieren, erst recht nicht, wenn sie allein und leicht bekleidet sind.«

Unter dem Slogan »Deutsch ist geil« befand sich das Foto einer jungen blonden Frau mit blauen Augen, lediglich mit einem Minirock und Top bekleidet. Später stellte sich heraus, dass Pro Köln das Bild von einer niederländischen Erotik-Seite gestohlen hatte. Die angebliche Deutsche besitzt die tschechische Staatsbürgerschaft und hat das Portrait urheberrechtlich geschützt.

---

84 Killgus, J.-P./Schedler, J.: Jugendarbeit der extremen Rechten und das Beispiel PRO KÖLN und PRO NRW, in: Häusler, Rechtspopulismus als »Bürgerbewegung«. Kampagnen gegen Islam und Moscheebau und kommunale Gegenstrategien, a.a.O., S. 129-154, hier S. 140

85 Blaue Narzisse vom 27.3.2008

86 Objektiv Nr.1, S. 3

In der zweiten Ausgabe wurden MigrantInnen als Integrationsverweigerer dargestellt:[87] »Viele der 313.386 Personen mit ›Migrationshintergrund‹ wollen sich nicht integrieren, weil sie sich bewusst einer anderen Volksgruppe zugehörig verstehen und sich nicht auf die für sie neue, deutsche Kultur einlassen wollen. Diese Gruppen halten stark zusammen, sprechen ihre Sprache und feiern ihre Feste.« Außerdem wurde gegen abgelehnte Asylbewerber gewettert:[88] »Selbst solche Asylbewerber, deren Anträge abgelehnt worden sind und die sich trotzdem, widerrechtlich in unserem Land aufhalten, werden durch steuerliche Gelder in Millionenhöhe versorgt. Aber warum? Fragt Ihr Euch nicht, weshalb Personen in Deutschland geduldet werden, die unser Land ausnutzen und sich nicht mit ihm identifizieren können?« Daran anschließend wurde die Frage aufgestellt:[89] »Was können wir unternehmen, damit wir nicht bald eine Minderheit im eigenen Staat in der eigenen Stadt sind?«

In der dritten Ausgabe behandelte ein Artikel das Thema »Ausländerkriminalität«, die sich immer heftiger entfalten würde:[90] »Zu dieser Entwicklung gehört das Treiben arabischer und türkischer Jugendbanden, die ungehemmt stehlen, rauben, mit Drogen handeln, ja sogar vergewaltigen und morden.« Das Bild zu dem Artikel zeigte männliche migrantische Jugendliche mit dem Untertitel »Ausländische Jugendgangs posieren mit Machogehabe im Internet und terrorisieren unschuldige Bürger«.

Die vierte Ausgabe von »Objektiv« ging vorrangig auf die Gründung der »Bürgerbewegung Pro NRW« ein und stellte deren Ziele vor[91]: »Die Bürgerbewegung NRW ist eine junge moderne, seriöse patriotische Partei, die sich ausschließlich den einheimischen Interessen der einheimischen Bevölkerung verpflichtet fühlt.«

Die Verantwortlichen von »Objektiv« verfolgten das Ziel, die Zeitung als seriös und gesellschaftlich akzeptiert erscheinen zu lassen. So wurden in »Objektiv« Werbeanzeigen gedruckt, ohne die Zustimmung der beworbenen Institutionen (Polizei) und Firmen (Fahrschule) einzuholen. Nach Unterlassungsklagen der betroffenen Organisationen musste »Objektiv« Gegendarstellungen veröffentlichen.

Am 2.3. 2006 verteilten Angehörige von Pro Köln an der Gesamtschule und am Gymnasium in Rodenkirchen das Jugend-Flugblatt »Deutsch ist geil«. Das Flugblatt enthielt kurze Statements zu den Themen Schule, Ausbildung, Sicherheit, Nationalismus, Zuwanderung, Tier- und Umweltschutz sowie Korruption.

---

87 Objektiv Nr.2, S. 16
88 Ebd.
89 Ebd.
90 Objektiv Nr. 3, S. 16
91 Objektiv Nr. 4, S. 3

Diese Werbekampagne unter Kölner Jugendlichen sei »auch deshalb dringend notwendig, weil die Jugendlichen ansonsten nur völlig einseitig informiert werden.«[92]

Ende des Jahres 2007 führte »Jugend pro Köln« zusammen mit der »Jugend pro NRW« in der Kölner Innenstadt Infostände durch. Etwa 10 Jugendliche verteilten im Zentrum Kölns Jugendflugblätter und die Petition gegen »Großmoscheen, Minarette und Muezzinruf«.[93]

Am 24.5.2008 nahmen eigenen Angaben zufolge mehr als 60 Jugendliche und junge Erwachsene am ersten landesweiten Jugendtag der Bürgerbewegungen Pro Köln und Pro NRW teil. Neben der Kölner Gruppierung sollen auch Interessierte aus dem Kölner Umland, dem Ruhrgebiet und aus Ostwestfalen teilgenommen haben. Kernthemen waren dabei die weitere Ausrichtung der Jugendarbeit, die Gestaltung der Zeitung »Objektiv« und die Teilnahme des Jugendarbeitskreises am »Anti-Islamisierungskongress« 2008 in Köln. Markus Beisicht betonte bei dem Treffen die Bedeutung der Jugendarbeit:[94] »Ihr seid die Zukunft dieses Landes – und die Zukunft unserer Bürgerbewegung. Besonders bei den großen Veranstaltungen und Aktionen sind wir auf Euer Engagement und Eure Mitwirkung angewiesen.« Die Veranstaltung wurde von einem musikalischen Rahmenprogramm abgerundet, das zum Teil von Mitgliedern der bündischen Jugend[95] gestaltet wurde.

Im Januar versuchten jugendliche MigrantInnen in Köln-Godorf zwei Pro-Köln-Sympathisanten an der Verteilung von Flugblättern zu hindern. Dabei

---

92 Pro Köln in der Bezirksvertretung Rodenkirchen (Hrsg.): Dokumentation. Bezirksvertretungsarbeit pro Köln 2004-2006, Köln 2007, S:8
93 www.jugend-pro-koeln.de/jugendinfostaende2007.php
94 www.pro-nrw.org/content/view/445/39
95 Bündische Jugend wurde die Jugendbewegung in ihrer zweiten Phase nach dem 1.Weltkrieg genannt. Das Menschenbild der bündischen Jugend war das des Mannes als Ritter, der im Dienst seines Bundes und dessen Zielen steht. Innerhalb der Bünde herrschte ein elitärer Anspruch vor, bei der Rekrutierung neuer Mitglieder wurde eine Auslese angestrebt. Ab 1924 propagierten die Bünde der Schlesischen Jungmannschaft (SJ) und der Artamanen, das Arbeitslager als erzieherisches Mittel, in der die Volksgemeinschaft vorgelebt werden sollte. Unter der nationalsozialistischen Herrschaft wurden die Bünde ab dem Sommer 1933 verboten. Nach dem Ende des 2.Weltkrieges kam der Vorwurf auf, Steigbügelhalter des Nationalsozialismus gewesen zu sein, indem die Bünde ähnliches Gedankengut wie »Führen und Folgen«, »soldatische Tugenden« oder Nationalismus transportierten. Nach dem Ende der nationalsozialistischen Herrschaft wurden einige Bünde wieder begründet und dabei an die Tradition der 1920er und frühen 1930er Jahre angeknüpft. Daneben gibt es auch heute vereinzelt Neugründungen von bündischen Gruppierungen. Vgl. dazu von Hellfeld, M.: Bündische Jugend und Hitlerjugend – Zur Geschichte von Anpassung und Widerstand 1930–1939, Berlin 1987

stießen sie einen Jugendlichen zu Boden, der »zahlreiche Schürfwunden und Prellungen« davontrug. Zu diesem Vorfall erklärte Markus Beisicht:[96] »Die Saat der medialen Hetze gegen pro Köln scheint endlich aufgegangen zu sein: Den verbalen Entgleisungen und Diffamierungen in der DuMont-Presse folgen nun Taten durch einen aufgehetzten Mob. Mitschuld an dieser menschenverachtenden Treibjagd auf einen Jugendlichen und einen hochbetagten Senior haben die geistigen Brandstifter der örtlichen Presse.«

Bei einer Fahrt nach Antwerpen 2007 knüpfte die »Jugend Pro Köln« erste Kontakte mit der Jugendorganisation des Vlaams Belang, den Vlaams Belang Jongeren (VBJ).[97]

Intensiver wurde die Verbindung beider Jugendorganisationen durch den »Tag der patriotischen Jugend« am 3./4.5.2008 in Antwerpen, der von den VBJ organisiert wurde. Neben der »Jugend Pro Köln« nahm erstmals die »Jugend Pro NRW« an einem internationalen Treffen teil. Weitere teilnehmende Jugendorganisationen waren der österreichische »Ring Freiheitlicher Jugend«, die »Jeunesses identitaires Rijsel« aus Frankreich, die HVIM aus Ungarn und die spanische »Democratia National«.[98]

Die damalige Pro-NRW-Jugendbeauftragte Marylin Anderegg hielt eine Rede, in der sie für die Teilnahme am »Anti-Islamisierungskongress« im September warb:[99] »Liebe Freunde aus ganz Europa. Für ein Europa der Vaterländer, für unsere gemeinsamen christlich-abendländischen Werte, für eine Zusammenarbeit der patriotischen Jugend in ganz Europa! Wir stehen für starke und selbstbewußte europäische Völker und Nationen, die durch eine enge Zusammenarbeit unsere gesamteuropäischen Interessen vertreten wollen: Für unsere traditionellen Werte und Sitten, für den Erhalt unserer europäischen Völker, Kulturen und Sprachen. Gegen die Überfremdung und Islamisierung unserer Städte! Gegen die nichteuropäische Masseneinwanderung aus aller Herren Länder. Gegen ein zentralistisches Europa und die EU-Betonköpfe in Brüssel! Gegen die verbrauchte und korrupte politische Klasse! Diesen Kampf führt die junge rechtspopulistische pro-Bewegung seit einigen Jahren äußerst erfolgreich in der Millionenstadt Köln und im größten deutschen Bundesland Nordrhein-Westfalen. Über 1.000 Mitglieder engagieren sich inzwischen in der pro-Bewegung, tägliche kommen neue hinzu. Wir erleben eine ungeheure Aufbruchsstimmung – besonders auch im Hinblick auf unseren großen Anti-Islam-Kongress am 20. September in Köln, zudem ich Euch alle herzlich einlade! Kommt am 20. September 2008 alle nach Köln, um gemeinsam mit Filip Dewinter, HC Stra-

---

96   www.jugend-pro-koeln.de/hetzjagdgodorf.php
97   www.jugend-pro-koeln,de/jugendantwerpenfahrt2007.php
98   Jugendclub Courage Köln, Köln ganz rechts, a.a.O., S. 20
99   www.pro-koeln-online.de/artikel08/050508_jugend.htm

che, Jean Marie Le Pen und vielen anderen ein Fanal gegen die Islamisierung Europas zu setzen! Für dieses Ziel wollen wir gemeinsam kämpfen und streiten! Hierfür wollen wir heute Kontakte knüpfen und neue Allianzen schmieden! Zusammen können wir es schaffen: Denn Europas Jugend ist noch stark und engagiert. Wir wollen, daß wir und unsere Kinder nicht zur Minderheit im eigenen Land werden!«

In der Bildungspolitik verteidigte »Jugend Pro Köln« das dreigliedrige Bildungssystem mit Gymnasium, Realschule und Hauptschule. Judith Wolter erklärte dazu:[100] »Die Bürgerbewegung pro Köln setzt sich nachdrücklich für den Erhalt des gegliederten Schulsystems ein. Nach 39 Jahren SPD-Regierung haben wir an Rhein und Ruhr leidvolle Erfahrungen mit roten Bildungs-Ideologen gemacht. (...) Neben Realschule und Gymnasium gehört zu einem funktionierenden gegliederten Schulsystem auch eine lebensfähige Hauptschule. Die Hauptschulen in Nordrhein-Westfalen sind aber seit langem zu Rest- bzw. Sonderschulen degeneriert.« Dies sei eine Entwicklung, die auf eine »verfehlte Einwanderungspolitik« zurückzuführen sei. Die Ursachen für die Probleme der Bildungspolitik wird mit der Zuwanderung verbunden:[101] »Wenn 60 bis 80 Prozent der Hauptschüler mittlerweile einen ›Migrationshintergrund‹ aufweisen und die deutsche Sprache nicht beherrschen, dann ist kein vernünftiger Unterricht mehr möglich. Dementsprechend ist der Alltag an den Hauptschulen geprägt von Lernverweigerung, Gewalt und unlösbaren interkulturellen Konflikten.«

Um die Hauptschulen wieder attraktiver zu gestalten, »muss gegen Störer und Gewalttäter auf den Schulhöfen hart durchgegriffen werden. Für Schüler mit mangelnden Deutschkenntnissen sind getrennte Sprachklassen einzurichten, um wieder ordnungsgemäßen Unterricht zu ermöglichen. Nur unter diesen Voraussetzungen kann die Aufteilung in Gymnasium, Real- und Hauptschule tatsächlich eine optimale Förderung aller Schüler gewährleisten.«[102]

Christen pro Köln

Am 27. Juni 2008 wurde der Arbeitskreis »Christen pro Köln« gegründet. Hans Martin Breninek übernahm den Vorsitz des Arbeitskreises, Regina Wilden wurde zur Sprecherin gewählt. Zu den Zielen von »Christen pro Köln« erklärte

---

100 www.jugend-pro-koeln.de/einheitsschuleneindanke.php
101 Ebd.
102 Ebd.

Wilden:[103] »Der Italiener Rocco Buttiglione durfte nicht EU-Innen- und Justizkommissar werden, weil er ›zu katholisch‹ war. Wir als eine engagierte Gruppe von Christen mischen uns deshalb ein. Durch wen, wenn nicht durch uns, sollen in der Politik das Erbe des christlichen Abendlandes und die christliche Kultur noch gepflegt und erhalten werden? Die Partei mit dem ›C‹ im Namen, der diese Aufgabe eigentlich zukäme, hat besonders in Köln ihren Auftrag in weiten Teilen verraten unter anderem durch Förderung des Baus von islamischen Großmoscheen, durch Förderung des Kölner Drogenstrichs, durch Einrichtung von Fixerstuben und des Junkie-Bundes sowie durch die ideelle und materielle Förderung von Homosexuellen-Vereinen. Dies alles sind falsche gesellschaftliche Signale. Wir wissen nicht, wofür diese weichgespülte CDU in Köln, die dem Zeitgeist hinterher läuft, eigentlich noch steht.«

Die Gruppe fühlt sich dem »Missionsauftrag von Jesus Christus« verpflichtet: »Darum geht zu allen Völkern, und macht alle Menschen zu meinen Jüngern; tauft sie auf den Namen des Vaters und des Sohnes und des Heiligen Geistes, und lehrt sie, alles zu befolgen, was ich euch geboten habe.«[104]

Sie sehen sich als Vorkämpfer der Christenheit gegen den sich ausbreitenden Islam in Europa. Auf ihrer Homepage ist das Foto einer Schrifttafel zu sehen, die folgende Aussage enthält:[105] »Im Jahre 1683 erflehte in dieser Kirche Kaiser Leopold I, geleitet vom heiligmäßigen Kapuzinerpater Marco d'Aviano, den Sieg der Christenheit über die Osmanen vor Wien.«

Die Grundlage der politischen Arbeit sind laut Pro Köln die Aussagen des Präfekten der Glaubenskongregation. Neben gemeinsamen Freizeitaktivitäten und politischen Gespräche sind regelmäßige Stellungnahmen zu aktuellen kommunalpolitischen Themen vorgesehen.

Laut eigener Stellungnahme gab es einerseits »viele Glückwünschtelegramme und zustimmende E-Mails« zur Gründung des Arbeitskreises, andererseits jedoch auch negative Reaktionen »aus eigenen, sich katholisch bezeichnenden Reihen.«[106]

Neben Angriffen des Neuehrenfelder Pfarrverbandes sei die Vorsitzende des Kölner Katholikenausschusses, Hannelore Bartscherer, eine »treibende Kraft in der Kampagne gegen den Arbeitskreis Christen pro Köln«. Hannelore Bartscherer, die »das Geschäft der Muslime« betreibe, sei »immer zur Stelle, wenn es gilt, auf dem Altar des Zeitgeistes und der politischen Korrektheit der zur Zeit geltenden Mehrheitsmeinung zu huldigen. Sie glaubt ihre Weggefährten

---

103 www.pro-koeln-online.de/artikel6/cpk.htm
104 www.christen-pro-koeln.de/domradio.htm
105 www.christen-pro-koeln.de
106 www.christen-pro-koeln.de/reaktionen.htm

offenbar bei linken und linksextremen Verbänden und Personen zu finden.«[107] Bartscherer stehe »symptomatisch für ein angepasstes Christentum.« Der Arbeitskreis versucht diese Äußerungen als Einzelmeinungen der Mitglieder von katholischen Laiengremien herunterzuspielen, dies sei keinesfalls die Haltung der katholischen Amtskirche.[108]

In rassistischer Stoßrichtung macht »Christen pro Köln« Stimmung gegen muslimische EinwandererInnen:[109] »Unser legitimes Anliegen, den Erhalt unserer eigenen Religion und unserer Kultur in unserer Stadt und unserem bislang abendländisch geprägten Land betrachten wir nicht nur als unser Recht, sondern auch als unsere Pflicht. (…) Die Mehrzahl dieser Jugendlichen nichtdeutscher Abstammung sind Muslime. Wenn die Entwicklung unverändert so weiter stattfindet, werden wir in Köln in wenigen Jahrzehnten eine muslimische Mehrheitsgesellschaft haben.«

Der Arbeitskreis vertritt die rassistische Stoßrichtung: Je weniger »Ausländer« in einer Stadt oder Gemeinde leben würden, desto weniger Probleme gäbe es mit ihnen.[110]

Der Islam wird zur Feindreligion erklärt und die Angriffe gegen Christen in verschiedenen Ländern als Zeichen der »Islamisierung« gedeutet:[111] »Viele Glaubensrichtungen leben bis zu dem Zeitpunkt friedlich zusammen, bis mal wieder islamistische Fundamentalisten den Glauben des Islam als den wahren Glauben ausrufen und von jedem fordern, sich diesem Glauben anzuschließen. Wer das nicht macht, ist ungläubig und kann auch in die Luft gejagt werden. (…) Nun lebt diese niedrigste Gesinnung wieder auf.«

Das Domradio, das vom Erzbistums Köln betrieben wird, laufe »dem Zeitgeist hinterher und stimmt politisch korrekt in den links dominierten Kanon ein, der der Islamisierung Deutschlands und Mitteleuropas nichts entgegensetzen will.«[112]

Die Hetze gegen den Moscheebau in Köln-Ehrenfeld wird folgendermaßen verteidigt:[113] »Wir haben selbstverständlich keine Angst vor dem Islam. Wir wollen aber den Erhalt unseres christlichen Abendlandes, das auch in seinem äußeren Erscheinungsbild als solches erkennbar bleiben soll. Wir wollen keinen Kulturbruch. Wir wollen Demokratie statt Islamisierung.«

---

107 www.christen-pro-koeln.de/domradio.htm
108 Ebd.
109 www.christen-pro-koeln.de/biskupek.htm
110 www.christen-pro-koeln.de/islamis.htm
111 Ebd.
112 www.christen-pro-koeln.de/domradio.htm
113 www.christen-pro-koeln.de/ehrenfeld.htm

Ein wichtiger Punkt in der Arbeit von »Christen pro Köln« ist die Stimmungsmache gegenüber Lesben und Schwulen. Der alljährlich in Köln stattfindende Christopher Street Day (CSD) steht im Zentrum der Hetze des Arbeitskreises. Die »CSD-Saison« sei »die Jahreszeit, in der Berufsschwule und Eiferer« von einer Veranstaltung zur nächsten reisen, um dort »an Maskerade-Umzügen oder in freizügiger Kleidung für angebliche ›Rechte von Homosexuellen‹ zu werben.«[114] Die homophoben Aussagen werden mit Bibelzitaten belegt:[115] »Die katholische Kirche wird kaum den Brief des Heiligen Apostels Paulus im Sinne des flüchtigen Zeitgeistes umschreiben, der mit seiner Aussage über Homosexuelle seit annähernd zweitausend Jahren eindeutig keinen Spielraum läßt: Darum lieferte Gott sie entehrenden Leidenschaften aus: Ihre Frauen vertauschten den natürlichen Verkehr mit dem widernatürlichen; ebenso gaben die Männer den natürlichen Verkehr mit der Frau auf und entbrannten in Begierde zueinander; Männer trieben mit Männern Unzucht und erhielten den ihnen gebührenden Lohn für ihre Verirrung (Römer I, 26,27).« Pro Köln kann mit ihren diskriminierenden Äußerungen gegenüber Lesben und Schwulen an homophobe Vorstellungen innerhalb Teilen der katholischen Kirche in Köln anknüpfen. In einem Interview bezeichnete Kardinal Meisner Homosexualität als »Fehlform sexuellen Tuns« und verfügte, dass es im Erzbistum Köln keine Erlaubnis zu katholischen Gottesdiensten für homosexuelle Menschen geben darf. Als Meisner in Budapest Homosexuelle mit Terroristen verglich, stellte der Kölner Lesben- und Schwulentag (KLuST) Strafanzeige. In einer Predigt im Oktober 2007 äußerte er:[116] »Alle alternativen Modelle des menschlichen sexuellen Zusammenlebens sind aber unwahr und darum für den Menschen im Kern verderblich.«

Die Vertreterin von Pro Köln, Regina Wilden, stellte einen Antrag zum CSD, in dem die Stadt aufgefordert werden sollte, sich nicht an »solchen Spektakel zur einseitigen finanziellen Förderung sexueller Minderheiten zu beteiligen« Dabei stützte sie sich auf die Äußerungen des Bischofs Dyba aus Fulda:[117] »Vor 20 Jahren waren wirklich nur Geistesgestörte der Ansicht, Gleichgeschlechtliche könnten eine Familie bilden.« Diese Bekundungen von Regina Wilden sind kein Einzelfall. Auf dem Internetportal »kreuz.net« schreibt sie regelmäßig homophobe Artikel; wo sie von Menschen spricht, die »in homosexueller Unzucht« leben.[118] Wilden kann als typische Vertreterin eines fundamentalistischen Religionsverständnisses gelten, die eine wortgetreue Auslegung religiöser Schriften betreibt.

---

114   www.christen-pro-koeln.de/archiv.htm
115   Ebd.
116   Aachener Nachrichten vom 21.07.2007, S. 6
117   Wortprotokoll der 17. Sitzung des Rates der Stadt Köln vom 22.6.2006, S. 33
118   www.kreuz.net/article.2705.html

Die Fraktion Pro Köln stellte im Rat der Stadt Köln im Vorfeld der CSD-Veranstaltung 2006 folgenden Antrag:[119] »Der Rat der Stadt Köln verwahrt sich gegen jede politische Instrumentalisierung des CSD in Köln. Insbesondere verurteilt der Rat das diesjährige Motto der Homosexuellen-Parade: Mit dem Wahlspruch »100 Prozent NRW – Nur mit uns« soll nach eigenem Bekunden der CSD-Organisatoren besonders gegen die Sparmaßnahmen der NRW-Regierung protestiert werden. Der Rat fordert aus diesem Grund alle offiziellen Vertreter der Stadt auf, sich nicht an einem solchen Spektakel zur einseitigen finanziellen Förderung sexueller Minderheiten zu beteiligen.«

Als am 27.6.2008 der Arbeitskreis »Christen pro Köln« mit der Sprecherin Regina Wilden gegründet wurde, schrieb das Vorstandsmitglied des KLuST, Markus Danuser:[120] »Wer, wie es der neu gegründete Arbeitskreis »Christen pro Köln« auf seiner Internetseite tut, die ideelle und materielle Förderung von Homosexuellen-Vereinen als falsches gesellschaftliches Signal bewertet, verdient ›Null Toleranz!‹ im Sinne unseres diesjährigen CSD-Mottos. Zum Glück denkt heutzutage nur noch eine kleine Minderheit von Extremisten und spinnerten Sektierern so rückwärtsgewandt und ausgrenzend über unsere schwul-lesbische Minderheit. Dennoch müssen wir dieser diskriminierenden Haltung und Ihren Protagonisten Einhalt gebieten. Genau dies werden wir am kommenden Wochenende unter dem bewusst kämpferischen Motto »Null Toleranz!« auf dem CSD Köln tun. In dieser Stadt ist kein Platz für lesben- und schwulenfeindliche Sprüche, null Toleranz für Intoleranz!«

Der Arbeitskreis wertet die Geschehnisse des »Anti-Islamisierungskongresses« 2008 als »Pogrom«. Es wird vom verschwörungstheoretischen Ansatz ausgegangen, dass die Medien über Pro Köln und den Kongress »ausschließlich verzerrte Falschmeldungen« berichteten.[121]

Pro Köln vergleicht sich selbst in perfider geschichtsrevisionistischer Weise mit den Juden während der NS-Zeit:[122] »Die Vorkommnisse von Köln haben eine historische Dimension. Seit dem Krieg hat es nie solch ein Unrecht auf deutschem Boden gegeben. (…) ähnelten die Tage von Köln frappierend der Situation im Dritten Reich. So wie heute Pro Köln, waren auch die Juden nur auf ein Merkmal beschränkt und damit stigmatisiert worden. (…) Dass Busunternehmer, Taxis, Hotels, Gaststätten und andere infrastrukturelle Einrichtungen angeleitet oder durch Steinewerfer dazu bewegt worden sind, Pro Köln zu boykottieren, entspricht exakt der Aufforderung ›Kauft nicht bei Ju-

---

119 Fraktion der Bürgerbewegung pro Köln e.V. im Rat der Stadt Köln/Antrag 22.6.2006
120 www.report-k.de/content/view/97/18/40
121 www.christen-pro-koeln.de/pogrom.htm
122 Ebd.

den«. (...) Oberbürgermeister Schramma und andere Personen des öffentlichen Lebens bedienten sich eines Wortschatzes wie einst Hitler oder Goebbels. Und die paramilitärischen Linksautonomen (›Antifaschisten‹) erfüllten keine wesentlich andere Aufgabe als damals SS und SA. Was in Köln herrschte, war reinste Pogromstimmung. Die Diktatur des Faschismus wird kaum anders definiert. (...) Es ist offensichtlich geworden, dass sich ein Meinungskartell über praktisch alle wichtigen öffentlichen und auch privaten Institutionen dieses Landes erstreckt.«

Obwohl nur wenige »normale Bürger« an dem Kongress teilnahmen oder wenigstens Zustimmung zeigten, wird weiterhin davon ausgegangen, dass Pro Köln den Mehrheitswillen der Bevölkerung zu den Themenbereichen Islam und Moscheebau repräsentiert:[123] »Aus Angst vor Repressalien traut sich ein großer Teil der Bevölkerung überhaupt nicht zu seiner politischen Haltung zu stehen.«

Innerhalb der katholischen Kirche in Köln entwickelten sich kurz nach der Gründung des Arbeitskreises »Christen Pro Köln« Gegenaktivitäten. Am 14. August 2008 fand eine Informationsveranstaltung über Strukturen und politische Methodik von Bürgerbewegung und Rechtspopulismus im Pfarrsaal der katholischen Kirchengemeinde St. Peter in Köln-Ehrenfeld statt. Die Organisatoren waren Vertreter der Kirchengemeinde St. Peter, der Katholikenausschuss Köln, der Caritasverband der Stadt Köln und das Katholische Bildungswerk St. Peter. Aufgrund der anstehenden Kirchenvorstands- und Pfarrgemeinderatswahlen sorgen sich der Katholikenausschuss und die Caritas, dass Pro Köln diese Gremien als Forum nutzen könnte, um ihre Reputation in der Öffentlichkeit zu verbessern. Hannelore Bartscherer betonte, dass der Katholikenausschuss und der Caritasverband folgendes beschlossen hätten:[124] »Nach unserer Meinung kann man nicht gleichzeitig Mitglied bei pro Köln und in einem kirchlichen Gremium sein.« Im Grußwort der evangelischen Landeskirche und katholischen Bistümer in NRW an die Muslime zum Ramadan hieß es:[125] »Die Positionen dieser Gruppierung (Pro Köln, M.L.) sind mit dem christlichen Glauben nicht vereinbar.«

---

123 Ebd.
124 Kölnische Rundschau vom 17.8.2009
125 Ebd.

Zentrale Themen

Korruption

Pro Köln nimmt Anstoß an den vielen publik gewordenen Fällen von Korruptions- und Vetternwirtschaft in den vergangenen Jahren in Köln. Hier nur einige Fälle: Der frühere SPD-Landtagsabgeordneter Hardy Fuß soll dem Kölner Unternehmer Hellmut Trienekens bei dessen Schmiergeldzahlungen unter anderem an einen CDU-Stadtrat geholfen haben. Am 2.7.2006 hat das Landgericht Köln die Anklage des Staatsanwalts gegen den ehemaligen CDU-Vorsitzenden Richard Blömer, den CDU-Ratsherren Lothar Theodor Lemper, den Porzer Bezirksbürgermeister Horst Krämer und ein Dutzend weiterer Beschuldigter wegen des Verdachts der Untreue und Steuerhinterziehung eröffnet.[126]

Pro Köln versucht aus diesen Korruptionsvorfällen politisches Kapital zu schlagen und sich als »ehrlicher Makler« der empörten und hintergangenen Kölner Bevölkerung aufzuspielen. Markus Beisicht stellte fest:[127] »Die Kölner trauen aus verständlichen Gründen der Politikerkaste nicht mehr über den Weg. Kommunalpolitiker wie Rüther, Biciste, Heugel, Blömer u.a. haben den Ruf einer ganzen Stadt ruiniert. Kommunalpolitik in der Domstadt wird dank der Altparteien mit Bestechung, Vorteilsnahme, Ämterpatronage, Lobbykratie und schwarzen Kassen gleichgesetzt. Immer mehr Bürger erkennen, daß die etablierte Politik die gravierenden Probleme dieser Stadt nicht lösen kann, weil sie selber das Problem ist.«

Pro Köln betont ihre »Bürgernähe« im Gegensatz zur »etablierten« Politik und beschuldigt die »Altparteien«, die Probleme der »einfachen Leute« zu ignorieren. Die Partei wirft den »etablierten Parteien« persönliches Machtstreben, mangelnde Verantwortung für die politische Zukunft der Stadt, fehlende Nachhaltigkeit der politischen Ziele und fehlende Lösungen für aktuelle Probleme vor:[128] »Die Arroganz der Macht hat die etablierten Parteien blind gemacht für die wahren Sorgen und Nöte der einheimischen Bevölkerung in Köln. Als OB-Kandidat der Bürgerbewegung pro Köln stehe ich (Beisicht, M.L.) für Anstand und Ehrlichkeit in der Kommunalpolitik. Mit den knapper werdenden Steuergeldern wollen wir insbesondere Wirtschaft und Handel fördern, indem wir z. B. in eine bessere Verkehrsinfrastruktur investieren. Die Kölner Kommunalpolitik muss endlich wieder ehrlicher werden. Viele Bürger sind der Ansicht, dass sie nichts mehr zu sagen haben. Die Parteienklüngler im Rathaus führen ein Eigenleben.«

---

126 Kölnische Rundschau vom 3.7.2006
127 Pro Köln (Hrsg.): Informationen der Fraktion pro Köln im Rat der Stadt Köln, Nr. 10, 2. Quartal 2005, Köln 2005
128 Ebd.

Dabei griff Beisicht auch den damaligen Oberbürgermeister Fritz Schramma (CDU) persönlich an und bezeichnet ihn wegen seiner Bemühungen um Integration türkischer Migranten als »Fritz ›Atatürk‹ Schramma«.[129]

DuMont und Medien

Alfred Neven DuMont ist seit dem Jahre 1990 Vorsitzender des Aufsichtsrats der Unternehmensgruppe M. DuMont Schauberg. Seit den 1960er Jahren fungiert er als Herausgeber des »Express« und des »Kölner Stadt-Anzeigers«, 1999 erschien auch die »Kölnische Rundschau« in DuMont-Verlag. Im Jahr 2006 hat der Verlag die Mehrheit (51 Prozent) am Verlag der »Frankfurter Rundschau« übernommen.

Da weder im »Express« noch in der »Kölnischen Rundschau« oder im »Kölner Stadt-Anzeiger« Berichte mit positiver Ausrichtung über die Arbeit von Pro Köln erscheinen, wird der Herausgeber Neven DuMont seit Jahren von Pro Köln attackiert. Judith Wolter spricht dabei von einer »gleichgeschalteten Presselandschaft« in Köln, was an die DDR erinnern würde:[130] »In keiner anderen Stadt der Bundesrepublik gibt es eine ähnlich gleichgeschaltete Presselandschaft wie in Köln: Ein Verleger besitzt die drei wichtigsten Lokalzeitungen ›Kölner Stadt-Anzeiger‹, ›Kölnische Rundschau‹ und ›Express‹. Von Presse- und Meinungsvielfalt sowie von Pluralismus kann keine Rede sein. Der Kölner Ehrenbürger Alfres Neven DuMont bestimmt in rigider Form, was in Köln gedruckt wird und über wen überhaupt berichtet werden darf. Sein Pressemonopol erinnert den unbefangenen Betrachter an die längst vergangenen Verhältnisse in der untergegangenen DDR.«

Sie beklagte, dass die Arbeit von Pro Köln im Rat der Stadt systematisch ausgeblendet werde:[131] »Die Neven-DuMont-Monopolpresse blendet nach jeder Ratssitzung bzw. Ausschlusssitzung manipulativ sämtliche Wortbeiträge, Anträge und Anfragen von pro Köln Vertretern einfach aus. (…) So etwas war man früher lediglich von der SED-Presse gewohnt. (…) Was nicht ins Weltbild des Monopolisten hineinpasst, wird einfach ausgeblendet.« So würde in der Kölner Lokalpresse »jeder unbedeutende Kaninchenzüchterverein mehr Resonanz als pro Köln« bekommen.

---

129 www.pro-koeln-online.de/images1/prokoeln11.pdf
130 Pro Köln (Hrsg.): Informationen von der Bürgerbewegung pro Köln e.V., Nr.7, 3.Quartal 2004, Köln 2004
131 Ebd.

Ein Jahr später zeterte Wolter:[132] »Nach über einem Jahr Ratsarbeit kam noch nicht einmal ein pro-Köln-Mandatsträger unzensiert in einer DuMont – Zeitung zu Wort. Und das, obwohl die Ratsfraktion im Schnitt zwei Presseerklärungen pro Woche an alle Kölner Medien verschickt. (…) Außerdem gab es von Kölner Zeitungen noch nicht eine einzige Interviewanfrage an die Fraktion pro Köln. (…) Im Stadtrat und in den Fachausschüssen gab es bisher über 90 Anträge und Anfragen der Fraktion pro Köln! Und in den Bezirksvertretungen waren es sogar über 100 Anträge und Anfragen.«

Der Grund für die Ablehnung der »DuMont-Presse« wird in verschwörungstheoretischer Manier in einem Zusammenspiel der Presse und der etablierten Parteien gesehen:[133] »Die Neven-DuMONT-Presse manipuliert, verzerrt und verfälscht die Kölner Kommunalpolitik zugunsten der verbrauchten Altparteien. (…) Alfred Neven DuMont hat offenbar kein Interesse daran, daß sich die korrumpierten kommunalpolitischen Verhältnisse in dieser Stadt jemals ändern. Sein Verlag soll publizistisch das Fortwirken der Klüngelriege absichern.«

Pro Köln kündigte an, gegen »jede Verdrehung oder Manipulation von Seiten der DuMONT-Presse« gerichtlich vorzugehen und mit »100.000 Flugblättern über die Machenschaften der DuMONT-Presse« aufzuklären. Diese vollmundigen Ankündigungen wurden jedoch nicht realisiert.

Judith Wolter stellte sogar auf der Ratssitzung vom 28.4.2005 den Antrag, Neven DuMont, der am 3.7.2001 zum Ehrenbürger der Stadt Köln ernannt worden war, diese Auszeichnung abzuerkennen:[134] »Alfred Neven DuMont ist seit dem Jahr 2001 Ehrenbürger der Stadt Köln. (…) Über 40 Jahre undemokratisches Verlegertum können eben nicht in ein paar Minuten Redezeit abgehandelt werden. (…) Schließlich hat Alfred Neven DuMont seine geballte Medienmacht jederzeit zum Schutz seiner Kölner Amigos eingesetzt.«

Geschichtsrevisionismus

Pro Köln geht es darum, ein wissenschaftlich gesichertes und damit derzeit gültiges Geschichtsbild zu erschüttern und langfristig zu ersetzen, um die »Deutungshoheit« über die Vergangenheit zu gewinnen. Dabei orientiert sich Pro Köln besonders an der historischen Bedeutung des 8.5.1945. Es wird auf geschichtsrevisionistische Weise versucht, den Tag der Befreiung vom Natio-

---

132 Pro Köln. Fraktion im Rat der Stadt Köln (Hrsg.): Dokumentation. Stachel im Fleisch der Etablierten. Ein Jahr Ratsarbeit pro Köln, Köln 2005, S. 4
133 Pro Köln (Hrsg.): Informationen von der Bürgerbewegung pro Köln e.V., Nr.7, 3.Quartal 2004, Köln 2004
134 Pro Köln. Fraktion im Rat der Stadt Köln, Dokumentation, a.a.O., S. 4

nalsozialismus umzudeuten und die Deutschen selbst als Opfer der Alliierten darzustellen. Markus Wiener, »wissenschaftlicher Mitarbeiter« von Pro Köln, sagte auf der »Gedenkveranstaltung« von Pro Köln am 7.5.2005:[135] »Denn die so genannte ›Befreiung‹ ist historisch betrachtet höchstens ein Teilaspekt des 8.5.1945. Gleichzeitig steht dieser Tag nämlich auch für den Beginn großen Leidens und millionenfachen Unrechts. Genau dieses Spannungsfeld der jüngeren deutschen Geschichte soll nachfolgend aufgehellt werden.« Er sah einen Kausalzusammenhang zwischen 1933 und 1945 zum Nachteil der Deutschen:[136] »Der grundsätzliche Zusammenhang zwischen dem Jahr 1933 und dem Leiden der Deutschen nach 1945 wird nämlich dafür instrumentalisiert, der Trauer um deutsche Opfer die Berechtigung zu nehmen«

Wiener bezieht sich in seiner Argumentation auf ein Interview des damaligen Präsidenten von Litauen, Landsbergis, in der rechten Wochenzeitung Junge Freiheit, in dem er den Umgang der Deutschen mit dem 8.5.1945 kritisierte:[137] »Die deutschen Historiker wissen doch, daß die Rote Armee ihre Soldaten offiziell zum Haß, nicht gegen die Nazis, sondern gegen die Deutschen allgemein aufgestachelt hat: gegen Frauen, Kinder, Alte, Kranke gleichermaßen. Die deutschen Historiker wissen, was für eine Welle bestialischen Hasses über die von den Sowjets eroberten Gebiete geschwappt ist. Mord, Folter, Massenvergewaltigung, Plünderung, Vertreibung, Verschleppung, sprich Versklavung. Selbst Kinder wurden ermordet und vergewaltigt. War das gerechtfertigte Rache? Nein, das war blanker Haß! Ich frage Sie: Ist Haß der Stoff, aus dem Befreiung ist?«

Bei der Analyse der »Umdeutung des 8.5.1945 durch das bundesdeutsche Machtkartell aus Politik und Medien« bezog Wiener sich auf drei Punkte.[138] Zunächst sprach er über die militärischen und politischen Folgen der Niederlage des nationalsozialistischen Deutschlands:[139] »Die totale Niederlage, bei der man sich auf Gedeih und Verderben der Gnade oder der Willkür der Sieger auslieferte. (…) Deutschland als Ganzes war geschlagen und besiegt- und nicht nur Hitler oder die NSDAP. (…) Denn das Ziel der deutschen Kriegsgegner war seit 1943 die bedingungslose Kapitulation des Deutschen Reiches und nicht das Ende oder Beseitigung der NS-Diktatur. Und selbst nach 1990 blieb die UNO-Feindstaatsklausel in Kraft, in der Deutschland und seine Weltkriegsverbündeten einseitig diskriminiert wurden. Völkerrechtlich war Deutschland nach

---

135 Vortrag von Markus Wiener bei der »Gedenkveranstaltung« von Pro Köln am 7.5.2005, Köln 2005
136 Ebd.
137 JF vom 6.5.2005
138 Vortrag von Markus Wiener bei der »Gedenkveranstaltung« von Pro Köln am 7.5.2005, Köln 2005
139 Ebd.

dem 8.5.1945 also keineswegs befreit, sondern ein über Jahre hinweg besetztes und fremdverwaltetes Land.«

Beim zweiten Punkt kam er auf die »Verbrechen am deutschen Volk« zu sprechen:[140] »Ganz eindeutig ist der 8.5.1945 für die vielen Millionen deutscher Soldaten der Beginn eines oftmals jahrelangen Leidensweges. Insgesamt rund 12 Millionen ›Landser‹ werden mit Kriegsende zu Gefangenen. Über 3 Millionen deutsche Soldaten kommen in der Kriegsgefangenschaft um. Hunderttausende starben in den sibirischen Lagern an brutaler Zwangsarbeit und tödlichen Misshandlungen. (...) Dabei muß man wissen, daß ein Drittel der deutschen Kriegsgefangenen in Russland umkam. Gestorben an Hunger, Entkräftung, Krankheiten oder brutalen Übergriffen der Bewacher. (...) Bis zu einer Million deutscher Soldaten kamen aber auch in westalliierter Gefangenschaft wegen Unterernährung und Krankheiten ums Leben. (...) Die nächste, zahlenmäßig noch größere deutsche Opfergruppe waren nach dem 8.5.1945 die Vertriebenen. Mindestens 15 Millionen Deutsche wurden aus den deutschen Ostgebieten, dem Sudetenland und den südosteuropäischen Siedlungsräumen vertreiben. Rund 3 Millionen Menschen kamen dabei ums Leben. Ob auf Todesmärschen oder bei polnischen und tschechischen Pogromen – diese Vertreibung offenbarte das ganze Ausmaß an Terror und Unmenschlichkeit.«

Wiener beklagte ebenso, dass »fast ein Drittel des damaligen Reichsgebietes verloren ging.« Die angeblichen Verbrechen der Roten Armee an der deutschen Bevölkerung wurden hervorgehoben:[141] »Wie eine Soldateska aus dem 30jährigen Krieg fiel die Rote Armee über die deutsche Zivilbevölkerung her. Hunderttausende Frauen und Männer wurden vergewaltigt und ermordet. Anschließend wurden weitere Hunderttausende zur Zwangsarbeit verschleppt. Auf mehrere Millionen werden auch die deutschen Bevölkerungsverluste in den Hungerjahren 1946 und 1947 geschätzt. Die Zerschlagung der staatlichen Strukturen des Deutschen Reiches und die rigorose Militärverwaltung nach dem 8.5.1945 ermöglichte erst diese katastrophalen Zustände in einem der fortschrittlichsten Länder der Welt.« Die umfangreichen Industriedemontagen wurden als »Raubzüge« charakterisiert.

Sein dritter Schwerpunkt war das »Verbrechen« der »sogenannten Umerziehung«. Die Idee der Reeducation, die auf die Förderung der demokratische Kultur im postfaschistischen Deutschlands angelegt war, wurde von Wiener scharf kritisiert:[142] »Denn bei dieser Charakterwäsche ging es in erster Linie nicht um die Austreibung des NS-Ungeistes. Vielmehr sollten die Deutschen zu einem fügsamen Volk werden, das für andere Mächte keine Herausforderung

---

140 Ebd.
141 Ebd.
142 Ebd.

mehr darstellen würde. Dabei wurden systematisch viele Werte zerstört, auf die das deutsche Gemeinwesen in der Vergangenheit aufbaute.« Weiterhin betonte er »die schlimmen Folgen einer korrupten Machtelite und einer verkommenen Medienlandschaft, die täglich den deutschen Selbsthaß schüren.«

Es sei unzumutbar, »den Deutschen bis in alle Ewigkeit ein Büßergewand umzuhängen.« Seine Rede gipfelte in dem geschichtsrevisionistischen Diktum:[143] »Kämpfen wir für die geschichtspolitische Deutungshoheit in Deutschland! (...) So eine ›Befreiung‹ heute zu feiern, ist menschenverachtend, gefühl- und geschmacklos.« Dies sei das Werk von »zerstörerischen antinationalen Kräfte, die ihre verlogene Version in den Geschichtsbüchern und Köpfen der Menschen verewigen wollen.«

Einen Schlussstrich unter die nationalsozialistische Vergangenheit forderte Judith Wolter auf einer Rede bei der Ratssitzung vom 15.3.2005:[144] »Täterschaft vererbt sich ebenso wenig wie Opfertum. Kein heutiger Deutscher muss sich als geborener Verbrechensverantwortlicher fühlen und kein heutiger Israeli oder Jude kann einen aus dem Mutterleib empfangenen Opferstatus für sich beanspruchen.«

Die Fraktion Pro Köln stellte im Rat der Stadt Köln den Antrag, dass »für die zehntausenden Opfer des alliierten Bombenterrors während des 2. Weltkrieges« ein Denkmal an »einem zentrumsnahen Platz« wie z.B. dem Rathausvorplatz oder dem Heumarkt errichtet werden sollte.[145]

Antiziganismus

Der Begriff Antiziganismus charakterisiert die Feindschaft gegenüber Sinti und Roma.[146] Die Grundlage dieser Gegnerschaft ist ein »Zigeuner«-Bild, das aus Stereotypen und Vorurteilen besteht.[147] Jahrelang war für Pro Köln das Thema der »Klau-Kids« von großer Bedeutung. Im Kommunalwahlkampf nahm das Motiv der »kriminellen Sinti und Roma« neben der Ablehnung des Moscheebaus in Ehrenfeld und der Korruptionsverdacht einiger politischer Entscheidungs-

---

143 Ebd.
144 www.pro-koeln.org/artikel/achtermai.htm
145 Fraktion der Bürgerbewegung pro Köln e.V. im Rat der Stadt Köln: Antrag vom 28.9.2006, Köln 2006
146 Wippermann, W.: Wie die Zigeuner – wie die Juden. Antisemitismus und Antiziganismus im Vergleich, in: Butterwegge, C. (Hrsg.): NS-Vergangenheit, Antisemitismus und Nationalismus in Deutschland, Baden-Baden 1997, S. 69-84, hier S. 69
147 Solms, W./Strauß, D.: »Zigeunerbilder« in der deutschsprachigen Literatur, Heidelberg 1995, S. 8

träger in Köln einen zentralen Platz ein. Ein weiteres Beispiel antiziganistischer Ressentiments war der Konflikt um ein Flüchtlingswohnheim in Köln-Poll, in dem ca. 160 Personen – überwiegend Roma aus dem ehemaligen Jugoslawien – wohnten. Eine dubiose »Anwohnerinitiative« machte die dort lebenden Roma für verschiedene Gewalt- und Eigentumsdelikte, Drogenhandel und Sachbeschädigungen verantwortlich und ging damit in die Öffentlichkeit. Für Kurt Holl, Vorsitzender des Rom e.V., war die Flüchtlingspolitik der Stadt Köln für diese Situation verantwortlich, die die Ghettobildung der MigrantInnen fördere und so das friedliche Zusammenleben mit den deutschen NachbarInnen verhindere. Er äußerte in einem Flugblatt Verständnis für »den Frust, die Verärgerung, ja auch die Wut vieler Poller Bürgerinnen und Bürger«. Die Unterbringung von Flüchtlingen müsse dezentral erfolgen; die soziale Arbeit mit Jugendlichen in den Wohnheimen sei mangelhaft; die Unterbringung in überfüllten Heimen führe notwendig zu Aggressionen und beeinträchtige die Lebensqualität auch in der Nachbarschaft. Als Vermittlungsversuche des Rom e.V. scheiterten, beschloss die »Anwohnerinitiative«, mit einer Demonstration ihrem Ärger Luft zu machen. Pro Köln versuchte, die Auseinandersetzungen für ihre parteipolitischen Interessen auszunutzen. Auf ihrer Website hieß es:[148] » Eine Sprecherin der Poller Bürger (...) stellte die jährlichen Millionen – Aufwendungen der öffentlichen Hand für die Unterbringung und Verpflegung von Asylbewerbern, die zu mehr als 90 Prozent Scheinasylanten – also keine politisch Verfolgten, sondern reine Wirtschaftsflüchtige- sind, den umfangreichen Sparplänen der Stadt Köln gegenüber. Schulen und Kindergärten sind von der Schließung bedroht, für öffentliche Bäder, Bibliotheken und andere Einrichtungen ist kein Geld mehr vorhanden – aber für die Multi-Kulti-Pläne der Klüngelpolitiker werden viele Millionen Euro ausgegeben. Eine solche Politik stößt mittlerweile bei der Mehrheit der Deutschen auf Widerspruch.«
Als Pro Köln ebenfalls Werbung für die geplante Demonstration betrieb, ging die »Anwohnerinitiative« auf Distanz. Doch am Kundgebungstag zeigte sich deutlich, dass dies nur Lippenbekenntnisse waren. Die »Anwohnerinitiative« akzeptierte die Teilnahme von Pro Köln an der Demonstration. Dort waren folgende antiziganistische und antisemitische Sprüche auf selbst gemachten Pappschildern zu lesen: »Poll ist voll!«, »Lustig ist das Zigeunerleben‹ absolut nicht für uns Poller!«, »Polizeischutz für Poller Bürger – nicht nur für Friedman & Co.«, »Kriminelle Ausländer abschieben!« Die antifaschistische Kundgebung wurde mit Sprüchen wie »Nehmt euch die Zigeuner doch mit nach Hause!« oder »Unterm Adolf wärt ihr vergast worden!« konfrontiert.
Die Stadt Köln beschloss letztlich, das Flüchtlingsheim zu schließen, was Pro Köln als Erfolg der eigenen Politik bewertete. In der Folge versuchte Pro Köln

---

148   www.pro-koeln-online.de/stamm/porz.htm

mit derselben Strategie auch in anderen Stadtteilen zu punkten. Als ein großer Teil der BewohnerInnen aus Poll nach Weidenpesch umziehen sollte, wurde von Pro Köln eine »Anwohnerinitiative Pallenbergstraße« ins Leben gerufen. Im April 2004 organisierte die »Anwohnerinitiative Pallenbergstraße« in Weidenpesch eine Demonstration »gegen die geplante Einquartierung von Problempersonen aus dem ehemaligen Jugoslawien« mit dem Transparent »Keine Klau-Kids nach Weidenpesch«. Im Rahmen einer Kundgebung wurde gefordert:[149] »Wer das deutsche Gastrecht mißbraucht und Straftaten begeht, muß in sein Heimatland abgeschoben werden. Eltern haften für ihre Kinder.«

Pro Köln stellte im Mai 2004 einen Antrag im Rat der Stadt Köln gegen die Errichtung eines Roma-Zentrums am Venloer Wall, der jedoch abgelehnt wurde. Die Einrichtung des Zentrums sei »nutzlos, zu teuer – die Kosten betragen mehr als 300.000 Euro jährlich – und für die Kölner unzumutbar.« Es sei unverständlich, »warum städtische Mittel im Zusammenhang mit der Kriminalitätsbekämpfung stets nur für das Spektrum der Täter bereitgestellt würden, nicht aber für die Opfer.«[150]

Im Juli 2005 forderte Regina Wilden die Kürzung der Ausgaben der Stadt für Interkulturelle Zentren und des Interkulturellen Referates. In diesem Zusammenhang griff sie den Verein Rom e.V. vehement an:[151] »Dabei handelt es sich bei den angeblich förderungswürdigen Interkulturellen Zentren oft um sehr zweifelhafte Einrichtungen mit linksextremen Verbindungen und einer fragwürdigen Einstellung gegenüber legitimen behördlichen Verwaltungshandeln. Als Beispiel sei hier nur auf zwei Einrichtungen verwiesen, zum einen auf den Verein Rom e.V., der sich als Interessenvertretung der Sinti und Roma versteht. Im Zuge dieser Interessenvertretung hat Rom e.V. aber anscheinend jedes Augenmaß verloren. Denn als in der Vergangenheit die Ausländerbehörden endlich einmal straffällig gewordene Roma abgeschoben haben, hetzte der Verein auf seinen Internetseiten gegen die verantwortlichen Beamten und sprach von ›Amoklauf‹ und ›lebensgefährlichen Aktionen‹ der Verwaltung. Zum Dank für diese mangelhafte Rechtstreue gegenüber der öffentlichen Verwaltung fördert der Rat den Verein nun auch noch finanziell. Dies ist eines der merkwürdigen Kölner Phänomene.«

---

149 www.pro-koeln-online.de/stamm/nippes.htm+Pro+K%B6ln+klau-kids+weidenpesch&cd=28
150 Pro Köln (Hrsg.): Informationen von der Bürgerbewegung pro Köln e.V., Nr.7, 3.Quartal 2004, Köln 2004
151 Regina Wilden: Gegenrede zum Antrag des Integrationsrates auf Förderung Interkultureller Zentren vom 5.7.2005, Köln 2005

Im Jahre 2006 hetzte Pro Köln gegen Roma-Familien, die in einem Asylbewerberheim in Merkenich unter menschenunwürdigen Bedingungen lebten:[152] »Vor allem einige Zigeunerfamilien aus dem Merkenicher Asylantenheim machten den Merkenicher Bürgern seit Jahren das Leben schwer. Diebstähle, Wohnungseinbrüche, ja sogar Raubüberfälle und sexuelle Belästigungen von Kindern waren an der Tagesordnung.

Law and Order

Die Law and Order-Politik von Pro Köln stützt sich auf höhere Ausgaben für Polizei und Sicherheitsdienste sowie härtere Gesetze in der Strafvereitelung, Strafverfolgung und Strafvollstreckung. Falls diese Forderungen tatsächlich Realität werden sollten, wird dies auf Dauer dazu führen, dass durch eine einseitige Betonung auf Sicherheit Grundrechte eingeschränkt oder abgebaut werden (Abbau von Datenschutz, Versammlungsrecht, Meinungsfreiheit, Unverletzlichkeit der Wohnung). Die eigentlichen Ursachen für Kriminalität werden größtenteils ausgeblendet und Repression einer Prävention vorgezogen.

Nach dem Vorbild der »Partei Rechtsstaatliche Offensive« (PRO) in Hamburg setzt Pro Köln auf die ihrer Ansicht nach notwendige Stärkung der »inneren Sicherheit«:[153] »Sicherheit, Ordnung, Sauberkeit – das sind keine überholten Tugenden aus vergangenen Zeiten, sondern unverzichtbare Elemente für ein geordnetes, gedeihliches und zivilisiertes Zusammenleben in einer Millionenstadt wie Köln.« Allgemein sollte dies durch eine konsequente Strafverfolgung und eine striktere Anwendung der Gesetze erreicht werden, wobei das Recht der Opfer eindeutig Vorrang vor dem Recht der Täter haben sollte. Pro Köln plädierte für mehr öffentliches und privates Sicherheitspersonal in »Brennpunktvierteln«, die Videoüberwachung von »Kriminalitätsschwerpunkten« sowie für ein koordiniertes Zusammenwirken von Polizei, Ordnungsamt und sonstigen zuständigen Stellen. Weiterhin plante sie eine »Sauberkeitsoffensive« auf den Straßen und Plätzen Kölns und eine härtere Bestrafung von Jugendbanden, Wohnungseinbrüchen und Taschendiebstählen in Köln.[154]

Ohne Bezug auf eine Quelle behauptet Pro Köln, dass sich in Köln »vier Tätergruppen ausmachen« lassen, »die die Kriminalstatistik nach oben treiben«[155].

---

152 Pro Köln (Hrsg.): Informationen der Fraktion pro Köln im Rat der Stadt Köln, Nr.15, 3.Quartal 2006, Köln 2006
153 Pro Köln. Informationen der Fraktion pro Köln im Rat der Stadt Köln, Nr.21, 4. Quartal 2008, S. 1
154 Ebd.
155 www.pro-koeln-online.de/artikel6/kriminell.htm

Erstens werden in Köln aktive »organisierte ausländische Banden« genannt, die dann »beispielsweise nach Osteuropa (...) verschwinden.« Dann spricht Pro Köln von »regional ansässigen Intensivtätern mit Zuwanderungshintergrund«. Die dritte Kategorie bestehe aus Angehörigen »krimineller Jugendbanden – teils Deutsche, teils Ausländer.« Zuletzt werden »meist deutsche Drogenabhängige, die Straftaten begehen, um ihre Sucht finanzieren zu können« erwähnt.

Dass in diesem »Täterprofil« das Bild des »kriminellen Ausländers« dominiert, ist wohlüberlegtes Kalkül. Pro Köln entwirft in ihrer Berichterstattung über die »Kriminalität« von MigrantInnen ein bewusst verzerrtes Bild, das nichts mit der Realität in deutschen Großstädten zu tun hat. Das Schüren von Ängsten unter den angeblichen Opfern (die autochthonen Deutschen) ist das Ziel dieser skandalisierenden Berichterstattung:[156] »Die Bundesrepublik ist längst eine der wichtigsten Plätze für Schwerstkriminelle mit Migrationshintergrund geworden, wobei Mafia-Banden aus aller Herren Länder in blutigem Konkurrenzkampf um verschiedene Märkte stehen. Gemeint sind Autodiebstähle, Wirtschaftsbetrug sowie insbesondere der Drogenhandel. Jahr für Jahr werden durch die organisierte Kriminalität Milliardenbeträge aus der Bundesrepublik regelrecht hinausgepresst. (...) 60 Prozent aller dieser Straftaten gehen auf das Konto ausländischer Schwerkrimineller.«

Die Innenstadt von Köln sei die Operationsbasis von »osteuropäischen Diebesbanden«, so dass eine Aufstockung der Polizeipräsenz notwendig sei:[157] »Erneut machen rumänische und bulgarische Diebesbanden die Kölner Innenstadt unsicher. (...) Ihre Operationsbasis sind feine Hotels, in denen sie sich mit oft gestohlenen Kreditkarten einmieten.«

Die »Kriminalität« von MigrantInnen wird auf ethnische oder kulturelle Kategorien zurückgeführt: »Die Kölner Jugendbanden des Jahres 2008 prägt ein Männlichkeitsbild, das außereuropäischen Kulturkreisen entstammt. Ein ›echter Mann‹ ist ›wehrhaft‹ und deshalb selbstverständlich mit einem Messer bewaffnet.[158]

Eine Zielscheibe der Hetze von Pro Köln ist der »Junkiebund« in Humboldt-Gremberg. Dort gibt es verschiedene Angebote: eine Anlaufstelle, das »Junkie Bund Cafe«, die Beratung von DrogenkonsumentInnen und deren Angehörigen, eine freiwillige ambulante psychosoziale Begleitung für Substituierte sowie ein ambulant betreutes Wohnen. Als der »Bürgerverein Humboldt-Gremberg« am 18.8.2006 sich in einem Brief über »die unhaltbaren Zustände im Veedel« an die Kölner Zeitungen und Ratsfraktionen wandte und dafür die Existenz des »Junkiebundes« in der Taunusstraße mitverantwortlich machte, stellte die

---

156 www.pro-koeln-online.de/artikel08/071008_mafia.htm
157 www.pro-koeln-online.de/images08_2/antrag-diebe.pdf
158 www.pro-koeln-online.de/artikel6/jugendbanden

Fraktion Pro Köln im Rat folgenden Antrag:[159] »Die Verwaltung wird gebeten, zusammen mit den zuständigen Polizeidienststellen sowie dem Bürgerverein Humboldt-Gremberg ein Konzept zur Wiederherstellung von Recht und Ordnung zu erstellen.«

Außerdem forderte Pro Köln, dass die Deutsche Bahn AG in den Kölner Straßenbahnen nach 19.00h mehr Sicherheitspersonal einsetzen solle.[160] Judith Wolter erklärte:[161] »Nächtliches Straßenbahnfahren wird immer risikoreicher. In manch einem Straßenzug kann man sich abends nach 22.00h kaum mehr auf die Straße trauen. (...) Für das verständliche Sicherheitsbedürfnis der Bürger wird nichts getan: man kapituliert vor Gewalt, Kriminalität und vor der Drogenszene.«

Um dem Vandalismus in Köln entgegenzutreten, wollte Pro Köln in Zusammenarbeit mit der Polizei ein Konzept für eine »konzertierte Aktion« ausarbeiten.[162] Dies wurde damit begründet, dass das öffentliche Eigentum eine »erschreckende Geringschätzung« erfahre. Randalierer und »Farbschmierer« beschädigen Papierkörbe, Statuen, Mauerwerk und Grünanlagen. Die Schäden an christlichen Symbolen empörte die VertreterInnen von Pro Köln besonders:[163] »Seit neuestem stehen auch christliche Symbole im Fokus des Interesses der Randalierer. So wurde im September die Figur des Hl. Ambrosius vor dem St.Agatha-Krankenhaus in Niehl vom Sockel gestoßen und geköpft, zeitgleich wurde im Krankenhaus ein Holzkreuz zertrümmert.« Die vermeintlichen Täter werden ebenfalls genannt:[164] »Manche Besäufnisorgie im studentischen oder im asozialen Milieu wird mit der Zerstörung eines oder mehrerer Papierkörbe abgerundet.« Als Sofortmaßnahme wurde verlangt, dass Sachbeschädigungsdelikte von Polizei und Justiz künftig wieder konsequent verfolgt werden müssten.

»Graffiti-Schmierereien«, die nach Angaben des Kölner Haus- und Grundbesitzervereins jedes Jahr Schäden in Höhe von 50 Millionen Euro verursachen, standen ebenfalls im Mittelpunkt des Interesses von Pro Köln. Die »Intensivtäter« könnten nur durch Haftstrafen abgeschreckt werden:[165] »Die Intensivtäter stehen moralisch auf einer Stufe mit Rheinschiffern, die Altöl in den Fluß

---

159 Fraktion der Bürgerbewegung pro Köln e.V. im Rat der Stadt Köln: Antrag vom 28.9.2006, Köln 2006

160 Fraktion der Bürgerbewegung pro Köln e.V. im Rat der Stadt Köln: Antrag vom 18.5.2006, Köln 2006

161 Pro Köln (Hrsg.): Informationen von der Bürgerbewegung pro Köln e.V., Nr.1, 4.Quartal 2002, Köln 2002

162 www.pro-koeln-online.de/stamm/rat.htm

163 Ebd.

164 Ebd.

165 www.pro-koeln-online.de/artikel6/schaden.htm

schütten, mit Müll-Baronen, die giftige Chemikalien illegal entsorgen und ins Grundwasser sickern lassen sowie mit Bankräubern, die mit vorgehaltener Waffe die Herausgabe von Bargeld erzwingen. Da bei ihnen finanziell im Regelfall nichts zu holen ist, lassen sie sich nur durch Haftstrafen in angemessener Höhe abschrecken.«

Zur Erhöhung der Sicherheit in Köln plädiert Pro Köln für die Bildung von »Bürgerwehren«, wie zum Beispiel in Rondorf:[166] »Es kann nicht sein, daß die Polizei, wie in Rondorf berichtet, Bürgerwehren observiert und ›schnappt‹, anstatt ihre Zeit und Kraft den Brandstiftern zu widmen. Wenn die Polizei nicht selber imstande ist, für Sicherheit zu Sorgen, so muß sie eben die Unterstützung von Bürgern annehmen. Es liegt an uns, diese Unterstützung zu fordern und zu fördern.«

Migration

Pro Köln schließt an die seit Jahren in der Öffentlichkeit geführte Debatte um Zuwanderung und Integration an und zieht daraus den Schluss, vor allem muslimische MigrantInnen als Integrationsverweigerer zu denunzieren. Ein Teil der MigrantInnen weigere sich, die deutsche Sprache und einen Beruf zu erlernen, einen Beruf und sich an die Gesetze in der BRD zu halten. Große Teile »außereuropäischer Einwanderer« seien in keiner Weise integriert, sondern verharren weiterhin in einer »Parallelgesellschaft« und sondern sich »mehr von den Einheimischen ab, wie ihre Eltern und Großeltern es getan haben.«[167] Eine dieser »Parallelgesellschaften« sei die Keupstraße in Köln-Mülheim. Um dort zu leben seien deutsche Sprachkenntnisse nicht notwendig. Pro Köln bemerkte:[168] »Die ethnischen Minderheiten in Köln haben sich längst zu lebensfähigen Nischengesellschaften gemausert. Das hier eine soziale und politische Zeitbombe tickt, pfeifen die Spatzen von den Dächern.«

Seit der Anwerbung der ersten »Gastarbeiter« Mitte der 1950er Jahre fand laut Pro Köln ein »schleichender Bevölkerungsaustausch« statt.[169] Während deutsche Paare immer weniger Kinder bekämen, steige die Zahl der »ausländischen« Kinder immer weiter. Dieses »demographische Problem« erzeuge ein »Kippen der Mehrheitsverhältnisse in der Bevölkerung«. »Gefährdete« Stadtteile seien

---

166 Fraktion Pro Köln (Hrsg.) Bezirksvertretungsarbeit pro Köln 2004-2006, Köln 2007, S. 4

167 www.pro-koeln-online.de/artikel3/koeln-kippt.htm

168 Pro Köln (Hrsg.): Informationen von der Bürgerbewegung pro Köln e.V., Nr.7, 3.Quartal 2004, Köln 2004, S: 2

169 www.pro-koeln-online.de/artikel3/koeln-kippt.htm

Chorweiler, Kalk, Mechenisch und Gremberghoven, wo der Migrationsanteil bei über 40 Prozent läge. 52% aller SchulabgängerInnen der Kölner Real-, Haupt- und Gesamtschulen würden aus MigrantInnen bestehen. Angeblich werden in den 2030er Jahren die ersten deutschen Großstädte »umkippen«, d.h. arabisch- und türkischstammige Migranten würden dort die Mehrheit der Bevölkerung ausmachen. Die deutsche Bevölkerungsminderheit würde dann »Inseln« bilden und sich in eine »Parallelgesellschaft« zurückziehen.[170] Das »Aussterben des deutschen Volkes« wird dem Kinderreichtum von MigrantInnen in Deutschland gegenübergestellt. Um die »völkische Homogenität« zu erhalten, die einen entscheidenden Punkt in den bevölkerungspolitischen Vorstellungen von Pro Köln einnimmt, sollen deutsche Frauen mehr Kinder gebären und Migrantinnen dagegen weniger. Dieses Szenario wird zu einer »inneren Bedrohung« hochgespielt.

Die Fraktion Pro Köln stellte in einem Ratsantrag in zynischer Weise die Frage, ob »in Zukunft für die deutschstämmige Bevölkerung Minderheitenschutzregelungen eingeführt werden sollen«[171]

Das Bedrohungsszenario von einem ständigen Anwachsen der »ausländischen« Bevölkerung in Köln lässt sich empirisch nicht bestätigen. Die Zahlen der »ausländischen« Einwohner in Köln sind über die Jahre recht konstant geblieben. Im Jahre 1990 waren 163.014 Migranten in Köln gemeldet, im Jahre 2000 189.030, im Jahre 2005 sank die Zahl auf 175.515. Im Jahre 2006 wurden 176.534 gezählt, im folgenden Jahr 177.753.[172]

Laut Pro Köln habe in der BRD in den letzten Jahren und Jahrzehnten eine »Zuwanderung in die sozialen Sicherungssysteme stattgefunden und diese nahezu zum Einsturz gebracht.«[173]

MigrantInnen wurden als Schmarotzer dargestellt, die planmäßig den deutschen Sozialstaat betrügen würden. Einzelfälle wurden dabei pauschalisiert: »Da berichteten Medien in der Bundesrepublik, dass ein türkischer Sozialhilfeempfänger in der Heimat eine Luxusvilla gebaut hat und soeben einen neuen BMW-Geländewagen im Werte von 70.000,00 € gekauft hat. Nur ein Einzelfall? Keineswegs! In Hamburg prellt ein türkischstämmiger Migrant das Arbeitsamt um fast 12.500,00 € – dabei verdient er als Unternehmer 93.656,00 € pro Jahr.«

Die Kosten der Einwanderung würden Städte und Gemeinden derart finanziell ruinieren, so dass immer weniger Geld für die deutsche Bevölkerung bleibe.

---

170 www.pro-koeln-online.de/artike6/intakt.htm
171 Fraktion der Bürgerbewegung pro Köln e.V. im Rat der Stadt Köln (Hrsg.): Antrag vom 29.8.2006, Köln 2006
172 www.stadt-koeln.de/zahlen/bevoelkerung/artikel/04605/index.html
173 www.pro-nrw.org/content/view/825/1/

MigrantInnen wurden wiederum als Sündenböcke missbraucht:[174] »Öffentliche Einrichtungen werden geschlossen, städtische Dienstleistungen eingeschränkt, Gebühren erhöht. (...) Denn zweistellige Milliardenbeträge müssen die hochverschuldeten Kommunen jedes Jahr für die Unterbringung und Rundumversorgung von Millionen Wirtschaftsflüchtlingen, abgelehnten Asylanten und nicht mehr rückkehrwilligen Bürgerkriegsflüchtlingen aufbringen. Dazu kommen hunderttausend sogenannte ›Kontingentflüchtlinge‹ aus Osteuropa und der ehemaligen Sowjetunion. Sie erhalten sofort volle Bürgerrechte, Wohnungen und Sozialhilfe – ohne Sprachtest, wie ihn unsere russlanddeutschen Landsleute ablegen müssen.«

Als im Spätherbst 2005 in Frankreich Auseinandersetzungen zwischen jugendlichen EinwandererInnen und der Polizei lange Zeit die Öffentlichkeit beschäftigten, warnte Pro Köln vor »französischen Verhältnissen« in der BRD:[175] »Heute brennt Frankreich – morgen Deutschland? Wir brauchen keine bürgerkriegsähnlichen Zustände, verursacht durch unkontrollierte Einwanderung. Multikulti ist gescheitert!«

Bei den gewalttätigen Unruhen in Frankreich im Oktober und November 2005 handelte es sich um eine Serie von zunächst unorganisierten Sachbeschädigungen und Brandstiftungen sowie gewalttätigen Zusammenstößen mit der Polizei in den so genannten Banlieues des Großraums Paris, die am Donnerstag, dem 27. Oktober 2005, nach dem »Unfalltod zweier Jugendlicher« begannen.[176] Zunächst beschränkten sich die Ausschreitungen auf den Heimatort der Jugendlichen, dem Pariser Vorort Clichy-sous-Bois. Im Laufe der folgenden Tage weiteten sich die Unruhen zunächst auf das Pariser Umland wie Seine-et-Marne oder Val-d'Oise, später auch auf andere französische Städte wie Lille, Rouen, Rennes, Dijon, Toulouse und Marseille aus. Am 8. November beschloss die französische Regierung den Ausnahmezustand zu verhängen. Zudem wurden gezielt Ausgangssperren über Teile des französischen Staatsgebietes verhängt.

Die Gewaltausbrüche sahen Experten als einen Ausdruck für die lange aufgestaute Wut vieler Jugendlicher vor allem (nord-)afrikanischer Herkunft über die herrschende relative Armut, den Rassismus, Perspektivlosigkeit, Massenarbeitslosigkeit sowie fehlende Integrationsmöglichkeiten (Ghettoisierung), die besonders die MigrantInnen in den Trabantenstädten betrafen.[177]

---

174 Pro Köln (Hrsg.): Informationen der Bürgerbewegung pro Köln e.V., Nr. 2, 2.Quartal 2003, Köln 2003, S. 2

175 Bürgerbewegung Pro Köln Arbeitskreis Jugend (Hrsg.): Deutsch ist geil, Köln o.J, S.1

176 Tagesspiegel vom 7. 11. 2005

177 Lindner, K.: »25 Jahre ›Marche des Beurs‹: Kämpfe der Migration im Frankreich der 1980er Jahren und heute«, in: Peripherie. Zeitschrift für Politik und Ökonomie in

Kurz nach den Unruhen in Frankreich redeten die CDU-Politiker Jörg Schönbohm und Wolfgang Bosbach dasselbe Bedrohungsszenario für die BRD herbei. Viele Jugendliche nichtdeutscher Herkunft würden sich auch in Deutschland ausgeschlossen fühlen und könnten in Zukunft besonders in den sozialen »Ghettos« ihre Wut und ihren Hass auf ähnliche Weise zum Ausdruck bringen.[178] Pro Köln griff dieses Szenario auf und fragte rhetorisch, ob in NRW ein »multikultureller Bürgerkrieg« drohe.[179]

Im Jahre 2007 wies Pro Köln auf die steigende Gewaltkriminalität unter Jugendlichen und jungen Erwachsenen hin. Dafür verantwortlich wären multikulturelle Jugendgangs wie die »Ehrenfelder Mafia-Russen« oder die »Buchheimer Türken-Gangster«. Schon seit längerer Zeit seien die »Gewalttätigkeit und Skrupellosigkeit solcher Banden« bekannt. Aus der »anhaltenden Massenmigration und gescheiterter Integration« ergäben sich Gefahren für die Sicherheit in Köln. In diesem Zusammenhang argumentierte Pro Köln mit offenen Rassismus:[180] »Bei dem Phänomen der kriminellen Jugendgangs handelt es sich eben nicht nur um ein soziales, sondern auch um ein ethnisches.« Die Fraktion Pro Köln stellte in der Bezirksvertretung Ehrenfeld folgenden Antrag:[181] »Wie kann die Bevölkerung vor gezielt religiöser und ethnisch motivierter Gewalt geschützt werden?«

Die Opfer dieser Gewaltkriminalität wären meistens Deutsche, während die TäterInnen überwiegend aus multikulturellen Jugendgangs bestehen würden. Um gegen diese Entwicklung vorzugehen, müssten harte Strafen her:[182] »(...) müssen die Samthandschuhe endlich ausgezogen werden: Sozialarbeit und gutes Zureden haben versagt. ›Null Toleranz‹ heißt das Gebot der Stunde. Ausländer, die in Deutschland schwere Straftaten begehen, haben ihr Gastrecht verwirkt. Wir können es nicht dulden, das multikulturelle Gangs rechtsfreie Räume schaffen – weder in Köln noch anderswo in Deutschland.«

Außerdem warnte Pro Köln vor dem »aggressiven türkischen Chauvinismus« bestimmter Gruppen, die angeblich die »Türkisierung der BRD« planten: »In direkter Nachfolge von Heinrich Himmlers Organisation ›Werwolf‹ agiert die

---

der Dritten Welt, Nr. 114/115, 29. Jg., Heft 2/2009, S. 304-324, hier S. 307f
178 Aachener Nachrichten vom 20.11.2005
179 www.pro-nrw.org/content/view/675/22
180 Pro Köln (Hrsg.): Informationen der Fraktion pro Köln im Rat der Stadt Köln, Nr.17,1.Quartal 2007,Köln 2007, S.1
181 Fraktion Pro Köln in der Bezirksvertretung Ehrenfeld: Antrag vom 12.04.2008, Köln 2008, S.1
182 Ebd.

türkisch-nationalfaschistische Extremistengruppe ›Graue Wölfe‹ völlig ungeniert und offen im türkisch besetzten Teil Deutschlands.«[183]

»Muslimisch geprägte Schülergangs« sollen in Köln-Ehrenfeld angeblich Aussagen wie »Deutschland den Türken« oder »Deutsche, haut ab, hier ist türkisches Gebiet« gemacht haben.[184] Wann und wo diese Aussagen gemacht oder welche Personen damit konfrontiert wurden, wird hier nicht genannt. Pro Köln sprach lediglich davon, dass »diese Aussagen verbürgt« seien. Weiterhin sei ein »fortwährendes Spießrutenlaufen« zu beobachten, »dem sich sowohl Frauen mit christlicher oder muslimischer Konfession aussetzen müssen, die sich ohne Kopftuch oder wohl noch besser: Totalvermummung auf der Straße bewegen.«[185]

Pro Köln belegte diese Anschuldigen in keiner Weise, so dass die Glaubhaftigkeit dieser Aussagen mit Vorsicht zu genießen ist.

Die von Pro Köln behauptete angebliche »Deutschfeindlichkeit« und der »türkische Extremismus« war auch Gegenstand einer Anfrage im Rat der Stadt Köln. Die Fraktion stellte dabei folgende Fragen:[186] »1) Was wird an den Schulen und Jugendeinrichtungen der Stadt Köln gegen die Ausbreitung des türkischen Chauvinismus und Islamismus getan? 2) Was wird gegen die sich an manchen Schulen immer stärker ausbreitende Verachtung von Deutschen, Deutschland und der christlich-abendländischen Lebensweise getan? 3) Wie viele Straftaten in Köln hatten im Jahr 2005 und in diesem Jahr ein islamistisches, deutschfeindliches oder türkisch-chauvinistisches Motiv?«

Die Hetze gegen AsylbewerberInnen in Köln nahm bei der politischen Arbeit einen nicht unwesentlichen Platz ein. Der Bezirksvertreter von Pro Köln in der Bezirksvertretung Lindenthal, Hans-Willy Wolters, warf AsylbewerberInnen, die in Weiden unter unmenschlichen Bedingungen in Wohncontainern untergebracht sind, vor, »teilweise bis tief in die Nacht« zu feiern und dabei »ihre Nachbarn zu balästigen.«[187]

Der Köln-Pass, der im Jahre 2007 wieder eingeführt wurde, ist für sozial schwache Kölner Einwohner gedacht; sie erhalten damit Vergünstigungen bei

---

183 www.pro-nrw.org/content/view 361/22

184 Fraktion Pro Köln in der Bezirksvertretung Ehrenfeld: Antrag vom 12.04.2008, Köln 2008, S.1

185 Ebd.

186 Pro Köln (Hrsg.): Informationen der Fraktion pro Köln im Rat der Stadt Köln, Anfrage für die Sitzung des Rates am 22.6.2006/Türkischer Extremismus und Deutschfeindlichkeit, Köln 2006, S. 1

187 Hans-Willi Wolters, Bezirksvertreter für die Bürgerbewegung pro Köln in der Bezirksvertretung Lindenthal: Anfrage: Unterbringung von Asylbewerbern in Weiden, Köln 2007, S. 1

zahlreichen städtischen und stadtnahen Einrichtungen. Als es um die Wiedereinführung des Passes ging, wollte die Fraktion Pro Köln verhindern, dass dieser auch an AsylbewerberInnen verteilt wird. In der Begründung hieß es:[188] »Die Stadt Köln ist wirtschaftlich nicht in der Lage, die Folgen einer Politik zu verkraften, die darauf abzielt, unsere Stadt für solche Zuwanderer attraktiv zu machen, die mehr Leistungen von der öffentlichen Hand beziehen als sie für den deutschen Staat auf kommunaler sowie Landes- und Bundesebene erbringen.«

Als der Vorsitzende der Türkischen Gemeinde in Deutschland, Kenan Kolat, eine MigrantInnenquote für den öffentlichen Dienst forderte, lehnte Pro Köln dieses Ansinnen mit der Begründung ab, dass die Aufnahme in den Dienst der Verwaltung auch künftig unabhängig von den Herkunft des Bewerbers ausschließlich nach dem Gesichtspunkt der persönlichen Qualifikation erfolgen darf.[189]

Das Bemühen der Parteien im Hinblick auf die Kommunalwahl 2009, die Zahl von »türkischstämmigen« MigrantInnen im Rat der Stadt zu erhöhen, wurde von Pro Köln zurückgewiesen:[190] »Ein weiteres Mal sind mit Blick auf die Kommunalwahl die Fronten der politischen Auseinandersetzung geklärt. Wer mehr Türkisch im Rathaus für das Gebot der Stunde hält, wählt CDU, SPD, FDP, Grüne oder Linkspartei. Wer dort den kölnischen Normalbürger repräsentiert sehen will, macht sein Wahlkreuz bei pro Köln.«

Mit deutschtümelnden Slogans versuchte Pro Köln auf den Rat und die Verwaltung einzuwirken. Die Fraktion forderte den Rat und die Verwaltung auf, die »deutsche Sprache als Trägerin von Kultur und Kommunikation« zu wahren und sie nicht mit »vermeintlich modernen Anglizismen zu überfrachten«.[191]

In den Bereichen Migration und multikulturelle Gesellschaft forderte Pro Köln verschiedene politische Richtungsänderungen.[192] Zunächst müsse auf nationaler Ebene ein sofortiger Einwanderungsstopp verhängt werden. Die BRD dürfe kein Einwanderungsland sein, da sonst bürgerkriegsähnliche Zustände wie im früheren Jugoslawien drohen würden. Zweitens sollten die hier »legal lebenden, integrationswilligen Ausländer« ein »positives Verhältnis zur heimischen Kultur, Sprache und Lebensweise entwickeln«. Diese nebulöse Forderung bedeutet wohl die vollständige Assimilation von MigrantInnen in der BRD. In diesem Zusammenhang nannte Pro Köln die Beispiele der polnischen EinwanderInnen

---

188 Fraktion der Bürgerbewegung pro Köln e.V. im Rat der Stadt Köln: Antrag vom 28.9.2006, Köln 2006, S: 1

189 Ebd., S. 3

190 www.pro-koeln-online.de/artikel6/tuerkisch.htm

191 Fraktion der Bürgerbewegung pro Köln e.V. im Rat der Stadt Köln: Antrag vom 18.5.2006, Köln 2006, S. 1

192 www.pro-koeln-online.de/artikel3/koeln-kippt.htm

ins Ruhrgebiet sowie die im katholischen Frankreich verfolgten Hugenotten im damaligen Preußen. »Ghettobildungen« sowie »Parallelgesellschaften« seien zu bekämpfen, die »deutsche Leitkultur« müsse in Stadtteilen wie Chorweiler und Kalk durchgesetzt werden. Dann sprach Pro Köln von der Rückholung »rechtsfreier Räume für Deutsche und Staatsbedienstete«; in diesen »No-go-Areas«[193] dürfe der Staat seinen Ordnungsanspruch nicht aufgeben. Der Migration müsse auf Dauer eine »aktive Bevölkerungspolitik« entgegengesetzt werden. Neben staatlichen Maßnahmen wie soziale Absicherung oder ein kinderfreundliches Steuerrecht müsse ein positiveres Bild von Familie und Kinder in der Gesellschaft entstehen.

Ein »Rückkehrgesetz« nach amerikanischem Vorbild würde die Rechtssicherheit in Deutschland wieder herstellen, die überbelasteten Kranken- und Rentenkassen entlasten, Milliardenbeträge freisetzen für die Schaffung neuer Arbeitsplätze, den »importierten sozialen Sprengstoff entschärfen« und »die Identität des deutschen Volkes vor kultureller Auflösung schützen.«[194]

Rückkehrwilligen »Ausländern« müssten staatliche Hilfen und Anreize zur Heimkehr in ihre Herkunftsländer angeboten werden. Das endgültige migrationspolitische Ziel von Pro Köln lässt sich in der Formel »Minuszuwanderung statt Überfremdung« zusammenfassen. Dabei könne die BRD »einen vorübergehenden Bevölkerungsrückgang« in Kauf nehmen:[195] »Die Bundesrepublik ist ohnehin überbevölkert, einige Millionen weniger Menschen verursachen keinen so großen volkswirtschaftlichen Schaden wie die riesigen Kosten der Massenzuwanderung und ihrer Mißstände!«.

Insgesamt gesehen verfolgt Pro Köln das Ziel, gesellschaftliche Problemlagen mit der Zuwanderung von MigrantInnen in Verbindung zu bringen; damit wird die Ethnisierung des Sozialen betrieben. Pro Köln entwarf in Bezugnahme auf

---

193 Der Begriff der »No-go-Areas« tauchte im Zusammenhang mit dem neonazistischen Konzept der »national befreiten Zonen« auf. »No-go-Areas« werden – erstmals im Vorfeld der Fußball-Weltmeisterschaft 2006 – Bereiche bezeichnet, in dem extrem rechte Gewalt das Straßenbild so sehr prägt, dass von extrem Rechten als »fremd« und »feindlich« eingestufte Menschen, weil sie aufgrund körperlicher oder kultureller Merkmale als »anders« markiert werden (»Migrationshintergrund«) oder weil sie dem extrem rechten Bild von links oder alternativ z.B. aufgrund der Kleidung entsprechen, sich aus Furcht vor gewalttätigen Übergriffen nicht mehr auf die Straße oder in öffentliche Einrichtungen wagen. Mit dem Konzept der »national befreiten Zonen« versucht die rechts extreme Szene um NPD und »Freie Kameradschaften«, einen Machtbereich außerhalb der demokratischen Ordnung zu markieren, in dem Abweichler von der so bestimmten »Normalität« terrorisiert und verjagt werden können.
194 Pro Köln (Hrsg.): Informationen der Bürgerbewegung pro Köln e.V., Nr. 2, 2.Quartal 2003, Köln 2003, S.1
195 Ebd.

die Unruhen in Frankreich 2005 das Bedrohungsszenario eines »multikulturellen Bürgerkrieges« in naher Zukunft. Migration und die multikulturelle Gesellschaft stellen die Zerstörung ihres Wunschbildes nach »kultureller Identität« und völkischer Homogenität dar.

3.6.7) Moscheebau

Zu den ersten MuslimInnen in Deutschland zählten türkische Kriegsgefangene aus den Jahren 1696 bis 1698, deren Zahl bis in die Hunderte ging. Einige MuslimInnen konvertierten zum Christentum, lebten später in Franken, Bayern und Sachsen.

Ein Herzog aus dem Gebiet des heutigen Lettlands überreichte dem Preußenkönig Friedrich Wilhelm I im Jahre 1739 20 türkische Gardesoldaten als »Geschenk«. Daraufhin gab der König den Auftrag, einen Saal neben der Garnisonskirche in Potsdam in einen Gebetsraum umzuwandeln. Dies war die Grundsteinlegung für die erste muslimische Gemeinde. 1740 schrieb Friedrich der Große:[196] »Alle Religionen sind gleich und gut, wenn nur die Leute, die sich zu ihnen bekennen, ehrliche Leute sind. Und wenn die Türken (…) kämen und wollten hier im Lande wohnen, dann würden wir ihnen Moscheen (…) bauen.«

Die erste Moschee auf deutschem Boden war die so genannte »Rote Moschee« in Schwätzingen. Durch den Zuzug von StudentInnen, AkademikerInnen und Intellektuellen entfaltete sich in Berlin nach dem 1. Weltkrieg ein reges islamisches Gemeindeleben, dem sich deutsche Konvertiten anschlossen und die Wilmersdorfer Moschee 1924 errichteten. Diese Moschee stand für eine besondere Richtung des Islam: die Ahmadiyya-Gemeinschaft. Sie gab von 1924 bis 1949 die Zeitschrift »Moslemische Revue« heraus, und einer ihrer Imame legte 1939 die erste deutsche Koranübersetzung aus muslimischer Feder vor. Seit langem in Hamburg ansässige iranischen Händler und Kaufleute schufen sich 1961 ihre eigene Moschee an der Außenalster.

Das Thema Moscheebau beschäftigte die Kölner Bevölkerung in den letzten Jahren und hatte eine überlokale gesamtgesellschaftliche Relevanz. Dabei ging es vorrangig um den Bau der Moschee im Stadtteil Ehrenfeld, gegen den Pro Köln heftig agitierte. Pro Köln machte die Ablehnung des Baus der Moschee zu einem wesentlichen Teil ihres Kommunalwahlkampfes 2004. In einem Flugblatt erläuterte Pro Köln:[197] »Wo eine Moschee steht, wird als nächstes ein Minarett

---

196   Zitiert aus Tworuschka, M.: Grundwissen Islam. Religion, Politik, Gesellschaft, Münster 2003, S. 166
197   Flugblatt von Pro Köln zur Kommunalwahl am 26.9.2004

und dann der Muezzin-Ausruf bei den zuständigen Behörden beantragt. Den nicht–islamischen Kölnern stehen also spannende Zeiten bevor. (...) Die islamischen Verbände in Köln haben sich von den islamischen Extremisten bislang nicht distanziert. Es ist daher sehr gut möglich, dass die neue Groß-Moschee auch eine gefährliche Zufluchtsstätte für islamische Extremisten wird.«

Pro Köln gelang es, über 20.000 Unterschriften gegen den geplanten Moscheebau in Köln–Ehrenfeld zu präsentieren. Dieser Teilerfolg von Pro Köln lässt erahnen, dass ihre islamophobe Stimmungsmache bei einem Teil der Bevölkerung auf fruchtbaren Boden trifft.

Der geplante Bau der Ehrenfelder Moschee führte auch zu heftigen Diskussionen innerhalb der Kölner CDU. Der Ehrenfelder Ortsverband der CDU sprach sich im April 2006 gegen den geplanten Entwurf aus. Begründet wurde diese mit der »sehr traditionellen osmanischen Form«, die einen »nationalen ethnischen Charakter anstatt einen übernationalen Raum für Muslime unterschiedlicher Herkunft« repräsentiere.[198] Absurd wurde die Ablehnung durch die Forderung, ein Bauwerk zu planen, »mit dem sich Nichtmuslime identifizieren können.«

Weiterhin wurde bezweifelt, dass die geplanten 120 Parkplätze in einer Tiefgarage für den 2000 Menschen fassenden Gebetsraum ausreichen. Es wurde argumentiert, dass dies zu einem Verkehrschaos führen könne. Der Muezzinruf müsse außerhalb des Gebetsraumes untersagt werden, da er »anderen Mitbürgern« nicht »aufgenötigt« werden könnte. Dass auch Kirchenglocken anderen Leuten »aufgenötigt« werden, wurde wohlweislich verschwiegen. Die Verantwortlichen in der Kölner-CDU distanzierten sich von den Plänen der Ehrenfelder CDU und äußerten[199]: »Fraktion, Partei und Oberbürgermeister stehen zum Bau einer Großmoschee an dieser Stelle.«

Die FDP bemerkte zum Beschluss der Ehrenfelder CDU:[200] »Dass man der Moschee nun aber auch ihr orientalisches Aussehen vorwirft, ist der Gipfel der Arroganz. Immerhin handelt es sich um eine türkische Institution, die hier als Bauherr auftritt und einen Identifikationspunkt auch für die eigenen Mitglieder schaffen will.«

Obwohl die Parteiführung der Kölner CDU sich für den Bau der Moschee einsetzte, entwickelte sich innerhalb der Partei eine heftige Diskussion. Die dabei vorgetragenen Argumente waren von islamophoben Ressentiments geprägt und boten eine Steilvorlage für die von Pro Köln vertretenen Auffassungen. Erst auf ihrem Parteitag am 14.8.2007 rang sich die Kölner CDU zu einer öffentlichen Zustimmung des Baus der Moschee durch. Die Debatte innerhalb der CDU

---

198 www.ksta.de/html/artikel/1144673461049.shtml.
199 Ebd.
200 Ebd.

führte dazu, dass der CDU-Vorsitzende von Ehrenfeld, Jörg Uckermann aus der Partei austrat und sich Pro Köln anschloss.

Der Kölner Autor und Publizist Ralph Giordano sprach sich gegen den Bau der Moschee aus, da er darin die Verschärfung einer gesellschaftlichen Polarisierung zwischen MuslimInnen und der deutschen Bevölkerung sah, die nicht zum Gelingen der Integration beitragen würde. Damit bot er islamophoben Argumenten von Pro Köln öffentlich eine Argumentationsvorlage, die begeistert von Pro Köln aufgegriffen wurde. Pro Köln ging mit der Aussage von Giordano »Es gibt kein Grundrecht auf den Bau einer zentralen Großmoschee« auf Stimmenfang. So hieß es auf der Homepage von Pro Köln:[201] »Giordanos pointierte Aussagen finden die volle Unterstützung von pro Köln und pro NRW. Der wahre Bauherr der zentralen Großmoschee in Köln-Ehrenfeld ist, über ihren verlängerten Arm DITIB, die Religionsbehörde Dyanet in Ankara.«

Giordano forderte von dem damaligen Oberbürgermeister Fritz Schramma:[202] »Stoppen Sie diesen Bau, der kein Ausdruck muslimischen Integrationswillens ist, sondern ein Zentrum integrationsfeindlicher Identitätsbewahrung, das Symbol eines Angriffs auf unsere demokratische Lebensform, ein Anspruch auf Macht und Einfluss.« Den Bau von Moscheen in Deutschland bezeichnete er als »sakrale Großbauten, Symbole einer Landnahme auf fremdem Territorium, Strategie einer türkischen Außenpolitik, die längst dabei ist, in Deutschland mitzuregieren.«[203] Die Migrationspolitik erklärte Giordano für gescheitert; diese »gewaltige Zuwanderungswelle« wäre eine »Milliardenbelastung der Sozialkassen«. Er sprach den muslimischen Zuwanderern den Willen zur Integration ab:[204] »Das Ergebnis dieser Politik ist die Anwesenheit von Millionen von Menschen aus einer gänzlich anderen Kultur, viele von ihnen ohne jede Qualifikation und nur bedingt integrationsfähig und -willig.« Nach dem Aufkommen von teils heftiger Kritik an seinen Ansichten wollte er »mit bürgerlichem Selbstbewusstsein den nach wie vor in linken Denkschablonen steckenden deutschen ›Umarmern‹, Multikulti-Illusionisten, xenophilen Einäugigen und Beschwichtigungsdogmatikern couragiert die Stirn (…) bieten.«[205] Nach eigenen Angaben bekam er wegen seiner Aussagen im Frühjahr 2007 mehrere telefonische Morddrohungen, die er radikalen MuslimInnen zuschrieb.

---

201   www.pro-nrw.org/content/view/81/20
202   Giordano, R.: Nicht die Moschee, der Islam ist das Problem, in: Sommerfeld, F.: Der Moscheestreit. Eine exemplarische Debatte um Einwanderung und Integration, Köln 2008, S. 37-51, hier S. 37
203   Ebd. S.39
204   Ebd. S. 40
205   Ebd. S. 39

Als Reaktion darauf schrieb er:[206] »Ich wehre mich gegen ein Erpresserpotential, das uns unter islamischer Zensur stellen will und seine Tentakel dafür von Zentralasien bis in die Mitte Europas unter dem Motto ›Wer nicht kuscht, der lebt gefährlich‹ ausgeworfen hat.«

Die Aussagen des Kölner Kardinal Meisner über den Islam und den geplanten Moscheebau waren ebenfalls eine Steilvorlage für die Agitation von Pro Köln. Beisicht erklärte in einer Stellungnahme zum Moscheebau:[207] »Der Kölner Kardinal Meissner hat einmal erklärt, dass die Muslime sich auf Toleranz gegenüber Andersgläubigen nur so lange berufen, solange sie sich in der Minderheit befinden. Dies sollten wir nicht vergessen. So lange in der Türkei Christen diskriminiert und die Religionsfreiheit außer Kraft gesetzt wird, sollten bei uns keine weiteren Großmoscheen mehr gebaut werden.«

Diese Argumente kritisierte Höhn zu Recht:[208] »Ohne Offenheit für eine Pluralität an Religionen bleibt das Reden von Religionsfreiheit reiner Etikettenschwindel. Das müssen sich vor allem prominente Kirchenvertreter sagen lassen, die mit dem Hinweis auf die Unterdrückung des Christentums in arabischen Ländern den Muslimen in Deutschland zur Bescheidenheit beim Anmelden von Rechtsansprüchen raten. Eine solche ›Wechselseitigkeit‹ ist unvereinbar mit der Unteilbarkeit von Grundrechten. Wer die Anspruchnahme von Rechten hierzulande nach dem Maß der Verweigerung von Rechten im Ausland bemessen will, offenbart eine prekäre Distanz zu rechtsstaatlichen Prinzipien. Grundrechte werden im liberalen Rechtsstaat nicht zuerkannt oder vergeben, sondern jeder Mensch ist als Träger solcher Rechte anzuerkennen.«

Meisner äußerte, beim Bau der Moschee ein »ungutes Gefühl« zu haben. Weiterhin warnte er vor einer Ausbreitung der Scharia in Deutschland:[209] »Wir müssen auch wachsam bleiben, dass die Terrains, die man hier muslimischen Mitbürgerinnen und Mitbürger zur Verfügung stellt (…) nicht Territorien werden, auf denen sich die Scharia immer mehr entfaltet.«

Die Argumentationen von Pro Köln gegen Moscheebauten sind durchdrungen von rassistischen Phrasen. Judith Wolter proklamierte, dass »gerade in Ehrenfeld die Grenze lange erreicht ist, was man unserer Gesellschaft überhaupt zumuten kann. Das Boot ist einfach voll. Die muslimische Diaspora ist offensichtlich

---

206 Ebd. S. 50
207 www.pro-nrw.org/content/view/824/1/
208 Höhn, H.-J.: Die Goldene Regel, in: Sommerfeld, F.: Der Moscheestreit. Eine exemplarische Debatte um Einwanderung und Integration, Köln 2008, S. 125-129, hier S. 125f
209 Meisner, J.: Keine Angst – aber ein ungutes Gefühl, in: Sommerfeld F.: Der Moscheestreit. Eine exemplarische Debatte um Einwanderung und Integration, Köln 2008, S. 177-181, hier S. 179f

im Prinzip nicht integrierbar. Man will sich zudem nicht freiwillig weiteren Sprengstoff ins Veedel holen.«[210]

Neben rassistischen und islamfeindlichen Darlegungen brachte Pro Köln auch finanzielle Einbußen der (*weißen*-deutschen) Wohnungseigentümer rund um die Ehrenfelder Moschee ins Spiel. Zwischen der Einreichung des Bauantrages für den Moscheeneubau und der Erteilung der Baugenehmigung sänken demnach die Preise der umliegenden Grundstücke um fast 20 Prozent; nach der Fertigstellung würden die Preise noch weiter sinken.[211]

Im Hinblick auf die Kommunalwahlen 2009 demonstrierte Pro Köln jeweils unter einem anderen Motto jeden zweiten Samstag im Monat gegen den Bau der Ehrenfelder Moschee. Diese Kundgebungsserie sollte sicherstellen, dass das Thema Moscheebau auf der politischen Tagesordnung bleibt.[212]

Da der Bau der Moschee »nicht vor Herbst 2010« beendet werden wird, wollte Pro Köln die Kommunalwahl zu einer Entscheidung über den Moscheebau per Stimmzettel machen:[213] »Zeit genug also, um mit einer neuen Ratsmehrheit nach der Kommunalwahl die Bebauungspläne rückgängig zu machen. (...) Die Islamisierung Kölns tritt offenbar in eine entscheidende Phase. Die Kommunalwahl ist vielleicht die letzte Chance für die Kölner, mit dem Stimmzettel auf den Tisch zu hauen und Unheil von ihrer Stadt abzuwenden.«

Pro Köln behauptete, dass einer der beiden Islamisten, die im Herbst 2006 in Kölner Regionalzügen Sprengkörper deponiert hatten, in der Abu-Bakr-Moschee in Köln-Zollstock »religiös fanatisiert« worden sei.[214] Deshalb forderte Judith Wolter die Schließung der Moschee:[215] »Wir dürfen die geistige Verbiegung junger Menschen im Sinne eines radikalen Islam, die im vergangenen Jahr beinahe zu einer Katastrophe geführt hat, nicht einfach hinnehmen. Wo Resonanzverstärker islamistischer Bestrebungen offen erkennbar geworden sind, muss der Staat handeln. Die Abu-Bakr-Moschee muss deshalb so schnell wie möglich geschlossen werden. Alles andere wäre ein falsches Signal an die Adresse der Islamisten, das als Schwäche interpretiert werden würde.«

Als im Stadtbezirk Mülheim ein islamisches Gemeindezentrum mit Versammlungs- und Gebetsraum für mehrere Hundert Menschen gegründet werden

---

210 Pro Köln (Hrsg.): Informationen der Bürgerbewegung pro Köln e.V., Nr. 2, 2.Quartal 2003, Köln 2003, S. 1
211 www.pro-koeln-online.de/artikel 08/011008_preise.htm
212 www.pro-koeln-online.de/artikel6/kreativ.htm
213 www.pro-koeln-online.de/artikel6/grossmoschee.htm
214 Pro Köln (Hrsg.) Sonderblatt für den Stadtteil Zollstock zu den islamistischen Umtrieben in der Abu- Bakr- Moschee im Höninger Weg, Köln 2007, S. 1
215 Ebd.

sollte, wertete Pro Köln dies als weiteren Schritt der »schleichenden Islamisierung« Kölns und forderte die »Bewahrung der deutschen Leitkultur«.[216]

Als bekannt wurde, dass im Klingelpütz-Park in der Altstadt eine Moschee errichtet werden sollte, sprach Pro Köln von der Fortsetzung der »Islamisierung Kölns« und kündigte Proteste an.[217]

Pro Köln machte auch gegen den Bau der DITIB-Merkez-Moschee in Duisburg-Marxloh Stimmung. Als jedoch herauskam, dass das Pro NRW-Mitglied Günther Kissel die Rohbauarbeiten der Moschee durchführte, verschwand das Thema wieder schnell von der Tagesordnung. Der Solinger Bauunternehmer Kissel, der sich für den Holocaust-Leugner Thies Christophersen einsetzte und seit einem Gerichtsbeschluss aus dem Jahre 1997 als »rechtsextremistischer Drahtzieher« bezeichnet werden darf, wurde im November 2007 Mitglied von Pro NRW.[218] Die in Duisburg-Marxloh entstehende Moschee enthält eine integrierte Begegnungsstätte mit Seminarräumen, Büros, Bistro und Küche für Muslime und Nicht-Muslime. Sie soll auch als Bildungszentrum für den interkulturellen Dialog dienen.

In seiner Dissertationsschrift über die Bedeutung der Moscheen in Deutschland kam der Soziologe Thomas Schmitt zu dem Schluss, dass der Bau von Moscheen für die gesellschaftliche Akzeptanz und das interkulturelle Zusammenleben förderlich ist.[219] Durch die repräsentativen Moscheen signalisieren die Muslime in der BRD, dass sie ein fester Bestandteil der Gesellschaft geworden sind. Schmitt begründete dies mit der These, dass die symbolische Repräsentation Ausdruck der Anerkennung des Islam seitens der Mehrheitsgesellschaft sei. Weiterhin betonte er, dass die Moscheen ihre Funktion als soziale und kulturelle Orte für Muslime und Nicht-Muslime im interkulturellen Dialog erfüllen. Im Entstehungsprozess kommt es zwangsläufig zur Verständigung zwischen Muslimen und der autochthonen Mehrheitsgesellschaft. Der Bau bietet einen Anlass, sich über die Ziele des Vorhabens und die Religion zu informieren.

In der Agitation von Pro Köln ist die DITIB ein Symbol für eine »schleichende Islamisierung«. Im Jahre 1985 entstand in Köln die DITIB (Türkisch – Islamische Union der Anstalt für Religion) als staatliche Religionsinstitution. Sie hat zwar ein Vereinsstatut, ist aber faktisch dem Religionsministerium in Ankara und dem Amt für religiöse Angelegenheit der türkischen Botschaft in Berlin untergeordnet Die DITIB ist die mit Abstand größte Organisation der Muslime in der BRD, die ungefähr 900 Moscheegemeinden als Mitglieder aufweist.

---

216 www.pro-koeln-online.de/images9/zeitung0107.pdf
217 www-pro-koeln-online.de/artikel6/islamisierung.htm
218 Kölner Stadt-Anzeiger vom 27.11.2007
219 Schmitt, T. : Moscheen in Deutschland. Konflikte um die Errichtung und Nutzung, Flensburg 2003, S.359 f

Sie vertritt eine konservative Position, bekennt sich aber zu den säkularen Prinzipien und somit auch zu einem Islam im Kontext eines laizistischen Staates. Das ca. 20 Millionen teure Objekt wird von der DITIB aus eigenen Mitteln bezahlt.

Die DITIB arbeitet seit dem Jahre 1985 mit umfangreichen Angeboten, um die Integration der Mitbürger mit Migrationshintergrund in die Aufnahmegesellschaft zu ermöglichen. Die Arbeitsschwerpunkte von DITIB gliedern sich in folgende Bereiche:[220] Die Bildungs- und Kulturabteilung bietet Integrationskurse für MigrantInnen, Sprach-Alphabetisierungskurse, Seminare und Konferenzen sowie Veranstaltungen von kulturellen und musischen Angeboten an. Die Jugendabteilung organisiert die Betreuung und Beratung von Jugendlichen, Freizeitangebote in Form von Sportangeboten wie zum Beispiel Abendfußball, Bildungsseminare für Jugendliche in schulischen, beruflichen und sozialpolitischen Bereichen, zielgerichtete Projekte für Jugendliche zum Beispiel mit der IHK, die der Berufsqualifizierung und der Bildungsorientierung dienen. Der Bereich Frauen regelt die Beratung und Betreuung von MigrantInnen von der ersten bis zur dritten Generation, psychologische Beratung und Freizeitangebote wie Ausflüge, gemeinsame kulturelle Veranstaltung oder Seniorenfrühstück. Mit Hilfe des interkulturellen und interreligiösen Dialogs wird versucht, möglichst viele Jugendliche zu erreichen, um sie zur gegenseitigen Kommunikation zu bewegen und um gesellschaftliche Themen miteinander zu thematisieren. Fast täglich werden Führungen in der Ehrenfelder Moschee angeboten und informieren Interessierte über den Islam, die DITIB-Gemeinde und den geplanten Neubau. Seit Ende des Jahres 2007 wurde die Öffentlichkeitsarbeit deutlich intensiviert, als von Seiten der DITIB feststellt wurde, wie wichtig eine intensive Beteiligung an der öffentlichen Debatte ist.[221]

In der öffentlichen Diskussion um die DITIB-Moschee sprach sich Nikolaus Schneider, der Präses der Evangelischen Kirche im Rheinland, für einen Bau der Ehrenfelder Moschee aus, da es aus Sicht eines friedlichen Zusammenlebens verschiedener Religionen in Köln wichtig ist, dass Muslime die Hinterhof-Moscheen verlassen und ihr Leben öffentlicher und transparenter wird.[222] Der Kölner Autor Dieter Wellershof hielt die Errichtung der Moschee aus Gründen

---

220   http://www.zentralmoschee-koeln.de/default.php?id=5&lang=de
221   Yilderim, M.: Die Kölner Ditib-Moschee – eine offene Moschee als Integrationsbeitrag, in: Sommerfeld, F.: Der Moscheestreit. Eine exemplarische Debatte um Einwanderung und Integration, Köln 2008, S. 66-71, hier S. 69
222   Schneider, N.: Religionsfreiheit – was denn sonst?, in: Sommerfeld, F.: Der Moscheestreit. Eine exemplarische Debatte um Einwanderung und Integration, Köln 2008, S. 182-187, hier S. 183

der freien Religionsausübung in der BRD für unantastbar:[223] »Eigentlich, so möchte man glauben, hätte der in den letzten Wochen immer wieder auflodernde Streit um den geplanten Bau einer großen Moschee im Kölner Stadtteil Ehrenfeld gleich mit dem Hinweis auf Artikel 4 des Grundgesetzes beendet werden können, der das Recht auf freie Religionsausübung garantiert.«

Böhm zog den Vergleich der heutigen Diskussion um den Bau der DITIB-Moschee mit dem Streit um die Errichtung der ersten evangelischen Kirche in Köln Mitte des 19. Jahrhunderts. Damals betrachtete vor allem die katholische Kirche dies als Skandalon, heute spielt diese Diskussion in der Öffentlichkeit überhaupt keine Rolle mehr.[224]

Mit der Diskussion über Moscheebauten hat Pro Köln ein Thema besetzt, das »symbolträchtig für die Kulturalisierung sozialer und politischer Problemlagen steht.«[225] Dies wird dadurch unterstützt, dass in den öffentlichen Debatten der Islam häufig als intergrationshemmend dargestellt wird. Kemal Bozay hat Recht, wenn er feststellt, dass aus der Diskussion um die Ehrenfelder Moschee ein »Kulturkampf von rechts« geworden ist:[226] »Längst scheint aus der Kölner Moscheediskussion auch ein »Kulturkampf von rechts« geworden zu sein, der sowohl in der politischen als auch medialen Öffentlichkeit für Furore sorgte. Es ist verwunderlich, dass diese Diskussionen gerade in einer Großstadt wie Köln geführt werden, die über eine 2000 Jahre Migrationsgeschichte verfügt und sich als Beispiel für eine praktizierende kulturelle Vielfalt präsentiert.«

Islam und Islamismus

In der BRD wohnen rund 3 Millionen Muslime, die Mehrheit besteht aus türkischen MigrantInnen in der dritten Generation. Es folgen MuslimInnen aus dem Balkan und arabische MuslimInnen darunter vor allem MarokkanerInnen, PakistanerInnen, TunesierInnen, ÄgypterInnen sowie SyrerInnen. Weitere Mus-

---

223 Wellershof, D.: Wofür steht die Kölner Moschee?, in: Sommerfeld, F.: Der Moscheestreit. Eine exemplarische Debatte um Einwanderung und Integration, Köln 2008, S. 59-65, hier S. 59

224 Böhm, P.: Auf dem gesellschaftlichen Parkett angekommen, in: Sommerfeld, F.: Der Moscheestreit. Eine exemplarische Debatte um Einwanderung und Integration, Köln 2008, S. 153-160, hier S. 155

225 Häusler./Killgus, Feindbild Islam. Rechtspopulistische Kulturalisierung des Politischen. Dokumentation zur Fachtagung vom 13.9.2008, a.a.a, S. 40

226 Bozay, K. : Kulturkampf von rechts – Das Dilemma der Kölner Moscheedebatte, in Häusler, A. (Hrsg.): Rechtspopulismus als »Bürgerbewegung«. Kampagnen gegen Islam und Moschee und kommunale Gegenstrategien, Wiesbaden 2008, S. 198-212, hier S. 198

limInnen kommen aus Nigeria, dem Sudan oder Kamerun und Fernost sowie dem Iran. Das macht den Islam nach KatholikInnen und ProtestantInnen zur drittgrößten Religionsgemeinschaft in der BRD. Die überwiegende Mehrheit der hier lebenden MuslimInnen bekennt sich zu einer der vier Rechtsschulen des sunnitischen Islam. Außerdem gibt es SchiitInnen, die in der Mehrzahl türkische AlewiInnen und Anhänger der iranischen Staatsreligion der Zwölfershia sind.[227]

Diese bedeutende muslimische Minderheit geht im Wesentlichen auf die Arbeitsmigration und die aus islamisch geprägten Ländern stammenden«Gastarbeiter« zurück.

Pro Köln bedient sich bestimmter Bilder, mit denen Menschen in der bundesrepublikanischen Gesellschaft markiert werden. Menschen, die nicht in das Raster des *weißen*, christlichen Deutschen passen, werden völlig unabhängig, welche Bezüge diese Menschen zu einer bestimmten Religion haben, als orientalisch konstruiert. Iman Attia bemerkt dazu:[228] »Als ›Muslime‹ markierte Minderheiten können sich ganz unterschiedlich auf ›den Islam‹ beziehen. Sie können sich an gesellschaftliche Erwartungen von Mehrheit und Minderheit anpassen, indem sie sich zum Islam bekennen; sie können gegen ihre Ausgrenzung als Deutsche protestieren, indem sie islamische Zugehörigkeit demonstrativ zur Schau stellen; sie können sich gegen herabsetzende Äußerungen wehren, indem sie den Islam positiv bewerten und verteidigen: (…) sie können diejenigen, die sich positiv auf den Islam beziehen, meiden oder beschimpfen, sie können dem Drängen anderer, intime Auskünfte preiszugeben oder persönliche Positionierungen zum Islam vorzunehmen, mit Hinweis auf den eigenen Atheismus zurückweisen oder vieles mehr.«

Die Themenkombination Islam und Islamismus nimmt in der politischen Arbeit von Pro Köln einen zentralen Stellenwert ein. Die in der Öffentlichkeit undifferenziert und mit Angstmetaphern belegte Diskussion um die Themen Islam/Islamismus, Migration und Integration wurden von Pro Köln als antiislamistische Kampagne aufgegriffen. Pro Köln wollte in der Öffentlichkeit die Meinungsführerschaft über die Themenbereiche für sich proklamieren und als antiislamistische Partei von rechts wahrgenommen werden.

Seit den Terroranschlägen im Jahr 2001 in den USA konstituierte sich wie in anderen europäischen Ländern auch in der BRD eine antiislamistische Bewegung von rechts. Besonders wirkungsmächtig zeigte sich dabei die These des US-amerikanischen Politologen Samuel Huntington vom »Kampf der Kulturen«. Seine 1996 erschienen Monographie basiert auf dem drei Jahre zuvor in der

---

227 Tschworuschka, Grundwissen Islam, a.a.O., S. 168
228 Attia, Kulturrassismus und Gesellschaftskritik, in: Ders.: Orient- und IslamBilder, a.a.O., S. 5f

Zeitschrift Foreign Affairs veröffentlichten Essay »The Clash of Civilizations?«. Laut Huntington sind die Konflikte des 21. Jahrhunderts nicht ideologisch oder ökonomisch motiviert, sondern entstehen durch kulturelle Differenzen.[229]

In einer öffentlichen Debatte vollzog sich eine Kulturalisierung gesellschaftlicher Fragen, die sich vor allem mit Fragen der multikulturellen Gesellschaft und der Integration beschäftigte. Es kommt zu kulturalisierenden Unterscheidungsmerkmalen zwischen »wir« und »die anderen«. Dadurch wird also »Fremdheit« konstruiert und normalisiert und damit Ausgrenzung künstlich geschaffen.

Die notwendige Unterscheidung zwischen dem Islam als einer weltumspannenden Glaubensrichtung und einem religiös begründeten Terrorismus (Islamismus) wurden in vielen Fällen nicht beachtet. Dass die Religion in diesem Fall nur ein vorgeschobener Faktor ist und es eigentlich um Macht, Herrschaft und finanzielle Interessen geht, wird ebenfalls nicht gesehen.

Die »schleichende Islamisierung« ist das Angstszenario, von dem rechte Parteien in der BRD nicht zuletzt in Form von Wählerstimmen profitieren. Pro Köln bemerkte dazu:[230] »Offensichtlich war es ein politischer Fehler, in großer Zahl Menschen aus fremden Kulturkreisen (…) nach Deutschland zu holen, denn die Probleme dieser fremden Kulturkreise werden dadurch zu unseren eigenen Problemen.«

Antiislamische Bewegungen wie Pro Köln erhalten durch den kulturalistischen Dualismus von »christlichem Abendland« und »dem orientalistischen Islam«, der vor allem in konservativen Kreisen vertreten wird, Auftrieb. Aus diesen Denkschemata entsteht dann das Feindbild der »Fremdreligion Islam«.[231] Die in der BRD lebenden MuslimInnen haben mit pauschalisierenden Stereotypen wie mangelhafte Integrationsbereitschaft und Ablehnung des Grundgesetzes, die mit der Durchsetzung der Scharia einhergeht, zu kämpfen. Das in der BRD hegemoniale Bild des Islam ist von tief sitzenden Vorurteilen bestimmt. Im Zuge der Kriege am Golf zu Beginn der 1980er Jahre und der Anschläge vom 11. September 2001 wurde das Bild eines bellizistischen Islam gezeichnet, der schließlich mit dem Bild des »arabischen Terroristen« assoziiert wurde.[232] Der »fundamentalistische Islam« stelle sowohl eine innenpolitische als auch eine außenpolitische

---

229 Vgl. dazu Huntington, S.P.: The Clash of Civilizations?, in: Foreign Affairs 72/1993, S.22-49; Huntington 1996

230 www.pro-koeln-online.de/artikel08/071208_nom09.htm

231 Häusler, A.: Antiislamischer Populismus als rechtes Wahlkampfticket, in: Ders. (Hrsg.): Rechtspopulismus als »Bürgerbewegung«. Kampagnen gegen Islam und Moscheebau und kommunale Gegenstrategien, Wiesbaden 2008, S. 155-170, hier S. 156

232 Attia, I.: Kulturrassismus und Gesellschaftskritik, in: Ders. (Hrsg.): Orient- und IslamBilder. Interdisziplinäre Beiträge zu Orientalismus und antimuslimischen Rassismus, Münster 2007, S. 5-30, hier S. 8f

Gefahr dar. Schon lange vor den Anschlägen vom 11. September 2001 löste der Islam den Kommunismus als politisches Feindbild in der westlichen Staatengemeinschaft ab.[233] Die Selbstwahrnehmung als »christliches Abendland« schließt an die zentrale Rolle der Religion an, die im Mittelalter das Denken und Leben der Menschen bestimmte. Schon damals wurden MuslimInnen als »das Andere«, als Gegenpol zur christlichen Identität und Gemeinschaft gesehen.[234] Der Theologe Thomas Naumann bemerkte, dass der Islam »gewissermaßen als Gegenbild europäischer Werte, nicht erst seit den Anschlägen vom 11.September, sondern schon im Verlauf einer langen Geschichte europäisch-orientalisch/islamischer Beziehungen, die bis ins frühe Mittelalter zurückreichen«, gesehen wird.[235] Die Islamwissenschaftlerin Monika Tschowuschka behauptete, dass der Islam vom christlichen Abendland fast immer als Bedrohung begriffen wurde. Abgesehen von vereinzelten Phasen der Begegnung, wie etwa zur Zeit der Aufklärung oder während des osmanisch-deutschen Bündnisses im 1. Weltkrieg, blieb das Bild vom gewalttätigen, fanatischen Muslim, der das christliche Europa »mit Feuer und Schwert« bekämpft, erhalten:[236] »Diese unterschwellige Angst vor den Krummsäbel schwingenden Muslimen, die schon einmal vor den Toren Wiens vorgedrungen sind, scheint auch noch heute lebendig zu sein, wenn es bei der Berichterstattung über den Nahen Osten oder angesichts des zunehmenden Islamismus die politischen und militärischen Auseinandersetzungen dem angeblich besonders aggressiven Charakter des Islam angelastet werden.«

Wolfgang Benz vertrat die These, dass das Feindbild Islam in öffentlichen Debatten reproduziert wird:[237] »Das auf Ressentiments gegründete, mit Stereotypen agierende, verbreitete Ängste instrumentalisierende Feindbild hat sich auf einem politisch-sozialen Aktionsfeld etabliert, das Impulse von Moscheebau-Projekten, aus Debatten über Kopftuch und Zwangsehe, über die von Aufgeregten und Fanatikern beschworene und von Geängstigsten geglaubte Gefahr einer Islamisierung Europas enthält.«

Der Soziologe Erol Yildiz wies auf die meist negative Darstellung von MigrantInnen in der Öffentlichkeit hin:[238] »Auffällig ist in dem Zusammenhang,

---

233 Vgl. dazu Ali, T.: Fundamentalismus im Kampf um die Weltordnung. Die Krisenherde unserer Zeit und ihre historischen Wurzeln, München 2002

234 Attia, Kulturrassismus und Gesellschaftskritik, in: Ders. Orient- und IslamBilder., a.a.O., S.10

235 Naumann, T.: Feindbild Islam. Historische und theologische Gründe einer europäischen Angst-gegenwärtige Herausforderungen, Siegen 2006, S. 8

236 Tworuschka, Grundwissen Islam, a.a.O., S. 137

237 Benz, W.: Vorwort, in: Ders. (Hrsg.): Jahrbuch für Antisemitismusforschung, 17, Berlin 2008, S. 9-16, hier: S. 9

238 Häusler/Killgus, Feindbild Islam, a.a.O.,S. 58

dass Migration und die eingewanderten Bevölkerungsgruppen bisher sowohl in der Öffentlichkeit als auch in der wissenschaftlichen Behandlung fast nur in Konfliktzusammenhängen oder als Nebenfolge gesellschaftlicher Prozesse bzw. als Risiko wahrgenommen wurden und immer noch werden.«

Das sich immer gerne auf die griechische Philosophie beziehende »christliche Abendland« vergisst schnell die These Platons vom Krieg als »Vater aller Dinge«. Die Tatsache, dass Kriege im Islam nur eine erlaubte Ausnahme, Frieden (Salam) hingegen den Normalzustand darstellen, wird ebenfalls unterschlagen.[239]

Der Islam wird homogenisiert und die »sehr komplexen Entstehungsprozesse der verschiedenen religiösen Vorstellungen im Islam, die geprägt sind von diversen politischen Faktoren und individuell unterschiedlich gelebten Alltagspraxen in den ›Herkunfts‹- und Einwanderungsländern.« ignoriert.[240]

Das Bild einer »drohenden Islamisierung« durch muslimische MigrantInnen ist eine »Verschwörungsphantasie, die die drohende Machtübernahme durch Muslime aufgrund des demographischen Faktors« prognostiziert.[241] In dieser Argumentation stützt sich Pro Köln auf die rechte Publizistik. Wolfgang Philipp bedient in der rechten Zeitschrift »Junge Freiheit« (JF) das Stereotyp von einer »geplanten Islamisierung« Deutschlands:[242] »Die Einwanderungspolitik der türkischen Regierung beruht unter Ausnutzung des von Deutschland großzügig zugelassenen Familiennachzuges in der Praxis darauf, minderjährige Türkinnen durch Zwangsheiraten nach Deutschland einzuschleusen, obwohl sie die deutsche Sprache nicht beherrschen, keinen Beruf haben und dem Sozialsystem zur Last fallen. Durch die daraus entspringenden Kinder wird der türkische Bevölkerungsanteil planmäßig vergrößert.«

Es existieren mehrere Umfragen und Studien, die eine weite Verbreitung diskriminierender Einstellungsmuster gegenüber Muslimen belegen. Vorbehalte gegenüber der islamischen Kultur sind noch weiter verbreitet und nehmen darüber hinaus von Jahr zu Jahr zu.[243] Mehr als die Hälfte der im Rahmen der Studie »Muslime in Deutschland« im Jahre 2006 befragten Jugendlichen forderten eine Assimilierung von MigrantInnen; sofern sie dem nicht entsprechen, befürworten diese Befragten, dass solche ZuwandererInnen das Land wieder

---

239 Ebd., S. 138
240 Ebd., S. 3
241 Königseder, A.: Feindbild Islam, in: Benz, W. (Hrsg.): Jahrbuch für Antisemitismusforschung, 17, Berlin 2008, S. 17-44, hier S. 17
242 JF vom 11.1.2008, S. 18
243 Kühnel, S./Leibhold, J.: Islamophobie in der deutschen Bevölkerung: Ein neues Phänomen oder nur ein neuer Name?, in: Wohlrab-Dar, M./Tezcan, L.(Hrsg.): Konfliktfeld Islam in Europa, Baden-Baden 2006, S. 135-154, hier S. 141

verlassen sollten.[244] Außerdem kam die Studie zu dem Ergebnis, dass über 17% der einheimischen deutschen Jugendlichen Menschen muslimischen Glaubens mit Intoleranz und gar Gewalttätigkeit in ausgeprägter Form begegnen.

Eine Forschungsgruppe um Wilhelm Heitmeyer fand heraus, dass sich 39% der befragten Personen durch die Anwesenheit von MuslimInnen »wie Fremde im eigenen Land« fühlen, 29% sind der Meinung, MuslimInnen solle die Zuwanderung nach Deutschland untersagt werden.[245]

Die im Jahr 2006 durchgeführte Meinungsumfrage des Instituts für Demoskopie Allensbach führte aus, dass 56% der Befragten die Ansicht vertraten, es herrsche »zurzeit ein Kampf der Kulturen.«[246] Laut einer Studie über das Islambild der deutschen Bevölkerung vom April 2008 waren 80% der Befragten der Meinung, dass der Islam eine radikale und gewalttätige Religion sei. 60% hielten Islam und Demokratie für prinzipiell unvereinbar.[247]

Euphorisiert von den Wahlerfolgen rechtspopulistischer und extrem rechter Parteien in der Schweiz, den Niederlanden, in Belgien und Italien wie auch in Skandinavien, die alle mit antiislamistischen Kampagnen in den Wahlkampf gezogen waren, stellten die deutschen Rechtsparteien – allen voran Pro Köln – die Themenbereiche Islam und Islamisierung in den Vordergrund.

In Dänemark errang die Vorsitzende der Dänischen Volkspartei, Pia Kjaersgaard, bei den Parlamentswahlen im Dezember 2007 mit islamophoben Aussagen wie »Pest über Europa« 14% der Stimmen. Mit islamfeindlichen Aussagen erreichte die norwegische Fremskrittpartiet (Fortschrittspartei) bei den Parlamentswahlen 2005 22,1% der Stimmen und stellte damit die zweitstärkste Fraktion im Parlament. Bei den Wahlen im Jahre 2009 verbesserte sie ihr Ergebnis nochmals auf 22,9%. Die rechtspopulistische Partei »Schwedendemokraten« (SD) bekam bei den schwedischen Reichstagswahlen 2006 2,93 Prozent der Stimmen und verfehlte damit die 4-Prozent-Hürde für den Einzug ins schwedische Parlament relativ knapp. Sie sieht »die schwedische Kultur« durch Einwanderung, Islamisierung, Globalisierung und kulturellen Imperialismus vor allem aus den USA bedroht. Die Schweizerische Volkspartei (SVP) und der Front National (FN) aus Frankreich erhielten ebenfalls mit islamfeindlichen und rassistischen Parolen Stimmengewinne. Die Lijst Pim Fortuyn (LPF) nahm zum ersten Mal am 15.

---

244 Bundesministerium des Inneren (Hrsg.): Muslime in Deutschland. Integration, Integrationsbarrieren, Religion und Einstellungen zu Demokratie, Rechtsstaat und politisch-religiös motivierter Gewalt, Berlin 2007, S. 231

245 Heitmeyer, W./Mansel, G.: Gesellschaftliche Entwicklung und Gruppenbezogene Menschenfeindlichkeit: Unübersichtliche Perspektiven, in: Heitmeyer, W. (Hrsg.): Deutsche Zustände, Frankfurt/Main 2007, S. 13-35, hier S. 29

246 Noelle, E./Petersen, T.: Eine fremde, bedrohliche Welt, in: FAZ vom 17.5.2006, S.5

247 Häusler/Killgus, Feindbild Islam, a.a.O, S. 82f

Mai 2002 an den Wahlen in den Niederlanden teil und gewann auf Anhieb 17% der Sitze. Bemerkenswert war außerdem, dass sofort eine Regierungsteilnahme folgte. Im Kabinett Balkenende, einer Koalition der CDA, VVD und der LPF, erhielt diese vier Ministerposten. Bei den Parlamentswahlen 2006 zog die rechtspopulistische Partei PVV von Geert Wilders aufgrund der Hetze gegen den Islam und muslimische MigrantInnen aus dem Stand in das niederländische Parlament ein. Bei den Parlamentswahlen 2008 holte die italienische Lega Nord, die eine Listenverbindung mit dem Popolo della Liberta einging, einen Stimmenanteil von 8,3% (Abgeordnetenhaus) und 8,1% (Senat). In der Einwanderungspolitik wandte sich die Lega Nord gegen weitere Zuwanderung insbesondere aus muslimischen und afrikanischen Ländern nach Italien. Der Bau von Moscheen in Italien wurde strikt abgelehnt. Anhänger der Lega Nord trieben eine Herde Schweine – im Islam als »unrein« angesehene Tiere – auf ein noch unbebautes Grundstück im norditalienischen Lodi nahe Mailand um den dort geplanten Bau einer Moschee zu verhindern.

Pro Köln hetzt seit Jahren gegen einen in ihren Augen homogenen Islam. Der vermeintliche Dualismus von der Verteidigung der »deutscher Leitkultur« und »christlichem Abendland« gegen »Islamisierung« und Moscheenbau verschaffte Pro Köln einen gewissen Bekanntheitsgrad. In den Aussagen des Vorsitzenden Markus Beisicht ist regelmäßig das Angstszenario des Vordringens des Islams nach Mitteleuropa enthalten: [248] »Man versucht all jene zu kriminalisieren, die sich nicht durch die Errungenschaften der multi-kulturellen Gesellschaft bereichern lassen. Man spricht abschätzig vom ›rechten Rand‹, der halt noch nicht begriffen habe, dass sich die Erde weiterdreht. Europa steht heute vor der Entscheidung, ob die europäische Zukunft muslimisch ist, oder ob die Völker Europas dieser Entwicklung etwas entgegen halten können. Solange der Islam die Menschenrechte negiert, das Kopftuch oder die Burka als Symbol der Unterdrückung von Frauen unser Straßenbild prägt, für Genitalbeschneidung, Ehrenmord und Zwangsverheiratung steht und mittels Terror seinen Glauben in die Welt tragen will.« Dabei nimmt Pro Köln Bezug auf den rechtskonservativen Autor Botho Strauß, der »den Übergang einer indifferenten Phase nach der Auflösung der Blockkonfrontation des Westens mit dem kommunistischen Sowjetreich zu einer neuen Polarisierung im Zuge der islamischen Herausforderung« feststellte. »Deutschland und Europa, lendenlahm und feige geworden, stehen einer vitalistischen Kultur gegenüber, die schon lange nicht mehr vor den Toren Europas steht, sondern in den vergreisten europäischen Metropolen in den nächsten Jahrzehnten die Bevölkerungsmehrheit stellen wird.«[249]

---

248 www.pro-koeln-online.de/artikel08/100308_lepen.htm
249 JF vom 17.2.2006, S. 1

Laut pro Köln könnte auch aufgrund des »demographischen Faktors« in den nächsten Jahrzehnten der Islam zu einer machtvollen Mehrheitsreligion werden:[250] »Überall in den bundesdeutschen Ballungsräumen prallen verschiedene Mentalität und Sitten aufeinander, wobei insbesondere der aggressive und selbstbewusste Zuwanderungsislam auf eine mehr oder wenig sich passiv und ängstlich verhaltene einheimische Christenheit bzw. völlig religions- und wertfreie Bevölkerungsteile trifft. So wundert es nicht, dass Schritt für Schritt in Großstädten wie Köln den dominanten Zuwanderergruppen, hier meist islamische Türken, nachgegeben wird. Sei es bei protzigen Großmoscheebauten, bei der Umgangssprache, beim nach Geschlechtern getrennten Schulunterricht, bei der Schulspeisung oder gar bei den Feiertagsregelungen.«

Dieses Bild von der »türkisch-islamischen Kolonisierung Deutschlands« geht völlig an der Realität vorbei. In der Türkei gibt es zahlreiche islamische Religionsgruppen, Ordensgemeinschaften und Sekten, die sehr unterschiedliche Positionen vertreten. Angesichts dessen wäre es fatal, von einem einheitlichen Islam mit einheitlichen Aktionsformen zu sprechen.

Pro Köln sprach sich weiterhin gegen den Beitritt der Türkei zur EU aus. Die Ablehnung wurde zum einen mit finanziellen Hochrechnungen ohne nähere Quellenangabe begründet:[251] »Nach Schätzungen von Wirtschaftsfachleuten würde die Aufnahme der Türkei in die EU kurzfristig mindestens 28 Milliarden Euro kosten. Soviel müssten die EU-Staaten an sofortigen Transferleistungen für die Türkei aufbringen. Der EU-Haushalt würde insgesamt um 40 Milliarden Euro wachsen. Deutschland ist der größte Netto-Zahler der EU. Das Gros der Transferleistungen müßte aus dem Bundeshaushalt aufgebracht werden.« Außerdem fürchtet Pro Köln eine Wanderungsbewegung benachteiligter Bevölkerungsschichten in der Türkei Richtung Deutschland. Diese erwartete Zuwanderung wird als Bedrohung für die einheimischen Arbeitskräfte gesehen; der altbekannte Slogan »Ausländer nehmen den Deutschen die Arbeitsplätze weg« schimmert durch.

Auf der Sitzung des Rates der Stadt Köln am 4. März 2008 beantragte die Fraktion Pro Köln den Beitritt der Domstadt zum »Städtebündnis gegen Islamisierung«. Zunächst sollte in der Zusammenarbeit mit Wien und Antwerpen das »Fortschreiten des Islam in Mitteleuropa« bekämpft werden. Pro Köln begründete diesen Antrag folgendermaßen:[252] »Moscheen, wie auch die geplante orientalische Mega-Moschee in Ehrenfeld wirken als Katalysatoren für die Islamisierung der Stadtviertel, weil sie innerhalb der muslimischen Gemeinschaft als zentrale Autorität die strikte Befolgung des Islams einfordern und demzufolge sämtliche Integrationsbemühungen konterkarieren. Städte gegen Islamisierung

---

250 www.pro-koeln-online.de/artikel08/071208_nom09.htm
251 Pro Köln: Flugblatt: NEIN-zum geplanten Beitritt der Türkei zur EU, Köln o.J.
252 www.pro-koeln-online.de/artikel08/ratssitzung.htm

ist der Meinung, daß die individuelle und freie Religionsausübung gewährleistet werden soll, selbstverständlich auch für den Islam. Die Religionsfreiheit kann und darf jedoch nie ein freies Geleit sein für die Einführung diskriminierender und antidemokratischer Bräuche und Handlungen. Die Scharia darf niemals die in Europa geltenden Rechtssätze ersetzen. (…) die tagtägliche Gefahr durch islamistische Fundamentalisten, Hassprediger und Terrorzellen vor der eigenen Haustür schlicht ignorieren.« Die anderen im Rat vertretenen Fraktionen lehnten den Antrag von Pro Köln einstimmig ab.

Die Fraktion Pro Köln in der Bezirksvertretung Ehrenfeld schlug in einem Antrag vom 12.4.2008 die Durchführung einer Aktuellen Stunde zum Thema »Radikaler Islam in Ehrenfeld und die Gefahr für die Bevölkerung und die Stadt Köln« vor. In der Begründung wurde das Bild eines fundamentalistischen Islams gezeichnet, der eine christen- und judenfeindliche Einstellung zeige:[253] »Seit Jahren häufen sich die Beschwerden und Klagen aus der Bevölkerung über viele negativen Auswirkungen einer zunehmenden Islamisierung und einer wachsenden feindlichen Einstellung vieler Ausländer insbesondere gegenüber Christen und jüdischen Mitbürgern. Offensichtlich bestehen alleine in unserem Stadtbezirk mehr als 20 bis 40 islamische Moscheen und islamische Vereine, teilweise mit eindeutig extremer fundamentalistischer und nationalistischer Ausrichtung. Die davor berechtigte Angst und der Argwohn der einheimischen Bevölkerung wachsen spürbar.«

Die jahrelange Auseinandersetzung um das Ausweisungsverfahren von Metin Kaplan nutzte Pro Köln für ihre antiislamische Agitation. Als Nachfolger seines 1995 gestorbenen Vaters Cemalettin Kaplan führte Metin Kaplan die radikale Vereinigung »Kalifatstaat«. Im Jahre 1996 rief er öffentlich in seiner Verbandszeitung »Ümmet-i Muhammed« zur Ermordung seines politischen Gegners Ibrahim Sofu auf:[254] »Was passiert mit einer Person, die sich, obwohl es einen Kalif gibt, als einen zweiten Kalifen verkünden läßt? Dieser Mann wird zur Reuebekundung gebeten. Wenn er nicht Reue bekundet, dann wird er getötet.« Nachdem Sofu 1997 tatsächlich erschossen wurde, begannen die städtischen Behörden ein Ausweisungsverfahren, welches nach mehreren Gerichtsurteilen am 12. Oktober 2004 mit der Abschiebung Kaplans in die Türkei endete.

Kaplan wurde von Pro Köln als Synonym für den fundamentalistischen Islamismus betrachtet, der die Stadt Köln und ihre christlichen Wurzeln bedroht.

---

253 Fraktion Pro Köln in der Bezirksvertretung Ehrenfeld: Antrag vom 12.4.2008 die Durchführung einer Aktuellen Stunde zum Thema »Radikaler Islam in Ehrenfeld und die Gefahr für die Bevölkerung und die Stadt Köln«, Köln 2008, S. 1
254 www.im.nrw.de/sch/756.htm

Judith Wolter führte aus:[255] »Keine Hassprediger, Islam-Fanatiker und Terror-Freunde nach Köln (...) Der Fall des Hasspredigers und mit deutscher Sozialhilfe finanzierten Metin Kaplan scheint schon fast vergessen zu sein. (...) Zu Köln gehört der Dom, nicht eine Groß-Moschee mit Minarett. Wer wie die Altparteien muslimische Einwanderer unkontrolliert gewähren läßt, ohne sie zur Integration und Assimilation zu veranlassen, spielt letztendlich ein sehr gefährliches Spiel.«

Die angeblich bevorstehende Ersetzung des Grundgesetzes durch die Scharia dient pro Köln als Zerrbild einer islamischen Machtübernahme:[256] »(...) religiös begründete Bräuche, die man in das weltoffene, multikulturelle Köln importieren könnte, (...) die Genitalverstümmelung an Mädchen, ihre Zwangsverheiratung, die Prügelstrafe für Frauen, der Schleierzwang, das Auspeitschen, das Steinigen, das Handabhacken. Wann gilt die ›Scharia‹ auch bei uns?«

Als in einem Bericht des ARD-Fernsehmagazins Panorama der Verdacht aufkam, dass El Kaida Verbindungen zur König Fahd-Akademie in Bonn hätte, stellte Pro Köln pauschalisierend fest:[257] »Das Boot ist voll! Die muslimische Diaspora ist zudem, wie gerade auch das jüngste Bonner Beispiel zeigt, nicht integrierbar. Ein Metin Kaplan müßte doch eigentlich reichen.«

Pro Köln konstruierte ein Bedrohungsszenario des Vordringens des islamistischen Terrors nach Köln:[258] »In Rondorf wollten drei türkische junge Männer zwei Polizisten als Geiseln nehmen und töten, am Flughafen Köln-Bonn verhaftete die Polizei zwei Somalier, die als Dschihadisten bereits ihr Testament gemacht hatten und sich auf dem Weg in ein terroristisches Ausbildungslager befanden. (...) Die Bedrohung ist real – und es kann jeden treffen: heute Polizisten, morgen Fluggäste, übermorgen Bahnreisende oder andere Passanten. (...) Sieben Jahre nach dem 11. September 2001 erhebt der islamistische Terror bei uns in Köln sein schreckliches Haupt. Die Befürchtungen der Bürgerbewegung pro Köln werden nicht nur bestätigst, sondern eher noch übertroffen. Mal sind zugewanderte Araber die Täter, mal in Köln aufgewachsene Türken. Das einende Band dieser sehr verschiedenen Tätergruppen ist die Ideologie eines dschihadistisch interpretierten Islam, der die Tötung der ›Ungläubigen‹ gebietet.«

Die »schleichende Islamisierung« machte Pro Köln häufig an der einflussreichen Organisation Milli Görüs (Nationale Sicht) fest, die in der BRD nach eigenen Angaben ca. 57.000 Mitglieder besitzt. Milli Görüs ist eine international aktive islamische Bewegung, deren wichtigste Organisationen die türkische Partei Saadet Partisi und der europäische Dachverband Islamische Gemeinschaft

---

255 Pro Köln (Hrsg.): Informationen der Fraktion pro Köln im Rat der Stadt Köln, Nr. 13, 1. Quartal 2006, Köln 2006, S. 1
256 Ebd.
257 www.pro-koeln-online.de/images/moscheebau.pdf
258 www.pro-koeln-online.de/artikel6/dschihad.htm

Milli Görüs sind. In vielen Staaten und Ländern ist Milli Görüş wegen islamistischer Tendenzen und antisemitischer Aussagen umstritten. Als der Bau eines islamischen Gemeindezentrums an der Elbeallee 27 im Stadtbezirk Chorweiler angekündigt wurde, warnte Pro Köln vor der »als radikal geltende türkischen Organisation Milli Görüs«.[259]

Pro Köln forderte ein »Sicherheitskonzept« gegen die »zunehmende Islamisierung«.[260] Darin wurden höhere Hürden für die Einwanderung nach Deutschland, eine schnellere Aburteilung und Abschiebung krimineller ZuwandererInnen und die sofortige Schließung von Moscheen, Schulen und Einrichtungen mit islamischen Aktivitäten genannt. Dies wird gerechtfertigt mit dem »Sicherheitsinteresse der eigenen Bürger«, das immer Vorrang haben müsste. Überführte islamische Straftäter sollten »unverzüglich in einem rechtstaatlich korrekten Verfahren« abgeschoben werden.

Die ständige Wiederholung der These, die christlichen europäischen Gesellschaften müssten sich gegen einen immer als fundamentalistisch und monolithisch verstandenen Islam wehren, dient dazu, religiöse Konkurrenzangst zu nationalisieren bzw. zu ethnisieren. Pro Köln stellte den Islam als existenzbedrohend für die deutsche Gesellschaft und ihre »nationale Identität« dar. In all diesen Szenarien taucht ein altbekanntes Muster auf; nämlich die Zurichtung der Gesellschaft nach Carl Schmitts Prinzipien der Freund-Feind-Bestimmung[261]: Der totalitäre Islam in seinem Streben nach Weltherrschaft bedroht das freie christlich-abendländische Deutschland und Europa.

Der Erziehungswissenschaftler Micha Brumlik stellt fest, dass die Auseinandersetzung über den Islam das zentrale semantische Feld in der Auseinandersetzung mit dem Rechtsextremismus und Rechtspopulismus in der Gesellschaft in der BRD in den nächsten Jahren darstellen wird.[262]

---

259 www.pro-koeln-online.de/artike6/mg.htm

260 Pro Köln (Hrsg.): Informationen der Fraktion pro Köln im Rat der Stadt Köln, Nr. 13, 1. Quartal 2006, Köln 2006, S. 1

261 Carl Schmitt stellte fest: »Die spezifische politische Unterscheidung, auf welche sich die politischen Handlungen und Motive zurückführen lassen, ist die Unterscheidung zwischen Freund und Feind.« (Schmitt, C.: Der Begriff des Politischen, Berlin 1963, S. 26) Schmitt beschreibt in existentialistischer Weise die Freund-Feind-Gruppierungen. Der politische Feind ist derjenige, der durch sein bloßes Dasein für jemanden zur Gefahr wird. »Der politische Feind (…) ist eben der andere, der Fremde, und es genügt zu seinem Wesen, daß er in einem besonders intensiven Sinne existentiell etwas anderes und Fremdes ist, so daß im extremen Fall Konflikte mit ihm möglich sind, die weder durch eine im voraus getroffene generelle Normierung, noch durch den Spruch eines ›unbeteiligten‹ und daher ›unparteiischen‹ Dritten entschieden werden können« (Ebd., S. 27)

262 Häusler/Killgus, Feindbild Islam, a.a.O., S. 83f

Auseinandersetzungen mit dem Verfassungsschutz

Pro Köln wurde in den nordrhein-westfälischen Verfassungsschutzberichten über das Jahr 2002 bis 2004 erwähnt, was zu einer Klage vor dem Verwaltungsgericht Düsseldorf führte. Das Verwaltungsgericht stellte unter Zugrundelegung der Entscheidung des Bundesverfassungsgerichtes am 24.5.2005 in seinem Urteil vom 21.10.2005 fest, dass bei Pro Köln hinreichend Anhaltspunkte für den Verdacht einer rechtsextremen Bestrebung vorliegen.[263] Pro Köln wollte dieses Urteil nicht hinnehmen und ging daraufhin in die Berufung. Das Oberverwaltungsgericht Münster lehnte am 24.5.2007 die Berufung gegen die Entscheidung des Verwaltungsgerichtes Düsseldorf wegen der Erwähnung in den Verfassungsschutzberichten über das Jahr 2002 bis 2004 wiederum ab.

In einem erneuten verwaltungsgerichtlichen Verfahren wegen der Berichterstattung in den Verfassungsschutzberichten über die Jahre 2005 und 2006 stellte das Kölner Gericht mit Urteil vom 4.12.2007 wiederum fest, dass sich insbesondere aus Äußerungen in den Pro-Köln-Infoblättern sowie aus Artikeln, die sich im Archiv der Homepage von pro Köln befinden, Anhaltspunkte für den Verdacht von Bestrebungen ergeben, Elemente der demokratischen Grundordnung zu beseitigen oder außer Geltung zu setzen:[264] »In diesen Äußerungen seien durchweg Bekundungen enthalten, die im Hinblick auf die im Grundgesetz konkretisierten Menschenrechte, insbesondere der Menschenwürde und das Diskriminierungsverbot, den Verdacht einer verfassungswidrigen Bestrebung begründeten. So würden Ausländer mit überwiegend drastischer Wortwahl anhaltend negativ bewertet, herabgesetzt und ausgegrenzt. Die uneingeschränkten, nicht relativierten Äußerungen (Pauschalisierung) ließen nur den Schluss zu, pro Köln wolle Ausländer generell sowie Personen bestimmter Volks- und Religionsgruppen bewusst als unerwünschte, nicht integrierbare Menschen zweiter Klasse darstellen und in der Bevölkerung Ablehnung und Hass gegenüber diesen Personen zu schüren.« Eine weitere Bestätigung »ausländerfeindlicher« Einstellung sah das Verwaltungsgericht in seit Jahren bestehenden politischen Verbindungen zu dem extrem rechten Vlaams Belang in Belgien. Ein Interview von Beisicht in der »National-Zeitung«[265] wurde zudem als Beweis »ausländerfeindlicher« Gesinnung bewertet.

Pro Köln konterte diese Erwähnungen im Verfassungsschutzbericht des Landes NRW mit wüsten Beschimpfungen und kruden Verschwörungstheorien. Der

---

263 Innenministerium des Landes NRW (Hrsg.): Verfassungsschutzbericht des Landes NRW über das Jahr 2006, Düsseldorf 2007, S. 79

264 Innenministerium des Landes NRW (Hrsg.): Verfassungsschutzbericht des Landes NRW über das Jahr 2007, Düsseldorf 2008, S. 77f

265 National-Zeitung Nr. 26, 2006

Verfassungsschutz wurde als »der bundesdeutsche Inlandsgeheimdienst« bezeichnet, der »im Auftrage der etablierten Parteien deren Macht verteidigt.«[266] Auf diese Weise »können unbequeme und nonkonforme Geister wunderbar in die braune Ecke gestellt werden. Die »Ausgrenzung mit Hilfe des Extremismus-Vorwurfs im Fall von pro Köln« sei lediglich ein Mittel zur politischen Konkurrenzabwehr.[267]

Ende März 2008 protestierten ca. 30 Mitglieder von Pro Köln und Pro NRW vor der Düsseldorfer Staatskanzlei gegen die Erwähnung im Verfassungsschutzbericht 2007. Markus Beisicht stellte in einer Rede fest:[268] »Diese Äußerungen eines Innenministers, der eigentlich als Hüter der Verfassung der Öffentlichkeit dienen sollte, stellen einen Skandal aller erster Güte dar. Ingo Wolf hat sich mit seinen undemokratischen Äußerungen, hinter denen sich eine gefährliche totalitäre Ideologie verbirgt, endgültig disqualifiziert. Die Damen und Herren von SPD, CDU, FDP und Co. müssen endlich lernen, daß sie nicht der Staat sind, sondern nur Teilnehmer am politischen Wettbewerb. Neue unbequeme Konkurrenten sind deshalb keine ›Staatsfeinde‹ sondern Mitbewerber, mit denen man sich demokratisch auseinandersetzen muß. Die Aufgabe eines Innenministers ist es eben nicht, demokratische Mitbewerber aus Parlamenten fernzuhalten, sondern vielmehr etwas für die öffentliche Sicherheit zu tun.«

Selbstinszenierung als »Opfer linker Gewalt«

Pro Köln versucht, sich als Opfer von militanten Linksextremisten darzustellen und damit in der Öffentlichkeit zu punkten. Ihr penetrant vorgetragenes Bekenntnis zum Grundgesetz der BRD soll suggerieren, dass Pro Köln eine normale demokratische gewaltfreie Partei ist, die von verfassungsfeindlichen militanten Linksextremisten permanent bedroht und angegriffen wird. Die dabei geschürte Opferrolle soll Solidarisierungseffekte bei der Kölner Bevölkerung auslösen.

Pro Köln listet in diesem Zusammenhang gerne Meldungen über Gewalttaten an ihren Mitgliedern auf.[269] Als der Pro Köln-Ratsherr Hans-Martin Breninek auf der Schildergasse beim Verteilen von Informationsmaterial von drei männlichen Personen geschlagen wurde, die Pro Köln ohne nähere Informationen als »Migranten« titulierte, war die Empörung groß. Der CDU-Überläufer Jörg Uckermann und der Bezirksvertreter von Pro Köln in Chorweiler, Martin

---

266 http://www.pro-nrw.org/content/view/123/23
267 www-pro-koeln-online.de/stamm/ausgrenzung.htm
268 www.pro-koeln-online.de/artikel08/280308_vs.htm
269 Pro Köln. Informationen der Fraktion pro Köln im Rat der Stadt Köln, Nr.21, 4. Quartal 2008, S. 5

Schöppe, wurden ebenfalls körperlich attackiert, wobei diesmal die Tat laut eigener Aussage von »deutschen Linksextremisten« begangen wurde. In der Nacht zum 12.8. 2008 wurden mehrere Fensterscheiben des Büro der Fraktion Pro Köln mit Steinen eingeschmissen und ein Teil der Fassade wurde mit Farbbeuteln beschädigt.[270]

Es wird behauptet, dass die Gewalt gegen Pro Köln-Funktionäre hätte eine »lange Vorgeschichte« hätte.[271] Als Beispiel wird der Überfall auf die Gaststätte »Libertas«, ein stadtbekannter Treffpunkt von Rechtsextremisten in Köln Deutz, am 4.11.2003 angesprochen. Dort solle die »gewaltbereite linksautonome Kölner Szene (...) 10 Menschen verletzt« haben. Dabei warfen die Täter »Aschenbecher und Stühle durch die Gaststätte und versprühten Säure. Zudem schlugen sie mit Flaschen und anderen Gegenständen wahllos auf die anwesenden Versammlungsteilnehmer ein.« Die damalige Stellungnahme von Judith Wolter enthielt in verschwörungstheoretischer Weise ein Zusammenspiel von Polizei und militanten Demonstranten:[272] »Der Abend des 04. November 2003 hat gezeigt, wie es zugeht, wenn politisch motivierten Gewalttätern Narrenfreiheit gewährt wird. Die Kölner Polizeiführung hat sich faktisch mit den linken Schlägerbanden verbündet. Von Anfang an ging es der Einsatzleitung nur darum, die friedliche Versammlung von pro Köln zu verhindern – und genau das war auch die Zielsetzung der roten Schläger. Gemeinsam versuchen Polizeiführung und linker Mob, Demokratie in Köln unmöglich zu machen. Grundgesetztreue Bürger sollten mit Brachialgewalt daran gehindert werden, oppositionelle politische Versammlungen durchzuführen.« Besonders perfide ist der Vergleich der gewaltbereiten Demonstranten mit der SA:[273] »Ich fühle mich an die Zustände im Dritten Reich erinnert. In den 30er Jahren sah die Polizei bekanntlich weg, als die SA die Synagogen angezündet hat.«

Die Gleichsetzung von AntifaschistInnen mit NationalsozialistInnen ist eine Konstante in der Berichterstattung von Pro Köln. Als am 9.11.2008 einige Antifaschisten gegen den Pro Köln-Vorsitzenden Markus Beisicht vor dessen Anwaltsbüro in Leverkusen protestierten, wusste Pro Köln am nächsten Tag folgendes zu berichten:[274] »Mehrere Dutzend offenbar latent gewaltbereite Linksextremisten samt Anhang marschieren ähnlich wie ihre nationalsozialistischen Vorbilder vor 70 Jahren grölend durch die Stadt Leverkusen zur Anwaltskanzlei von Markus Beisicht. (...) Wieder wird an einem 9. November

---

270 Fraktion der Bürgerbewegung pro Köln e.V. im Rat der Stadt Köln: Antrag vom 14.8.2008, Köln 2008, S. 5
271 www.pro-koeln-online.de/artikel08/201108_libertas.htm
272 Ebd.
273 Ebd.
274 www.pro-koeln-online.de/artikel08/101108_lev.htm

in Deutschland gegen Andersdenkende von Extremisten hasserfüllt mobil gemacht. Es gibt sie also doch noch, die vielbeschworenen Kontinuitäten in der deutschen Geschichte.«

Als sich ein breites Bündnis gegen den »Anti-Islamisierungskongress« 2008 bildete, wurde die angebliche Militanz der Gegenaktivisten betont:[275] »In Köln wurde ein neues Bündnis gegen pro Köln ins Leben gerufen. Bestehend aus gewaltbereiten Linksextremisten, erklärten Verfassungsfeinden, Anarchisten, Migrantenlobbyisten und versprengten Alt-68ern macht gegen den Anti-Islam-Kongress mobil.«

Pro Köln stellt den »Linksextremismus« in Köln als permanente Bedrohung dar. Es wird aber in keinem öffentlich zugänglichen Dokument deutlich, was denn die Kriterien für eine linksextremistische Bestrebung sind. So werden die »Antifa Köln«, die Marxistisch-Leninistische Partei Deutschlands (MLPD) sowie Sozialistische Deutsche Arbeiterjugend (SDAJ) in einen Topf geworfen und als linksextremistisch bezeichnet. Pro Köln stellte die Frage im Rat der Stadt Köln, welche Maßnahmen die Stadt Köln seit dem 1.1.2000 gegen den Linksextremismus ergriffen hat.[276]

Als Ende 2006 Pro Köln die Schülerzeitung »Objektiv« ins Leben rief, wollte die Bezirksschülervertretung (BSV) Köln darauf reagieren. Sie rief im Dezember 2006 umgehend eine Arbeitsgruppe »Schüler gegen Rechts« (SgR) ins Leben, die den rechten Grundsätzen von Pro Köln« entschieden entgegentrat und themenorientierte Aufklärungsarbeit leistete.

Pro Köln machte sich über das Engagement der Schüler lustig:[277] »Echte ›Querdenker‹ eben, die statt anzuecken lieber schon als Jugendliche stromlinienförmig Lob und Unterstützung der ›politisch korrekten‹ Erwachsenenwelt für ihren Kampf gegen Pro Köln und ›Objektiv‹ erheischen wollen.«

Als Anfang 2007 im Kölner Rathaus eine Ausstellung gegen die Charakter und die Aktivitäten von Pro Köln gezeigt wurde, machte Pro Köln Stimmung gegen die Ausstellung:[278] »Dabei handelt es sich zweifellos um einen agitatorischen Beitrag zum parteipolitischen Wettbewerb, in dessen Rahmen einseitig eine der im Rat vertretenen Wahlformationen angeprangert wird. (...) Pro Köln läßt sich diese Unverschämtheit nicht einfach gefallen. Es kann nicht angehen, daß die Ratsmitglieder unserer Bürgerbewegung bei der Ausübung ihres Mandats

---

275 www.pro-koeln-online.de/artikel08/gestoert.htm
276 Fraktion der Bürgerbewegung pro Köln e.V. im Rat der Stadt Köln: Antrag vom 14.2.2006, Köln 2006
277 www.stadtrevue.de/index-archiv.php3?tid=12296sstring=pro%20köln&ausg=01/07
278 www.pro-koeln-online.de/images8/anfrage-ausstellung.pdf

im Rathaus durch diese agitatorische Ausstellung beschimpft und verleumdet werden. Dieser Skandal muß und wird aufgeklärt werden!«

In einer Anfrage auf der nächsten Ratssitzung wurde die Frage nach den Verantwortlichen dieser Ausstellung gestellt.[279]

Der Schülerkongress der Arbeitsgruppe Schüler gegen Rechts-Köln (SgR-Köln) der Bezirksschülervertretung Köln (BSV-Köln) veranstaltete am 6.9.2009 im Friedrich-Wilhelm-Gymnasium einen »Tag gegen Rechts«, der eine bessere Aufklärung über Rechtsextremismus in Schulen und der Gesellschaft bewirken sollte. An dem Aktionstag nahmen ca. 500 SchülerInnen teil; die Bürgermeisterin Elfi Scho Antwerpes war Schirmherrin des Projektes.

Beziehungen zur etablierten extremen Rechten

In ihrer politischen Selbstverortung sieht sich Pro Köln als Vertreter des politischen Spektrums links von den alteingesessenen extrem rechten Parteien wie NPD oder DVU und rechts von der CDU. Das erfolglose Auftreten der »klassischen« Rechtsparteien und der stetige »Linksruck« der CDU habe ein politisches Vakuum hinterlassen. Beisicht stellte fest, dass das »weite Feld rechts der etablierten Parteien (…) nicht beackert« werde. Dies »zeigen auch die Wahlergebnisse der vergangenen Jahre, wo keine Kraft rechts der Mitte das auch hierzulande vorhandene- Potential auch nur annähernd ausschöpfen vermochte.« Diese Leerstelle im politischen Spektrum will Pro Köln ausfüllen:[280] »Eine seriöse Alternative zu den etablierten politischen Parteien war nicht in Sicht. Die sogenannten alten Rechtsparteien waren zerschlissen, verbraucht und wurden zudem von der Bürgerschaft als Alternative nicht mehr wahrgenommen.« In einem Interview mit der rechtsextremen Zeitung »Zur Zeit« aus Österreich betonte das frühere CDU-Mitglied Jörg Uckermann:[281] »Heute verabschiedet die Kölner CDU zusammen mit der PDS/Linkspartei gemeinsame Anträge und gehört zu den fanatischsten Multikulti-Befürwortern. Das ist nicht mehr meine CDU, in der ich meine politischen Überzeugungen verfolgen kann. (…) Konservative Politikansätze und konservative Politiker haben heutzutage leider auch in der CDU und FDP keine Chance mehr, tatsächlich wirksam zu werden.«

Um politisch erfolgreich zu sein, will sich Pro Köln von den »alten« extrem rechten Parteien abheben und den potentiellen Wählern suggerieren, dass es sich bei der neu gegründeten Partei um eine demokratische Alternative handelt,

---

279 Ebd.
280 www.pro-koeln-online.de/artikel4/elf-jahre.htm.
281 www.zurzeit.at/index.php?id=387

die sich von jeglicher NS-Nostalgie fernhält. Diese Strategie beinhaltet auch die Abgrenzung gegenüber militanten neonazistischen Gruppen wie die »Freien Kameradschaften« oder die »Autonomen Nationalisten«.

In ihren Organen distanzierte sich Pro Köln von der NPD:[282] »(…) gehen wir unseren eigenen Weg und lehnen z. B. jegliche Zusammenarbeit mit der (…) NRW-NPD kategorisch ab. Wir werden unseren guten Namen und unser erfolgreiches Modell sicher nicht wegen einiger rückwärtsgewandter Sektierer oder tatsächlicher Extremisten ruinieren.« Beisicht erklärte im Januar 2008:[283] »Radikale Phrasendrescherei oder gar Anflüge von NS-Gedankengut findet man bei uns ebenso wenig wie rückwärtsgewandte Debatten über Fragen, die den Normalbürger in Nordrhein-Westfalen nicht interessieren.« In einem anderen Zusammenhang sprach Beisicht von einer »gettoisierten NPD, die aufgrund ihres abschreckenden Erscheinungsbildes und ihrer gestrigen politischen Inhalte« keine politischen Chancen hätten und mit der es keine Gemeinsamkeiten gäbe.[284]

Die Konkurrenzabwehr ist für Pro Köln von eminenter Bedeutung:[285] »Die verbrauchten Rechtsaußenparteien der BRD stellen für die Wähler keine seriöse Alternative dar. Ihre Aufgabe ist es primär, durch ihre Existenz einen neuen, seriösem Politikansatz zu erschweren bzw. zu stigmatisieren. (…) Wenn sich eine Partei so präsentiert, daß sie praktisch jedem Klischee, das der politische Gegner entworfen hat, zu 100% entspricht, muss man sich nicht wundern, dass sie auf Dauer erfolglos bleibt. Wir wollen raus aus der Schmuddelecke und aus verräucherten Hinterhofgaststätten und hinein in die Mitte unserer Gesellschaft.«

Die verbale Abgrenzung gegenüber der DVU sowie der NPD wird mit einen immer wiederkehrenden Treueschwur auf das Grundgesetz begleitet.

Umgekehrt warf die nordrhein-westfälische NPD der Pro-Bewegung vor, dass sie über »vernünftige Ansätze« verfüge, aber »wesentlich zu oberflächlich« agiere. Sie verfüge jedoch nicht über die notwendige Radikalität, die angeblichen Probleme in NRW wie Moscheebau oder »Ausländerkriminalität« zu lösen:[286] »Der

---

282 www.pro-nrw.org/index.php?option=com_content&view=article&id:es-liegt-ausschließlich-an-uns-selber&catid=166Itemid=44
283 Ebd.
284 www.pro-nrw.org/index.php?option=com_content&view=article&id=253: frustrierte-rechtsextremisten-machen-gegen-pro-koeln-bzw-pro-nrw-mobil&catid=34&Itemid=46
285 www.pro-koeln-online.de/artike6/mitte.htm
286 Zitiert aus Sager, T./Peters, J.: Die PRO-Aktivitäten im Kontext der extremen Rechten, in: Häusler, A.: (Hrsg.): Rechtspopulismus als »Bürgerbewegung«. Kampagnen gegen Islam und Moscheebau und kommunale Gegenstrategien, Wiesbaden 2008, S. 115-128, hier S. 122

Einsatz gegen Moscheen, Filz und Ausländerkriminalität ist wichtig, aber ohne Ausländerrückführung und einen grundlegenden weiteren staatlichen Umbau ist das alles nur Makulatur. Das aussterbende deutsche Volk wird nicht gerettet durch etwas Kosmetik. Die Leiche sieht dann vielleicht netter aus.«

Der frühere Landesvorsitzende der NPD in NRW, Pradel, bemerkte schon im Jahre 2003:[287] »Es muss ernsthaft bezweifelt werden, dass es pro Köln tatsächlich darum geht, gegen zunehmende Islamisierung und Überfremdung der Rheinmetropole einzutreten. Immer wieder fällt Pro Köln durch eine Anbiederung an Systemparteien, wie beispielsweise die CDU auf.«

Die oben dargestellte Abgrenzung der Pro-Bewegung zu extrem rechten Parteien, Organisationen und Einzelpersonen lässt sich nach einer genaueren Analyse jedoch nicht aufrechterhalten. Immer wieder kam es seit dem Jahre 2000 zu einer Zusammenarbeit mit extrem rechten Kreisen.

Am 21.6.2000 gab es in Düsseldorf eine gemeinsame Veranstaltung von Pro Köln und »Nation Europa Freunde e.V.« mit dem Herausgeber der extrem rechten Publikation »Nation und Europa« und ehemaligem DLVH-Funktionär Harald Neubauer, an dem etwa 65 Personen teilnahmen. Harald Neubauer kandidierte bei der Bundestagswahl 2005 auf Platz 2 der sächsischen NPD-Liste und ist Vorstandmitglied in der völkischen Zeitschrift »Gesellschaft für freie Publizistik.«

Bei einer erneuten Kundgebung gegen den »Drogenstrich« am 12.1.2002 waren ebenfalls Teilnehmer der NPD und den »Freien Kameradschaften« anwesend. Zur Teilnahme an der Demonstration von Pro Köln am 9.3.2002 in Köln-Chorweiler unter dem Motto »Keine Freiheit für die Feinde der Freiheit« hatten das neonazistische »Aktionsbüro Norddeutschland« und das »Nationale Infotelefon Rheinland« aufgerufen. Ein Großteil der dort anwesenden Demonstranten waren der militanten neonazistischen Szene zuzuordnen. Auf einer Rede warf Manfred Rouhs dem Verfassungsschutz vor, »seine Schergen« wären für den Überfall auf Besucher der KZ-Gedenkstätte Kemna verantwortlich. Das frühere Mitglied des NPD-Landesvorstandes und des Bundesvorstandes der »Jungen Nationaldemokraten« (JN), Thorsten Crämer, hatte am 9. Juli 2000 gemeinsam mit weiteren 14 Neonazis einen Überfall auf Teilnehmer einer Mahnwache an der Gedenkstätte des ehemaligen KZ Kemna in Wuppertal-Beyenburg verübt. Bewaffnet mit Baseballschlägern und Reizgas hatten die Neonazis auf BesucherInnen des KZ-Denkmals eingeprügelt und sie mit Steinen beworfen. Im Januar 2001 wurde Crämer wegen gefährlicher Körperverletzung und Landfriedensbruch zu einer Haftstrafe von zwei Jahren und drei Monaten verurteilt.[288]

---

287 Ebd. S. 123
288 Innenministerium des Landes Nordrhein-Westfalen (Hrsg.): Verfassungsschutzbericht des Landes Nordrhein-Westfalen 2002, Düsseldorf 2003, S. 74

Im November 2002 nahmen Markus Beisicht und Judith Wolter als »Zeichen patriotischer Solidarität« am Bundeskongress der JN teil. Wolter tönte damals in einer Rede unter dem Beifall der Teilnehmer:[289] »Notwendig sei keine Anbiederung an etablierte Positionen und Parteien, wie es Teile der Republikaner praktizierten, sondern eine konsequente Fundamentalopposition.« In einem Interview mit dem Zentralorgan der NPD, »Deutsche Stimme« (DS), warb Wolter für eine Zusammenarbeit zwischen Pro Köln und anderen extrem rechten Parteien:[290] »Pro Köln ist überparteilich. Jeder, der sich mit unseren Zielen identifiziert, kann bei uns mitarbeiten-unabhängig von seiner Parteizugehörigkeit. Wir bemühen uns stets um ein gutes Verhältnis zu anderen nationalen Organisationen und um konstruktive Zusammenarbeit.«

Am 25.4.2003 organisierte Pro Köln eine Demonstration vor der DITIB-Moschee in Köln-Ehrenfeld. An der islamophoben Veranstaltung nahmen der gerade wieder aus dem Gefängnis entlassene Thorsten Crämer und weitere Gesinnungsgenossen von der NPD teil.

Zur Kommunalwahl 2004 rief der »Hitler von Köln«[291], Axel Reitz, zur Wahl von Pro Köln auf. Der Neonazi Reitz ist wegen Volksverhetzung, Verwendung verfassungsfeindlicher Symbole und Verstoß gegen das Uniformverbot auf einer Demonstration mehrfach vorbestraft. Reitz bekennt sich öffentlich zum Nationalsozialismus: [292] »Wir glauben, dass der Nationalsozialismus der allein seligmachende Glaube ist für unser Volk. Wir glauben, dass es einen Herrgott im Himmel gibt, der uns geschaffen hat (…). Und wir glauben, dass dieser Herrgott uns Adolf Hitler gesandt hat, damit Deutschland für alle Ewigkeit ein Fundament werde. Heil Hitler.«

Am 25.9. 2007 wurde in Straßburg die Resolution »Gemeinsam für ein Europa der Vaterländer« verabschiedet, die die Ziele der Fraktion IST (Identität, Tradition, Souveränität) unterstützte. Die Fraktion ITS setzte sich aus extrem rechten Europaabgeordneten unterschiedlicher Länder zusammen. Neben Le Pen (FN), Gerhard Frey (DVU), Rolf Schlierer (»Republikaner«), Udo Pastörs und Holger Apfel (NPD) unterschrieben auch Markus Beisicht und Markus Wiener von Pro Köln die Erklärung, die folgende Grundsätze beinhaltete:[293] »Anerkennung der nationalen Interessen, Souveränitäten, Identitäten und Unterschiedlichkeiten, Verpflichtung gegenüber christlichen Werten, dem Erbe der Kulturen und

---

289 Sager,/Peters, Die PRO-Aktivitäten im Kontext der extremen Rechten, in: Häusler: Rechtspopulismus als »Bürgerbewegung«. Kampagnen gegen Islam und Moscheebau und kommunale Gegenstrategien, a.a.O., S. 115-128, hier S. 120
290 Deutsche Stimme 1/2003, S. 6
291 taz vom 10.9.2005
292 ZDF-Sendung »Frontal21« vom 8. Oktober 2002
293 Deutsche Stimme 11/2007, S. 9

Traditionen der europäischen Zivilisationen, Verpflichtung gegenüber der traditionellen Familie als natürlicher Kernpunkt der Gesellschaft, Verpflichtungen gegenüber den Freiheiten und Grundrechten aller, Verpflichtungen gegenüber den Regeln des Rechtsstaates, Opposition in einem vereinheitlichen und bürokratischem Superstaat, Verpflichtung gegenüber der direkten Verantwortlichkeit der Regierenden gegenüber dem Volk und der Transparenz in der Verwaltung der öffentlichen Mittel.«

Diese Erklärung zur Bildung einer extrem rechten europäischen Fraktion steht im Widerspruch zu den verbalen Bekenntnissen von Pro Köln, sich von den »alten« extrem rechten Parteien in Deutschland zu distanzieren.

Am 22.6.2007 gab Judith Wolter der extrem rechten »National-Zeitung« ein Interview, in dem sie gegen die Einwanderungsgesellschaft hetzte:[294] »Es sind doch die etablierten Parteien von der CDU bis hin zur SED-PDS-Linkspartei, die seit Jahrzehnten die Masseneinwanderung nach Deutschland betreiben. Dabei nehmen sie nicht nur gravierende wirtschaftliche Belastungen für die einheimische Bevölkerung billigend in Kauf, sondern eben auch soziale Konflikte: In nahezu sämtlichen deutschen Großstädten haben sich geschlossene Parallelgesellschaften gebildet. Integration findet in den Ghettos längst nicht mehr statt. Die wenigen verbliebenen Deutschen in diesen Stadtteilen werden zunehmend zur Minderheit, während vor allem der islamische Fundamentalismus gedeiht.«

Einen Monat später erschien ein Interview von Markus Beisicht in der »Deutschen Stimme« unter der Überschrift »Aufstand gegen die Islamisierung!« Die Tatsache, dass die NPD Pro Köln in ihrer Zeitung eine Plattform für ihre islamophoben Thesen bot, widerspricht den Abgrenzungsversuchen von Pro Köln vollkommen. Die »Bürgerbewegung Pro Köln« wurde als »nonkonforme kommunalpolitische Organisation, die 1996 entstand und nach Jahren des Aufbaus 2004 erfolgreich zur Kommunalwahl antrat«, bezeichnet. Beisicht stellte jedoch klar, dass es weder beim Thema Moscheebau noch bei anderen Themen eine politische Zusammenarbeit gebe:[295] »Wir nehmen deshalb für uns in Anspruch, in Köln alleine die Oppositionsrolle von rechts wahrzunehmen. (…) Die örtlichen alten Rechtsparteien haben zudem das Thema Moscheebau, wie so vieles andere auch, weitgehend verschlafen.«

Seit einigen Jahren setzen auch andere rechte Parteien und Organisationen auf die Themenbereiche Islam und Moscheebau. Die NPD, die »Republikaner« und einige »Freie Kameradschaften« haben Kampagnen gegen Moscheebauprojekte initiiert oder unterstützt. Mit diesen Themen konnten die extremen Rechten an öffentliche Diskurse und gesellschaftlich weit verbreitete rassistische Res-

---

294 National-Zeitung vom 22.6.2007, S. 4
295 Deutsche Stimme 7/2007, S. 3

sentiments anknüpfen. Bei der Demonstration von Pro Köln am 12.12.2008 vor der DITIB-Moschee, an der ca. 60-70 Personen teilnahmen, waren auch zahlreiche »Autonome Nationalisten« aus dem Kölner Umland anwesend. Der Autor Alexander Häusler spricht »von einem Ringen um die Vorherrschaft über dieses Thema innerhalb der extremen Rechten«.[296] Dies führt natürlich zu Konfrontationen zwischen der Pro-Bewegung und den anderen Mitbewerbern um die hegemoniale Stellung im rechten Lager. Die Abgrenzung von Pro Köln könnte jedoch nicht von Dauer sein. Wenn Pro Köln seinen Nutzen daraus ziehen könnte und das Bild der »seriösen rechtsdemokratischen Partei« in der Öffentlichkeit nicht beschädigt wird, kann es sehr schnell wieder zu neuen Bündnissen kommen.

Als Anfang November 2008 der Vorwurf des Neonazismus gegen einen langjährigen Pro-Köln-Funktionär aufgeworfen wurde, sorgte sich die Partei im Vorfeld der Kommunalwahlen 2009 um ihren Ruf. Der Kölner Stadtanzeiger druckte ein Foto ab, das einen jungen Mann in seinem Sessel inmitten einer Schale und Kerzen mit Hakenkreuzen zeigte.[297] Dieses Foto sollte vom 20.4.1985 stammen und eine Feier zum Geburtstag Adolf Hitlers darstellen. Der Mann auf dem Foto soll Heinz Kurt Täubner sein, der seit 2004 für Pro Köln im Ehrenfelder Stadtparlament sitzt. Außerdem tauchte auch ein am 20.3.1984 ausgestellter Mitgliedsausweis der radikalen neonazistischen Vereinigung »Schwarze Front« auf, der Täubner gehören soll. Täubner gab zu dem Artikel keine Stellungnahme ab; sein »Anwalt« Markus Beisicht erklärte, dass Täubner »weder in der Vergangenheit noch in der Gegenwart Kontakte zu irgendwelchen Neonazikadern« hatte. Das Foto mit den Hakenkreuzen und den Ausweis bezeichnete Beisicht als Fälschungen.

Beziehungen zu ausländischen GesinnungsgenossInnen

Vlaams Belang

Die engen Verbindungen zwischen Pro Köln sowie Pro NRW und dem belgischen Vlaams Belang haben »ihre ideologischen Wurzeln in einer völkisch – nationalistischen Tradition, die schon zwischen den Weltkriegen in pro-fa-

---

296 Häusler, Antiislamischer Populismus als rechtes Wahlkampf-Ticket, in., Rechtspopulismus als »Bürgerbewegung«. Kampagnen gegen Islam und Moscheebau und kommunale Gegenstrategien, a.a.O. S, 155-169, hier S. 156
297 Kölner Stadt-Anzeiger vom 4.11.2008

schistischen Bewegungen ihren politischen Ausdruck fand.«[298] Die »Wallfahrt an die Ijzer« (Ijzerbedevaart) ist die wichtigste alljährliche Veranstaltung der flämischen extremen Rechten mit prominenter internationaler Beteiligung. Sie findet am letzten Augustwochenende in der Kleinstadt Diksmuide rund um den Ijzer-Turm statt, einem Monument für die flämischen Toten des 1.Weltkrieges. Die regelmäßige Teilnahme von Angehörigen deutscher extrem rechter Parteien an diesem Ereignis förderte die Beziehungen untereinander.

Der Vlaamse Militanten Orde (VMO) war eine Vorläuferorganisation des Vlaams Blok. Der damalige VMO-Führer, Bert Eriksson, erklärte[299]: »Wir müssen über Leichen gehen, wenn wir Flandern befreien wollen.« Der Orden, der ca. 200-300 Personen umfasste, zog sich mehrmals im Jahr auf entlegene Landgüter in den Ardennen zurück, um dort gemeinsam mit ausländischen KampfgefährtInnen »Leibesertüchtigung« zu betreiben. Auch Gegenbesuche bei den GesinnungsgenossInnen in der BRD waren an der Tagesordnung.

Im Jahre 1979 wurde der Vlaams Blok (Flämischer Block) aus den beiden Parteien Vlaamse Volkspartij (Flämische Volkspartei) und Vlaams Nationale Partij (Flämische Nationalpartei) gegründet. Die Partei strebt nach Unabhängigkeit der niederländischsprachigen Region Belgiens, Flandern. Der frankophone Teil Belgiens wird als von Korruption und Misswirtschaft geprägt dargestellt. Die politische Programmatik des Vlaams Bloks orientierte sich vor allem an separatistischen Tendenzen und rassistischen Parolen gegen MigrantInnen. »Eigen Volk eerst« (Das eigene Volk zuerst) lautete der Parteislogan des Vlaams Bloks. Der Vlaams Blok konnte in den 1990er Jahren große Wahlerfolge vor allem in seiner Hochburg Antwerpen erringen. Bei den Regionalwahlen am 13.6.2004 holt der Vlaams Blok ein Rekordergebnis von 24,1% und wurde zweitstärkste Partei im flämischen Landesteil. Das oberste Berufungsgericht Belgiens hat am 9.11.2004 eine Verurteilung des Vlaams Bloks bestätigt, wonach drei Organisationen der Partei offen MigrantInnen diskriminierten. Der Blok befürchtete insbesondere, durch das Urteil die staatliche Parteienfinanzierung zu verlieren und löste sich am 14.11.2004 auf einem Parteitag auf. Kurz darauf gründete sch allerdings der Vlaams Belang mit einem überarbeiteten Parteiprogramm.

Der Vlaams Belang tritt vor allem für eine Unabhängigkeit Flanderns und eine Verhinderung weiterer Zuwanderung ein. Es wird außerdem ein höheres Kindergeld gefordert, um Eltern einen Erziehungsurlaub zu ermöglichen und die Geburtenrate zu erhöhen. Weitere Programmpunkte sind die Verhinderung

---

298 Häusler, Antiislamischer Populismus als rechtes Wahlkampf-Ticket, in., Rechtspopulismus als »Bürgerbewegung«. Kampagnen gegen Islam und Moscheebau und kommunale Gegenstrategien, a.a.O. S, 155-169, hier S. 159

299 Bundesministerium des Innern (Hrsg.): Gewalt von rechts. Beiträge aus Wissenschaft und Publizistik, Bonn 1982, S. 283

des EU-Beitritts der Türkei, die Abschaffung von Antidiskriminierungsgesetzen mit dem Verweis auf die Meinungsfreiheit sowie die Aufhebung des Abtreibungsgesetzes. Mit populistischen Parolen versucht der Vlaams Belang weiterhin Volksnähe zu demonstrieren, wettert gegen die angeblich handlungsunfähige Regierung und linksliberale Medien, die als Lügner bezeichnet werden.

FPÖ

Im Jahre 1956 wurde die Freiheitliche Partei Österreichs (FPÖ) gegründet. Im Parteivorstand saßen insbesondere in den ersten Jahrzehnten nach der Parteigründung zahlreiche ehemalige SS-Offiziere und ehemalige NSDAP-Mitglieder. Erster Parteiobmann wurde Anton Reinthaller, ein ehemaliger SS-Brigadeführer, der von 1950 bis 1953 wegen nationalsozialistischer Betätigung als Schwerstbelasteter inhaftiert war. Reinthaller erklärte in seiner Antrittsrede: [300] »Der nationale Gedanke bedeutet in seinem Wesen nichts anders als das Bekenntnis der Zugehörigkeit zum deutschen Volk.«

Im Jahre 1986 übernahm Jörg Haider nach einer Kampfabstimmung auf dem Parteitag in Innsbruck die Führung der FPÖ. Seine Neigung für das Instrument des Volksbegehrens und vor allem positive Aussagen über das NS-Regime trugen ihm den Ruf eines Rechtspopulisten und Demagogen ein. Unter Haider kam die FPÖ wieder in die Erfolgsspur und wurde bei den Nationalratswahlen 1999 mit 26,9% zweitstärkste Partei. 2000 übernahm eine Koalition aus ÖVP und FPÖ unter der Führung von Bundeskanzler Wolfgang Schüssel (ÖVP) die Regierung, Susanne Riess-Passer (FPÖ) wurde seine Vizekanzlerin. Danach stürzte die FPÖ in der Wählergunst ab und es kam zu internen Querelen über die politische Richtung. Am 4. April 2005 gab die bisherige Spitze der FPÖ, darunter der Kärntner Landeshauptmann Jörg Haider ihren Übertritt in eine neu gegründete Partei namens Bündnis Zukunft Österreich (BZÖ) bekannt. Die weitere Zukunft der FPÖ schien damit ungewiss. Am 23. April 2005 wurde Heinz-Christian Strache zum neuen Parteiobmann gewählt. Der neue Obmann erlangte vor allem durch seine rassistischen Wahlkampagnen Bekanntheit, die sich in Plakatierungen wie »Wien darf nicht Istanbul werden« oder »Deutsch statt nix versteh'n« ausdrückten.[301]

---

300 Heinisch, R.: Die FPÖ – Ein Phänomen im internationalen Vergleich. Erfolg und Misserfolg des identitären Rechtspopulismus. In: Österreichische Zeitschrift für Politikwissenschaft 3/2004, S. 247-261, hier S. 250

301 Luther, K. R.: Die Freiheitliche Partei Österreichs (FPÖ) und das Bündnis Zukunft Österreichs (BZÖ), in: Dachs, H. u.a.. (Hrsg.): Politik in Österreich. Das Handbuch. Wien 2006, S: 364-388, hier S. 368

Bei der Nationalratswahl 2006 am 1. Oktober erreichte die FPÖ unter der Führung Straches einen Stimmenanteil von 11,0%, dies entspricht einem Mandatsstand von 21 Abgeordneten. Das BZÖ unter der Führung Peter Westenthalers erreichte einen Stimmenanteil von 4,1% bzw. 7 Mandate.[302] Bei den vorgezogenen Nationalratswahlen 2008 konnte die FPÖ ihren Stimmenanteil auf 17,5% erhöhen.

Führende Mitglieder der FPÖ zeigten immer wieder in ihren Aussagen ihre geistige Nähe zum NS-Regime. Am 7. November 2006 sorgte der Nationalratsabgeordnete Wolfgang Zanger mit seiner Aussage »Natürlich gab es gute Seiten am NS-Regime, nur die hören wir alle nicht mehr« für Aufregung.[303]. 2006 wurde der Bundesrat John Gudenus verurteilt, da er die Existenz von Gaskammern im Dritten Reich in Frage gestellt hatte. Gudenus hatte zudem im KZ Mauthausen die Zustände im KZ während der Zeit des Nationalsozialismus verharmlost.[304] Bei einer TV-Diskussion mit dem SPÖ-Chef Werner Faymann am 16. September 2008 forderte Strache mit dem Argument, eine Demokratie müsse auch schwachsinnige und verrückte Meinungen aushalten, die Abschaffung des Verbotsgesetzes, durch das nationalsozialistische Wiederbetätigung unter Strafe gestellt wird.[305] Laut dem Dokumentationsarchiv des österreichischen Widerstandes (DÖW) sind 15 Nationalratsabgeordnete der FPÖ im rechtsradikalen Umfeld aktiv.[306]

In Österreich ringen die konkurrierenden Parteien FPÖ und BZÖ um die Vorherrschaft auf den Themengebieten Moscheebau und Islam. In einem Interview mit dem Rechtspopulismusforscher Geden bezeichnete der FPÖ-Politiker Eduard Mainoni, der später zur BZÖ wechselte, dies als »Geschäft mit der Angst«[307]

Die rassistischen Äußerungen der FPÖ-Politikerin Susanne Winter im österreichischen Wahlkampf stellten für Pro Köln kein Problem dar. Auf der Homepage von Pro Köln findet sich folgendes Glückwunschschreiben:[308] »Zu diesem

---

302 Ebd., S. 372
303 Die Presse vom 8. November 2006
304 http://wien.orf.at/stories/105061/
305 Fernsehdiskussion Faymann – Strache am 16. September 2008
306 http://diepresse.com/home/politik/innenpolitik/446252/index.do?parentid=0&act=0&isanonym=0
307 Geden, O.: Diskursstrategien im Rechtspopulismus. Freiheitliche Partei Österreichs und Schweizerische Volkspartei zwischen Opposition und Regierungsbeteiligung, Wiesbaden 2006, S. 144
308 Häusler, Antiislamischer Populismus als rechtes Wahlkampf-Ticket, in., Rechtspopulismus als »Bürgerbewegung«. Kampagnen gegen Islam und Moscheebau und kommunale Gegenstrategien, a.a.O. S, 155-169, hier S. 161

großen Wahlerfolg gratulierte nunmehr der Vorsitzende der Bürgerbewegungen pro Köln und Pro NRW Markus Beisicht, der Frau Dr. Winter auch persönlich beim Wahlkampfauftakt in Graz unterstützt hatte.«

Die FPÖ hat für Pro Köln Vorbildcharakter hinsichtlich ihres öffentlichen Auftretens und ihrer politischen Themenwahl. Die Verbindung mit international erfolgreichen rechten Parteien wie die FPÖ bedeutet für Pro Köln eine enorme Aufwertung des eigenen politischen Selbstbewusstseins. Das Image von Pro Köln weg von der westdeutschen Regionalpartei zu einer international anerkannten rechtspopulistischen Kraft ist förderlich für die Außendarstellung der Pro-Bewegung. Die Zusammenarbeit zwischen Pro Köln und der FPÖ zeigte sich an einem Bericht in der rechten österreichischen Zeitschrift »Die Aula« über einen Vortragsabend zum Thema »Der ›rechte‹ Weg für Europa – Kommunale Entwicklungen zwischen Bürgerfreiheit und Ghettoentwicklung«, an dem führende Persönlichkeiten von FPÖ, Vlaams Belang und Pro Köln teilnahmen.[309]

Im April 2008 fand eine Vortragsreihe zum Thema »Islamisierung« im Kölner Rathaus statt. Die Referenten waren Markus Beisicht, Jörg Uckermann und der FPÖ-Europaabgeordnete Andreas Mölzer.[310] FPÖ-Generalsekretär Harald Vilimsky richtete am 23.9.2008 einen Brief an den deutschen Botschafter, um sich über das Verhalten der Polizei ihm und der übrigen FPÖ-Delegation gegenüber beim »Anti-Islamisierungskongress« 2008 zu beschweren:[311] »(...) darf ich ihnen meine tiefe Sorge und mein Befremden über den Umgang der Stadtverwaltung sowie der Polizeiführung in Köln mit gewählten Repräsentanten des österreichischen Parlaments mitteilen. (...) ich auch das österreichische Außenministerium in Kenntnis setzen werde, da durch das Verhalten der Polizei in Köln aus meiner Sicht mehrere zwischenstaatliche Abkommen über die Behandlungen von Personen mit diplomatischem Status grob verletzt wurden. So wurde mir trotz mehrfachem und unmissverständlichem Ersuchen und unter Vorlage meiner Mandatarsausweise vom zuständigen Einsatzleiter der Polizei, Herrn Michael Temme, selbst auf mehrmalige Nachfrage jeglicher Schutz verweigert. (...) Relevant ist für mich auch ihre Beurteilung, inwieweit das Recht auf Meinungsfreiheit in Köln noch Gültigkeit hat.«

---

309 Häusler/Killguss, Feindbild Islam, a.a.O., S. 41
310 www.pro-koeln-online.de/artikel08/210408_rathaus.htm
311 www.pro-koeln-online.de/artikel08/240908_ob.htm

Der »Anti-Islamisierungskongress« 2008

Unter dem Motto »Nein zur Islamisierung – Nein zur Kölner Großmoschee« kündigte Pro Köln vollmundig für den 19.und den 20.9.2008 in Köln einen »Anti-Islamisierungskongress« mit bis zu 1000 TeilnehmerInnen an. Neben dem Vorsitzenden des FN, Jean-Marie Le Pen aus Frankreich war auch der verurteilte Holocaustleugner Nick Griffin, Vorsitzender der British National Party (BNP), als Redner eingeplant.[312] Dies entpuppte sich jedoch als Falschmeldung, beide nahmen nicht an der Veranstaltung teil. Der Kongress, von dem sich Pro Köln und Pro NRW große mediale Aufmerksamkeit erhofften, war nicht nur eine Protestveranstaltung gegen die angebliche Islamisierung. Er sollte weiterhin den Wahlkampf für die Kommunalwahl 2009 einleiten. Neben der Selbstdarstellung von Pro Köln als vermeintlich einflussreiche politische Kraft diente die Veranstaltung des Kongresses auch dazu, die europäische Vernetzung extrem rechter Parteien unter dem Dach einer »Anti-Islam-Kampagne« voranzutreiben.

Neben antifaschistischen Gruppen sorgten große Teile der Kölner Öffentlichkeit für eine Mobilisierung gegen den geplanten Kongress von Pro Köln. Der »Kölner Stadt-Anzeiger« und das Boulevardblatt »Express« druckten Anzeigen mit Aufrufen zur Beteiligung an den Protesten ab. Prominente Personen aus Politik, Wirtschaft, Kultur und Sport riefen ebenfalls dazu auf, sich den geplanten Demonstrationen zu beteiligen.[313]

Die FPÖ gab schon am Donnerstag, dem 18.9.2008, eine Erklärung zum Kongress heraus:[314]

»Der große Anti-Islamisierungskongress in Köln setzt ein Zeichen gegen religiösen Fundamentalismus, gegen Fanatismus und Islamismus. Für die Freiheitliche Partei Österreichs ist es eine Selbstverständlichkeit, daß wir aktiv an dieser guten Sache teilnehmen. Durch den Hochwahlkampf in Österreich kann unser Parteiobmann HC Strache leider nicht persönlich teilnehmen, er wird jedoch mittels Videobotschaft seine Worte an die Teilnehmer richten. (…) Die Kölner Großmoschee (…) steht stellvertretend für die massiven Islamismustendenzen in Europa und wird einen Wendepunkt in der Zuwanderungspolitik Europas darstellen. (…) Als Freiheitliche Partei sind wir auf der Seite der derzeit schweigenden Mehrheit, auf der Seite jener, die über keine Lobby in den Gebietskörperschaften besitzen und die unsere Vertretung nach außen dringend benötigen.«

Einen Tag vor dem »Anti-Islamisierungskongress« wollte Pro Köln eine Pressekonferenz mit anschließender Stadtrundfahrt durch Kölner »Problemviertel«

---

312 Jugendclub Courage, Köln ganz rechts, a.a.O., S. 14
313 Antifaschistische Nachrichten, 24. Jahrgang, Nr. 19 vom 25.9.2008, S. 1
314 www.pro-koeln-online.de/artikel08/180908_fpoe.htm

durchführen.[315] Für die Pressekonferenz war die Bezirksvertretung Nippes angewiesen worden, Räume zur Verfügung zu stellen, aber Bezirksbürgermeister Bernd Schössler rief zu einer Sondersitzung der Bezirksvertreter auf, um Pro Köln damit die Öffentlichkeitswirkung zu entziehen. Als Ausweichmöglichkeit hatte Pro Köln schon im Voraus ein Schiff gebucht. Begleitet von Protesten begaben sich Pro Köln und ihre ausländischen GesinnungsgenossInnen dorthin und legten hektisch ab; die englische Delegation und auch zahlreiche Journalisten schafften es nicht mehr an Bord zu kommen. Es folgte eine mehrstündige Fahrt über den Rhein; erst gegen 15.30h legte das Schiff am Anleger Zoobrücke an. Die dorthin bestellten Busse holten Pro Köln und ihre Gäste nicht ab, da sie in der Zwischenzeit den Vertrag gekündigt hatten. Die Polizei verbot die geplante Tour durch Kölner »Problemviertel«; Zivilpolizei brachte schließlich die resignierende Gruppe zu ihrem Hotel, wo ihnen aber inzwischen die Zimmer gekündigt wurden. In den »Problemvierteln«, die Pro Köln mit ihren Mitstreitern »besuchen« wollten, versammelten sich zur gleichen Zeit zahlreiche GegendemonstrantInnen. Ca. 500 Menschen warteten vergeblich vor der Moschee in Ehrenfeld, darunter der frühere Bürgermeister Norbert Burger, die Kölner SPD-Bundestagsabgeordnete Lale Akgün, der Kölner Polizeipräsident Klaus Steffenhagen sowie der NRW-Integrationsminister Armin Laschet (CDU). In Mülheim waren es ca.100 Personen, die gegen die extremen Rechten protestierten.

Am frühen Abend fand in der Innenstadt eine Demonstration autonomer antifaschistischer Gruppen gegen den Kongress statt, an der sich ca. 1000 Menschen beteiligen.

Am nächsten Morgen bildeten GegendemonstrantInnen eine Menschenkette um den Heumarkt, wo der »Anti-Islamisierungskongress« stattfand. Die Taktik war erfolgreich, gegen Mittag waren nur einige Funktionäre von Pro Köln sowie der Vertreter der italienischen Lega Nord, des französischen MNR, der britischen BNP sowie des Vlaams Belang dort hingelangt. Am Flughafen Köln/Bonn saßen weitere SympathisantInnen fest, da sich sowohl Taxifahrer als auch Busunternehmer weigerten, sie nach Köln zu fahren. Dort inszenierten sie eine spontane Protestveranstaltung samt Pressekonferenz im Flughafengebäude.

Auf einer Gegenveranstaltung auf dem Roncalliplatz hielt Oberbürgermeister Schramma eine Rede. Darin bezeichnete er Pro Köln als »braune Soße, die in die Toilette gehöre«.[316] Weiterhin charakterisierte er Pro Köln, Pro NRW, die

---

315 Antifaschistische Nachrichten, 24. Jahrgang, Nr. 19 vom 25.9.2008, S. 1
316 Vgl dazu die Rede Schrammas: http://209.85.129.132/search?q=cache:YgIbhKxR-3MoJ:ao-wipperfuerth.blogspot.com/2008_10_01_archive.html+Rede+Schrammas+Roncalliplatz+20.9.2008&cd=3&hl=de&ct=clnk&gl=de

FPÖ sowie den Vlaams Belang »als braune Biedermänner, Brandstifter, Rassisten im bürgerlichen Zwirn und subtile Angstmacher«.

Schramma wandte sich entschieden gegen den Kongress:[317] »Ich sage hier ganz klar: Rassisten, Rechtsextreme und alle, die hier den sozialen Frieden stören wollen, sind hier nicht willkommen. Dieser Kongress ist nicht willkommen, die Kölnerinnen und Kölner wollen ihn nicht. Dieser verfaulten Clique des Eurofaschismus, diesen Haiders u. Le Pens und wie sie alle heißen, rufe ich zu: Da ist der Ausgang, da geht's nach Hause. Wir wollen euch nicht!«

Auf dem Heumarkt wurden vor spärlichem Publikum neben einigen Reden auch Großbotschaften verlesen. Henry Nitzsche bemerkte mit krudem Pathos:[318] »Dieser Antiislamisierungskongress soll in die Geschichte eingehen, als der Tag, an dem europäische Patrioten aufstanden, um der islamischen Erstürmung unserer Vaterländer endlich Einhalt zu gebieten. Die Gefahr der Islamisierung ist ein europäisches Problem. Überall in Europa fordern integrationsunwillige Einwanderer mehr und mehr Zugeständnisse an ihre Religion. Was sie fordern ist Toleranz. Was sie wollen sind islamische Parallelgesellschaften mitten im Herzen unseres christlichen Abendlandes. Parallelgesellschaften, in denen geltendes Recht ignoriert und unsere Kultur mit Füßen getreten wird. (…) Von der eigenen Bevölkerung verlangt man hingegen, dass sie freiwillig und unter Preisgabe ihrer Identität zur Minderheit im eigenen Land wird.«

Henry Nitzsche sorgt schon seit einigen Jahren mit rechten Ausführungen für Aufsehen. Seine Aussage, eher werde einem Muslim »die Hand abfaulen«, als dass er CDU wähle, brachte ihm den Ruf eines rechten Hardliners innerhalb der CDU ein.

Nachdem er aus der CDU ausgetreten war, gründete Henry Nitzsche im Jahre 2008 die Wählervereinigung »Arbeit-Familie-Vaterland«.[319] Der Name der Wählervereinigung ist die deutsche Übersetzung des Wahlspruchs des faschistischen französischen Vichy-Regimes während der deutschen Besetzung im 2. Weltkrieg. Im Dezember 2008 kündigte Henry Nitzsche an, für das Amt des Ausländerbeauftragten im Landkreis Bautzen anzutreten, um »den hier ansässigen Ausländern bei der Organisation ihrer Heimreise behilflich zu sein.«[320]

Heinz-Christian Strache, der Landesparteiobmann der FPÖ Wien, sagte in einer Videobotschaft:[321] »Europa steht an einem Scheideweg! Durch das

---

317   Ebd.
318   www.pro-nrw.org/content/view/512/223
319   Sächsiche Zeitung vom 20.2.2008: CDU-Aussteiger Nitzsche gründet Wählervereinigung.
320   Die Sachsen Zeit vom 11.12.2008: Rechtsextremismus-Vorwurf: Förster verlässt Nitzsche-Bündnis
321   www.pro-nrw.org/content/view/511/222

Versagen der politischen Eliten in den letzten 30 Jahren hat es eine massive Zuwanderung von außereuropäischen Gastarbeitern gegeben. (...) Wenn wir uns die Ballungszentren in Europa ansehen, so zeigt sich immer öfter dasselbe, traurige Bild! Ganze Stadtviertel sind heute mit Zuwanderern aus aller Herren Ländern bevölkert und zu einem Gutteil sind diese Zuwanderer nicht bereit, sich den hiesigen Sitten und Gebräuchen unterzuordnen. Ganz im Gegenteil! Parallelgesellschaften, ja sogar Gegengesellschaften haben sich in unseren Städten entwickelt. Gerade die Zuwanderer aus islamischen Ländern – oft auch Jugendliche der zweiten und dritten Generation – die hier mangels Ausbildung und Berufschancen sehr oft vom rechten Weg abkommen, finden in den Moscheen und Gebetshäusern oftmals diesen Rückhalt, den sie sonst nirgendwo mehr finden. (...) jene Ausländer aus dem Lande zu bekommen, die ihr Gastrecht missbrauchen – als Scheinasylanten, als Kriminelle, Terroristen oder als Drogendealer. Fundamentalistische Imame machen sich dieses Vakuum zunutze und so erleben wir heute einen massiven Anstieg der religiös motivierten Gewalt. (...) Altkanzler Schmidt war es, der im Jahr 2004 feststellte: ›Es war ein Fehler, daß wir zu Beginn der 60er Jahre Gastarbeiter aus fremden Kulturen ins Land holten.‹ (...) dass die schweigende Mehrheit resignierend zu Hause sitzt, in unseren Schulen die eigenen Kinder als ›Schweinefleischfresser‹ beschimpft werden, dass unsere Töchter den gierigen Blicken ganzer Zuwandererhorden ausgesetzt sind, weil diese keinerlei Verständnis für die Rolle der Frau in unserer Gesellschaft haben. Und es ist unsere Pflicht und Schuldigkeit unserem Land, unserem Europa und unserer abendländischen Kultur wieder ein Stück seiner Würde zurückgeben.«

Strache war jahrelang der politische Schüler Jörg Haiders. Seine extrem rechte Einstellung zeigte sich im Laufe seiner politischen Karriere sehr häufig. Im Jahre 1990 nahm Strache an einer Veranstaltung der Deutschen Volksunion (DVU) in der Nibelungenhalle in Passau teil. Dabei wurde ihm eine Schreckschusspistole, die er mit sich führte, von der Polizei abgenommen. Als eine Ausstellung türkischer Künstler in der Kunsthalle Wien gezeigt und deshalb die Frontseite des Museums mit türkischen Fahnen geschmückt wurde, kreierte er den Wahlslogan: »Wien darf nicht Istanbul werden«.[322] Im September 2005 waren Anzeigen und Plakate der FPÖ im Wahlkampf zur Nationalratswahl 2006, der von Strache mitorganisiert wurde, zu sehen, die Aussagen wie »Deutsch statt nix versteh'n«, »Daham statt Islam«, »Herr im eigenen Haus bleiben« und »Pummerin statt Muezzin« enthielten. Schwule und Lesben waren ebenfalls Gegenstand dieser Hetzkampagne: »Für die Ärmsten der Armen und nicht die

---

322 FPÖ Wien: Strache: »KanakAttack« – Wien darf nicht Istanbul werden. 28. Februar 2005

Wärmsten der Warmen«.[323] Mit islamfeindlichen Aussagen sorgte Strache für sozialen Sprengstoff innerhalb der österreichischen Gesellschaft. In Anlehnung an Huntington sah er einen »Kampf der Kulturen«, zwischen »dem Islam« und den christlichen Ländern Westeuropas. Den Islam bezeichnete er als totalitäres Rechts- und Gesellschaftssystem, der Islamismus sei der »Faschismus des 21. Jahrhunderts«. Unter Moslems wäre der »Rassismus« gegen Christen und die »europäische Kultur« stark ausgeprägt. Der Islam habe die Aufklärung nicht mitgemacht und versuche, die Scharia in jedem Land der Erde zu etablieren. Strache forderte ein Bauverbot für Minarette, stärkere Anstrengungen gegen die »drohende Islamisierung« und Deutsch als Pflichtsprache für Predigten in Moscheen.[324] Um die Erweiterung der Autonomierechte Südtirols anzuschieben, initiierte Strache im Jahre 2007 die revisionistische Kampagne »Freiheit für Südtirol". Im Januar 2007 gelangten Bilder aus einem vermutlich Ende der 1980er-Jahre gedrehtem Video in die Medien, die Strache bei paramilitärischen Übungen in Uniform zeigen.[325] Die Verbindung zu militant rechtsextremistischen Kreisen stritt Strache jedoch ab. Ende Januar wurde in einer Zeitung ein Bild von Strache, auf dem dieser den so genannten Kühnen-Gruß zeigte.[326] Am 23. August 2007 musste Strache im Rahmen einer Gerichtsverhandlung einräumen, zu der im Jahre 1994 verbotenen Jugendorganisation Wiking-Jugend (WJ) Kontakt gehabt zu haben.

Der »Höhepunkt« des Kongresses war die gemeinsame Verabschiedung der »Kölner Erklärung«:[327] »Die gesamte so genannte Integrationspolitik der verbrauchten politischen Klasse ist gescheitert. Ihr Ergebnis ist die Anwesenheit von Millionen Migranten aus einer völlig anderen Kultur: viele von ihnen ohne jede berufliche Qualifikation bzw. Perspektive und nur bedingt integrationsfähig und –willig. Zudem belastet der Familiennachzug unsere Sozialkassen mit Milliardenbeiträgen. Die Zahl der Muslime in ganz Westeuropa nimmt darüber hinaus ständig zu. In unseren Großstädten gedeihen immer größer werdende Enklaven in Gestalt von muslimischen Parallelgesellschaften. (…) Islamistische Aggressivität wird jedoch von der politischen Klasse sowie den Blockwarten der political correctness mit Toleranz und naiven Dialogversuchen beantwortet. (…) Wir bekennen uns darüber hinaus selbstverständlich zur Religionsfreiheit für Muslime. Jedoch erwarten wir von den muslimischen Migranten ein glaubwür-

---

323 Der Standard vom 28.2.2005 »Wien darf nicht Istanbul werden«

324 Freiheitlicher Parlamentsklub – FPÖ: Strache: Islamismus ist der Faschismus des 21. Jahrhunderts. Wien 2007

325 ORF vom Januar 2007: »In falschen Kontext gestellt«

326 Österreich vom 26.1.2007: Erstes Foto von FPÖ-Chef Strache mit Neo-Nazi-Gruß

327 www.pro-nrw.org/content/view/700/225

diges Bekenntnis zur Gewaltfreiheit, zum Wertekanon unseres Grundgesetzes, zur mitteleuropäischen Leitkultur sowie zur Gleichberechtigung von Mann und Frau. Wir sagen zudem entschieden NEIN zur weiteren Islamisierung und Großbaumoscheebauten. (…) Großmoscheen einschließlich Minaretten sind für uns Symbole einer regelrechten kulturellen Landnahme eines immer aggressiver werdenden Islams. (…) Dabei ist bekannt, dass diese so genannten repräsentativen Großmoscheen ein politisches Symbol darstellen, um Macht zu demonstrieren und um zu zeigen, dass der Islam Einzug in Mitteleuropa gehalten hat. In denselben Moscheen treiben teilweise so genannte Hassprediger ihr Unwesen und radikalisieren die Gläubigen. Mitnichten dienen diese Moscheen der Integration der Muslime; im Gegenteil, sie fördern die Entstehung und den Ausbau gefährlicher Parallelgesellschaften, in denen nicht nur unser Grundgesetz und unsere Gesetze, sondern ausschließlich der Koran und die Scharia gelten. (…) Es gilt daher, den gefährlichen Islamisten den Nährboden zu entziehen und jeden Großmoscheebau zu unterbinden. Wir sagen Nein zum geplanten Großmoscheebau in Köln-Ehrenfeld. Das Wahrzeichen von Köln muss der Dom bleiben. Bei aller Höflichkeit gegenüber den Migranten muss doch deutlich gesagt werden: Der Islam darf in Europa nicht zur neuen Leitkultur werden.

(…) Wir fordern daher ganz konkret:
- generell keine Neubauten von Moscheen in Wohngebieten,
- keine Umnutzung von bereits bestehenden Gebäuden zu Islamzentren und Moscheen in Wohngebieten,
- muslimische Gebetsräume sollen baurechtlich nur in Außenbezirken zugelassen werden und darüber hinaus intensiv von unseren Sicherheitsbehörden überwacht werden,
- (…) islamistischen Feinden unserer Demokratie darf null Toleranz entgegengebracht werden.«

Am Rande der Absperrungen zum Heumarkt kam es gegen Mittag zu Zusammenstößen von ca. 200 militanten GegendemonstrantInnen mit der Polizei. Schließlich untersagte Kölns Polizeipräsident Klaus Steffenhagen die Kundgebung, da die Sicherheit der Kölner BürgerInnen und der friedlichen DemonstrantInnen nicht mehr gewährleistet sei.

Nach dem Verbot der Kundgebung kesselte die Polizei nach Auflösung der Blockaden unter dem Vorwand, es sei zu Ausschreitungen gekommen, mehrere Hundert DemonstrantInnen ein, um sie zu einer Gefangensammelstelle nach Brühl zu transportieren. Unter den Festgenommenen befanden sich auch

Kinder und Jugendliche, die erst Stunden später die Sammelstelle verlassen durften.[328]

In linken Medien wurde der Abbruch des »Anti-Islamisierungskongresses« als Erfolg gefeiert:[329] »Die (...) Verhinderung des von der extrem rechten und rassistischen Partei Pro Köln und ihren braunen politischen Freunden aus dem In- und Ausland organisierten und großmäulig als europäischer ›Anti-Islamisierungskongress‹ bezeichneten Treffens durch ein breites antifaschistisches Bündnis war ein großer Erfolg für alle Demokrat(inn)en weit über Köln und das Rheinland hinaus. Entscheidend für diesen Sieg ist die Tatsache, dass es gelungen ist, weit vor dem 20.9. ein Klima der Ablehnung der rechten Zusammenrottung zu erzeugen, dass weit in die politische Mitte reichte.«

In den bürgerlichen Zeitungen wurden die Ereignisse des Kongresses ambivalent beurteilt. Die Rheinische Post (RP) kritisierte die Aushöhlung der Meinungs- und Versammlungsfreiheit, das militante Auftreten linksextremer »Jagdkommandos« und den daraus entstehenden Märtyrerstatus von Pro Köln. Es wurde angemahnt, dass Pro Köln die Entscheidung der Polizei, den Kongress zu verbieten, auf dem Rechtswege anfechte und damit Erfolg haben könnte.[330] Die Süddeutsche Zeitung schrieb:[331] »Zwar war der Anti-Islam-Kongress schneller vorbei, als es die Pro-Köln-Funktionäre gehofft hatten. Dennoch war es für sie ein Erfolg. Immerhin kennt jetzt ganz Europa die kruden Ansichten der Vereinigung.«

Die Leipziger Volkszeitung gab zu bedenken:[332] »Viva Chaos-Colonia: Für ein kritisches Nachdenken über ein religiöses Miteinander ohne Vorurteile, Hassprediger und steingewordene Machtbeweise war da kein Platz mehr.«

Von rechtskonservativer Seite wurden die »Niederlage« des Rechtsstaates und das militante Auftreten eines verschwindend kleinen Teils der antifaschistischen Demonstranten angeprangert. Henryk M. Broder sah eine »totale Kapitulation des Rechtsstaates« und verglich die antifaschistischen GegendemonstrantInnen in ungeheuerlicher Weise mit der SA:[333] »Das Demonstrationsrecht hängt nicht davon ab, ob man mit den Demonstranten Sympathie hat oder nicht. Das ist ein Grundrecht. (...) Die so genannte Antifa, die auf der Straße in der Überzahl war und sich gebärdete wie früher die SA, erzwang von der Polizei die Aufgabe des Schutzes der Rechtspopulisten. (...) Hier in Köln hat sich der Staat der Macht der Straße gebeugt.« Weiter zeigte er unverhohlene Sympathie für die Teilneh-

---

328 Antifaschistische Nachrichten , Nr. 20 vom 9.10.2008, S. 10
329 Ebd.
330 Rheinische Post vom 22.9.2008
331 Süddeutsche Zeitung vom 22.9.2008
332 Leipziger Volkszeitung vom 22.9.2008
333 Die Welt vom 18.11.2008

mer des »Anti-Islamisierungskongresses«:[334] »Ich mag das Wort Generalverdacht nicht, aber ich habe für die Ängste vieler Anwohner wirklich Verständnis. (...) Da stimmt doch was nicht, wenn in Berlin Hisbollah-Anhänger eine Demonstration machen können, bei der anschließend das Verwaltungsgericht erlaubt, Bilder von Nasrallah zeigen zu dürfen, einem Mörder. Und hier in Köln können sich Islamisierungsgegner nicht einmal unter freiem Himmel versammeln. Da wird mit ungleichem Maß gemessen.«

Viele der in den letzten Jahren von Broder veröffentlichten Beiträge beschäftigten sich mit den Themenbereichen Islamismus und Terrorismus sowie der seiner Ansicht nach unzureichenden kritischen Auseinandersetzung mit diesen Phänomenen in Teilen der europäischen Gesellschaft und Medien. Broder kritisierte aber auch generell die Haltung von »1,5 Milliarden Moslems in aller Welt, die chronisch zum Beleidigtsein und unvorhersehbaren Reaktionen neigen.«[335] Broder sprach im Zusammenhang mit dem seiner Meinung nach zu nachsichtigen Umgang mit islamischen ImmigrantInnen in Deutschland von »Inländerfeindlichkeit«: Ein neues Phänomen sei, »dass ein Teil der Migranten die Gesellschaft verachtet, in die er gekommen ist.«[336]

CSU-Bundestagsabgeordneter Hans-Peter Uhl bemerkte zu den Ereignissen in Köln:[337] »(...) skandalöse Niederlage des Rechtsstaates, wenn die Gewalt eines pöbelnden Haufens darüber entscheidet, wer wann und wo sich versammeln darf. (...) rechtswidrig herbeigeführtes Ergebnis. In Bayern wäre es undenkbar, dass die Polizei zurückweicht vor der Gewalt von (Gegen-)Demonstranten.«

Hans Peter Uhl ist schon in der Vergangenheit durch nationalistische und revisionistische Äußerungen in Erscheinung getreten. Unter dem Titel »Es gab auch deutsche Zwangsarbeiter« sprach sich Uhl in der rechten Zeitschrift »Epoche« gegen eine »geteilte Erinnerung« aus. Es dürfe zu keiner »ewigen Stigmatisierung der Deutschen« kommen. Im Zuge des im Juli 2000 von Bundestag und Bundesrat verabschiedeten Gesetzes zur Entschädigung jüdischer ZwangsarbeiterInnen forderte Uhl, gleichsam auch die deutschen Opfer zu entschädigen. Eine wahre Aussöhnung gebiete, die verschleppten Deutschen ebenso wie die jüdischen Opfer zu berücksichtigen:[338] »Wenn wir an die Opfer der Nazi-Herrschaft erinnern, sollten wir auch jener unschuldigen Deutschen

---

334 Ebd.
335 Broder, H.M.: »Hurra, wir kapitulieren!« Von der Lust am Einknicken. Berlin 2006, S. 13
336 Die Welt 11. Februar 2007
337 www.pspd.de/component/option,com_alphacontent/sort,1/Itemid,114/limit,10/limitstart,1320
338 www.konservativ.de/epoche/145/epo145d.htm

gedenken, denen als Zwangsarbeiter schweres Leid und grausamste Behandlung widerfahren sind.«

Der Bonner Staatsrechtler Josef Isensee, der in seinem Denken nachhaltig von Carl Schmitt beeinflusst worden war, nannte die polizeilich angeordnete Auflösung der Versammlung »eine Blamage des Rechtstaates«. Es habe sich um eine Kapitulation der Polizei vor der Gewalttätigkeit von »Linksautonomen« gehandelt.[339] Isensee wandte sich im Jahre 1999 gegen Einführung der doppelten Staatsangehörigkeit. Er bewertete sie als »Staatsstreich des Parlaments«, da die »Staatsangehörigkeit in ihren wesentlichen Strukturen (...) nur durch Verfassungsänderung aufgehoben und wesentlich umstrukturiert werden« könne.[340]

Bundesinnenminister Wolfgang Schäuble äußerte seine Bedenken im Zusammenhang mit dem Verbot des Kongresses durch die Kölner Polizeiführung. Schäuble äußerte bei einer CDU-Veranstaltung in Freiburg:[341] »Als Jurist habe ich Zweifel, ob es klug war, die Demonstration zu verbieten«

Pro Köln behauptete, dass es nach dem Verbot der Versammlung Tausende zustimmende E-Mails und Telefonanrufe mit Sympathiekundgebungen gab. Die Partei reklamierte mit viel Pathos den Opferstatus:[342] »Der 20. September wird in der Tat als Fanal in die Stadtgeschichte eingehen. (...) Dieser Tag wird vielmehr für das Versagen des Rechtsstaates, für eine Niederlage von Demokratie und Meinungsfreiheit stehen.«

Die Blockade der Zugänge zum Neumarkt durch die antifaschistischen GegendemonstrantInnen bezeichnete Pro Köln als »SA-Kontrollpunkte«[343]. »(...) Nur Personen mit Presseausweis durften diese ›zeitgenössischen SA-Kontrollpunkte‹ passieren, alle anderen wurden unter wüsten Beschimpfungen, Schlägen und Tritten am Weitergehen gehindert.« Die Demonstranten sollen Teilnehmer des Kongresses angegriffen und verletzt haben:[344] »Bilanz dieses Wochenendes sind demnach nicht nur ein halbes Dutzend Verletzte Polizisten, sondern auch unzählige Verletzte auf Seiten der Kongressbesucher.«

Pro Köln hob hervor, dass die Auflösung des Kongresses durch die Polizei ein »Willkürakt« war:[345] »Die Führung der Kölner Polizei hat heute ihre Beamten in einer Auseinandersetzung mit gewaltbereiten Linksextremisten regelrecht verheizt und schließlich vor den roten Gewalttätern kapituliert. (...) dieser Willkürakt. Die Polizeiführung rief schließlich den ›polizeilichen Notstand‹ aus

---

339 www.pro-koeln-online.de/artikel6/stimmung.htm
340 Die Welt vom 6.1.1999
341 www.pro-koeln-online.de/artikel6/schaeuble.htm
342 www.pro-koeln-online.de/artikel08/260908_wolter.htm
343 www.pro-koeln-online.de/artikel08/210908_verlauf.htm
344 Ebd.
345 www.pro-koeln-online.de/artikel6/libertas.htm

und verabschiedete sich damit von ihrem gesetzlichen Auftrag, die Versammlungsfreiheit sicherzustellen. (...) Die ›Notstands‹-Erklärung der Polizeiführung erfolgte willkürlich und rechtswidrig. Die Kölner Polizei ging nach eigenen Veröffentlichungen im Vorfeld des Kongresses davon aus, dass am 20.9 40.000 Gegendemonstranten in Köln erscheinen würden. Diese Zahl wurde bei weitem nicht erreicht. Die Polizei weiß genau, dass zwischen einem Drittel und einem Viertel der Gegner rechtsgerichteter politischer Aktivitäten gewaltbereit ist. Sie musste also von der Anwesenheit von mehr als 10.000 gewaltbereiten Linksextremisten ausgehen und sich auf deren Abwehr entsprechend vorbereiten. Das hat sie offensichtlich nicht getan. (...) Die Polizei hätte mit Wasserwerfern eine Gasse bilden können, um den pro Köln-Anhängern den Zugang zum Heumarkt zu ermöglichen.«

Markus Beisicht stellte die realitätsfremde Behauptung auf, dass der Abbruch des Kongresses durch die Polizei gewollt und forciert wurde:[346] »Der Rechtsstaat hat sich an diesem Wochenende in Köln verabschiedet. In jedem anderen zivilisierten Land würden Herr Steffenhagen und der verantwortliche Polizeieinsatzleiter Michael Timme keine 48 Stunden mehr im Amt bleiben. Doch in Köln scheint das polizeiliche Totalversagen politisch durchaus erwünscht gewesen zu sein. (...) es offenbar zu mehreren Fällen von unterlassener Hilfeleistung durch örtliche Polizeiführer kam. (...) Abschließend kann ich nur sagen, daß praktisch keine der vereinbarten Zusagen des Kölner Polizeipräsidiums eingehalten worden ist. Vielmehr drängt sich der persönliche Eindruck auf, daß hier im Zusammenspiel zwischen Politik, Medien, Polizeiführung und linken Gewalttätern ein Exempel statuiert werden sollte.«

Pro Köln verfolgte die Absicht, beim zuständigen Verwaltungsgericht die Rechtswidrigkeit der polizeilichen Notstandserklärung feststellen zu lassen und dann in Absprache mit den befreundeten rechten Parteien aus dem Ausland einen Termin für eine Neuauflage des »Anti-Islamisierungskongresses« zu vereinbaren. Beisicht führte aus[347]: »Es gilt, Demokratie und Rechtsstaat nicht nur gegen die Islamisten, sondern auch gegen gewaltbereite Linksextremisten und eine fachlich überforderte Kölner Polizeiführung durchzusetzen!«

FPÖ-Generalsekretär Harald Vilimsky forderte aufgrund des »skandalösen Verhaltens von Oberbürgermeister Schramma sowie Polizeipräsident Steffenhagen« eine scharfe Protestnote des österreichischen Außenministeriums:[348] »Österreichische Abgeordnete werden mit faustgroßen Steinen beworfen und die Kölner Polizei schaut dabei tatenlos zu! (...) Dies muss und wird ein diplomatisches Nachspiel haben und ist ein trauriger Indikator, wie schlimm es

---

346 www.pro-koeln-online.de/artikel08/220908_polizei.htm
347 www.pro-koeln-online.de/artikel6/libertas.htm
348 www.pro-koeln-online.de/artikel08/220908_skandal.htm

offenbar um die Demokratie in der Bundesrepublik Deutschland schon bestellt ist. Auch der deutsche Botschafter in Wien ist jetzt dringend gefordert, hier klar und deutlich Stellung zu beziehen. Solch ein Verhalten ist einem europäischen Staat unwürdig und schreit nach Konsequenzen.«

Markus Beisicht, zeigte Kölns Oberbürgermeister Fritz Schramma wegen Beleidigung an. Die »üblen Entgleisungen« bei Schrammas Rede auf dem Roncalliplatz seien nicht hinnehmbar:[349] »Seine Äußerungen stellen in toto einenrechtswidrigen Angriff auf die Ehre von politisch Andersdenkenden dar. (…) Inakzeptabel wird es jedoch wenn die Kongressteilnehmer in menschenverachtender Weise beleidigt werden.«

Am 26.9.2008 wurde im Rat der Stadt Köln eine »Aktuelle Stunde« aufgrund der Vorkommnisse beim »Anti-Islamisierungskongress« einberufen. Als Oberbürgermeister Schramma von einem »Sieg der Demokratie« und »Zivilcourage« sprach, entgegnete Judith Wolter:[350] »Wer also die Minderheitenrechte, z.B. der Bürgerbewegung pro Köln beschneidet, greift den demokratischen Rechtsstaat an und stellt sich außerhalb der Verfassung. (…) wenn sich Stadtspitze, Polizeiführung und Monopolpresse gemeinsam mit linken Gewalttätern gegen eine relativ kleine politische Gruppierung stellen und diese an der Ausübung ihrer Grundrechte hindern. (…) Nur die Kriminellen (…) haben dafür gesorgt, dass der Anti-Islamisierungskongress nicht stattfinden konnte. (…) Durch ihre Freude über das Verbot drücken Sie daher nichts anderes aus als Ihre Zustimmung zur Gewalt. (…) Was wollen Sie tun, wenn die linke SA demnächst beschließt, dass eine CDU-Veranstaltung nicht stattfinden darf?«

Der »Anti-Islamisierungskongress« 2009

Nach dem Desaster des groß angekündigten »Anti-Islamisierungskongresses« 2008 warb Pro Köln für eine Wiederholung am 9. und 10. Mai. Im Rahmen eines Gesprächs zwischen Pro Köln, Pro NRW, Vlaams Belang und MdB Henry Nitzsche sei vereinbart worden, dass am Samstag, den 9. Mai, eine große öffentliche Hauptkundgebung auf dem Roncalliplatz direkt vor dem Kölner Dom stattfinden würde.

Markus Beisicht erklärte die Gründe zur Wiederholung des »Anti-Islamisierungskongress«:[351] »Wir protestieren mit der Neuauflage nicht nur gegen die Kölner Großmoschee und die schleichende Islamisierung, sondern auch für

---

349 www.pro-koeln-online.de/artikel08/220908_ob.htm
350 www.pro-koeln-online.de/artikel08/260908_wolter.htm
351 www.pro-koeln-online.de/artikel108/171208_int.htm

Meinungs- und Versammlungsfreiheit. Es muss durchgesetzt werden, dass im Herzen von Köln eine islamkritische Veranstaltung mit Spitzenpolitikern von diversen europäischen rechtspopulistischen Parteien durchgeführt werden kann. Vier Wochen vor der Kommunalwahl werden wir damit Köln Demokratie- und Rechtsstaatlichkeit zurückbringen und auch für die ganze Öffentlichkeit die Fronten klären. Auf der einen Seite steht eine illustre Koalition aus etablierter Politik und gewalttätigen Linksextremisten gegen die Meinungs- und Versammlungsfreiheit. Auf der anderen Seite steht pro Köln als Verteidiger der deutschen Leitkultur und insbesondere der Grundrechte auf Meinungs- und Versammlungsfreiheit.«

Es ist anzunehmen, dass die Blamage des »Anti-Islamisierungskongresses« im Jahr 2008 im Hinblick auf das Ansehen Pro Kölns innerhalb des extrem rechten Spektrums Europas getilgt werden und zugleich Öffentlichkeitsarbeit für die anstehenden Kommunalwahlen 2009 betrieben werden sollte.

Die Ankündigung der Pro-Bewegung, den »Anti-Islamisierungskongress« auf dem Kölner Roncalliplatz abzuhalten, erwies sich als haltlos. Der Kongress fand auf dem Barmer Platz in Köln statt, weit abgelegen vom geplanten Veranstaltungsort. Die Vorhersage von ca. 2.000 TeilnehmerInnen entpuppte sich ebenfalls als Hirngespinst; lediglich 200-300 Menschen waren bei der Kundgebung anwesend. Mehrere Tausend Menschen folgten dem Aufruf des »Bündnis gegen pro Köln/pro NRW« und protestierten friedlich gegen den Kongress. Aus dem gesamten Bundesgebiet wurden ca. 5.000 PolizistInnen herangezogen, um den »Schutz« der Veranstaltung zu gewährleisten. Nach einigen Redebeiträgen wurde die Kundgebung nach drei Stunden früher als geplant von den Veranstaltern abgebrochen.[352]

Die Pro-Bewegung feierte in Ausblendung der tatsächlichen Ereignisse den »Anti-Islamisierungskongress« als Erfolg. Markus Beisicht erklärte zum Ablauf der Veranstaltung:[353] »Ich bin erleichtert und zufrieden, daß wir im zweiten Anlauf zu einem sensationellen Erfolg für Demokratie und Meinungsfreiheit gelangt sind. Nach den skandalösen Vorfällen am 20. September 2008 konnten sich diesmal rund 1.000 islamkritische Bürger und Politiker aus ganz Europa versammeln, um das Thema Islamisierung und Überfremdung medienwirksam auf die Tagesordnung zu setzen. Erleichtert bin ich vor allem auch darüber, daß es diesmal keine verletzten Bürger gegeben hat und die gewaltbereiten Linksextremisten von der Polizei in die Schranken verwiesen worden sind.« Er sprach sich für die Fortsetzung des Kongresse im Jahre 2010 aus:[354] »Um letz-

---

352 www.antifaschistische-nachrichten.de/2009/10/1antiislamisierungskongress1.shtml
353 www.pro-koeln-online.de/artikel0ß/140509_beisicht.htm
354 Ebd.

teres vorweg zu nehmen: Solange die schleichende Islamisierung Europas droht und niemand etwas dagegen unternimmt, solange in Köln eine Großmoschee gegen den erklärten Mehrheitswillen der Bevölkerung durchgesetzt werden soll, solange wird es auch jedes Jahr einen neuen Anti-Islamisierungskongreß in Köln geben! Dieses Versprechen dürfen sich die Verantwortlichen in der etablierten Politik hinter die Ohren schreiben. Und noch eines verspreche ich diesen Damen und Herren: Wir werden jedes Jahr noch mehr werden, bis unsere Forderungen endlich umgesetzt werden!«

Ehemalige MitgliederInnen über das Innenleben der Pro-Bewegung

Die Pro-Bewegung ist im Jahre 2009 mit Austritten aus den eigenen Reihen konfrontiert worden. Ehemalige MitgliederInnen berichteten pikante Details über das Innenleben der Partei. Diese Berichte, die der Öffentlichkeit auf verschiedenen Wegen zugänglich gemacht wurden, sind von Gedanken der Rache und der persönlichen Enttäuschung geprägt und daher mit großer Vorsicht zu behandeln. Trotzdem sind einige Aussagen interessant, z. B. der Vorwurf von Eigeninteressen, Machtkämpfen innerhalb der Partei um Posten und Ansehen, was den Wahlkampfversprechen von Pro Köln und Pro NRW, die Beseitigung von Korruption und Ämterpatronage in Köln und NRW voranzutreiben, diametral widerspricht.

Ende Mai 2009 beendete Rene Emmerich seine Mitgliedschaft bei Pro NRW und seine Tätigkeit als »Jugendbeauftragter Rheinland.« Emmerich kündigte zudem an, sich den neonazistischen »Freien Kräften Köln« anzuschließen, wo er seine politischen Ziele besser vertreten sieht:[355] »Nach mehr als reiflicher Überlegung bin ich zu dem Entschluss gekommen, dass eine Zusammenarbeit keinen weiteren Sinn mehr ergibt und dem von mir verfolgten Ziel einer Veränderung der politischen Landschaft zum Wohle des Deutschen Volkes massiv abträglich wäre.« Seinen Austritt begründet er mit mehreren Argumenten. Als ersten Grund spricht er davon, dass die »Pro-Vereine mehr und mehr zu einer weiteren CDU verkommen« würden. An den zwei »Anti-Islamisierungskongressen« in den Jahren 2008 und 2009 zeige sich deutlich die »Erfolgs- und Hilflosigkeit, die Verlogenheit und Halbherzigkeit« der Pro-Bewegung. Die Angabe der Pro-Bewegung, dass ca. 1.000 TeilnehmerInnen am Kongress 2009 teilgenommen haben, wird ad absurdum geführt. Emmerich spricht von »nicht

---

355 de.altermedia.info/.../austritt-«pro-koeln«-verliert-jugendbeauftragren-270509_29003.html (Rechtschreibfehler werden übernommen)

einmal 300 Teilnehmer«, von denen der Großteil aus dem Ausland angereist war. Interessierte Kölner »Bürger« waren nicht gekommen, die Veranstaltung war ein Treffen von extrem rechten Vertretern aus der BRD und dem europäischen Ausland. Er bezeichnete den Kongress 2009 als »Blamage« und warf der Pro-Bewegung vor, daraus einen »grandiosen Erfolg« zu machen:[356] »Aber so geht das ja schon seit einer kleinen Ewigkeit, wie nicht nur mir als internen Kenner Eurer politischen ›Arbeit‹ bekannt ist. Ständig werden völlig absurde Teilnehmerzahlen und sonstige Erfolge von Euch herbei gelogen (…) Auch der normale Bürger kann die mehr als offensichtlichen Lügen und Luftschlösser aus Eurer Propaganda-Mottenkiste mittlerweile mit Leichtigkeit durchschauen.«

Auf dem Kongress 2009 war ein Teilnehmer mit dem Spruch »Eure Galgen werden schon gezimmert« auf seinem T-Shirt zu sehen. Pro Köln reklamierte, dies sei ein »linker Störer« und kein Teilnehmer des Kongresses. Emmerich klärte nun auf:[357] »Aber dieser vermeintliche ›Störer‹ und andere anwesende Nationalisten haben lauthals und mit verbaler Unterstützung von anderen Kongreß-Teilnehmern einem wirklichen linken Störer gegenüber gerufen: ›Geh doch nach Hause.‹« Emmerich stellte die Pro-Bewegung als Lügner dar, die bewusst die Wahrheit verfälschen würden:[358] »Was denkt sich wohl ein Teilnehmer einer Eurer Veranstaltungen, wenn er selbst gesehen hat, dass nur z.B. 30 Personen auf einer Kundgebung anwesend waren, Ihr aber einen Tag später auf euer Weltnetzseite verkündet es waren 100 oder 200? Oder ein Unterschriftensammler, der weiß, das nur 10 oder 20 Unterschriften für den Antritt zur Wahl gesammelt worden sind, in Euren Pressemeldungen aber lesen muß, es wären bereits 500 gesammelt?«

Anfang Juli trat ebenfalls das ehemalige Pro NRW-Vorstandsmitglied sowie geschäftsführendes Vorstandsmitglied im Bezirksverband Rheinland, Uwe Berger, der auch als Netzwerkadministrator fungierte, aus der Partei aus. Sein »Erfahrungsbericht« über seine Zeit bei Pro NRW »soll ein warnender Hinweis sein für alle, die ernsthaft über einen Beitritt nachdenken und er soll aufklären über das, was eben nicht in einer demokratischen Partei passieren sollte.«[359] Über die »Bürgerbewegung Pro NRW«, die sich als »Anwalt des Volkes« versteht und gegen Klüngel und Korruption zu Felde zieht, äußerte sich Berger folgendermaßen:[360] »Alles ist ausgerichtet auf wechselseitige Denunzierung, Kampf um Pöstchen, Ämter, Einfluss und Macht.« Innerparteiliche Demokratie scheint bei

---

356 Ebd.
357 Ebd.
358 Ebd.
359 http://gesamtrechts.wordpress.com/2009/07/07/nach-austritt-das-sagt-pro-nrw-aussteiger-uwe-berger/ (Rechtschreibfehler werden übernommen)
360 Ebd.

Pro NRW ein Fremdwort zu sein. Ein »Drei-Köpfe-Rat« soll die Standpunkte vorgeben, denen sich alle Mitglieder zu beugen haben: »(...) die oberste Parteiführung, die aus drei Personen besteht, die letztlich sämtliche Entscheidungen treffen, während die übrigen Vorstandsmitglieder lediglich ›Stimmvieh‹ sind, die keine relevante Bedeutung haben.« Welche Personen zu diesem »Rat« gehören und wer bei diesen Entscheidungen nicht berücksichtigt wird, bleibt unklar, Namen nannte Berger nicht. Dieser Mangel an demokratischen Spielregeln soll folgenden Grund haben:[361] »Offizielle Begründung hierfür übrigens und da zitiere ich den Parteivorsitzenden; die meisten Vorstandsmitglieder seien nicht in der Lage, schwerwiegende Entscheidungen zu treffen, da müsse man verstehen, dass Entscheidungen in einem kleineren Gremium fallen.« Er verglich die Situation bei Pro NRW mit dem hierarchischen Aufbau innerhalb der DVU:[362] »Das ist DVU pur! Ein Dr. Frey dort und alle anderen haben das zu machen, zu denken und zu sagen, was der sagt, macht und denkt.«

Laut Berger bemühe sich die Partei, das Bild einer »großen Familie« abzugeben mit Berichten und Bildern, die das anschaulich dokumentieren. Dieses habe jedoch nichts mit der Realität zu tun:[363] »Leistung zählt dort eben nicht sondern einzig die Fähigkeiten, gewissenlos über Parteikollegen herzuziehen, sie anzuschwärzen, vor die Wand zu fahren, gegeneinander auszuspielen, mit Unwahrheiten zu diskreditieren, neue Leute mit immer neuen Versprechen zu Höchstleistungen zu motivieren, die letztlich nur einigen wenigen zugute kommen,« Die Aufnahme von neuen Mitgliedern aus anderen extrem rechten Parteien soll die Partei radikalisiert haben. Die verbale Abgrenzung zur NPD, DVU und anderen rechten Kleinparteien sei nur Heuchelei gewesen:[364] »Meine Devise und die einiger Parteikollegen war die, nach Leuten zu suchen und in die Partei einzubinden, die auch in der Lage sind, mehr als drei zusammenhängende Sätze von sich zu geben, die die politische Großwetterlage verstehen, nachvollziehen, Fehler erkennen und Lösungsansätze entwickeln können. Solche Leute finden sich nicht wie Sand am Meer und schon bald regten sich in diesen Kreisverbänden die ersten Stimmen – unter anderem auch in meinem Kreisverband Düsseldorf-Mettmann – man möge doch auch mit freien respektive schlagenden Studentenverbindungen, der NPD, DVU und anderen weit rechtsaußen stehenden Parteien, Gruppen und Organisationen Gespräche führen, um die geforderten Ziele erreichen zu können.«

Ende August 2009 legte Marylin Anderegg, die bislang als Jugendbeauftragte von Pro NRW, Beisitzerin im Vorstand von Pro Köln und Vorsitzende einer

---

361 Ebd.
362 Ebd.
363 Ebd.
364 Ebd.

»Anwohnerinitiative« gegen den Bau der Ehrenfelder Moschee fungierte, ihre Ämter nieder und erklärte ihren Austritt aus der Pro-Bewegung. Weiterhin kündigte sie an, ihre Initiative gegen den Bau der Moschee wieder reaktivieren zu wollen und deshalb Gespräche mit den neonazistischen »Freien Kräften Köln« zu führen. Ein Grund für den Austritt liegt darin, dass sie sich beim Gerangel um Posten und Pfründe zurückgesetzt fühlte:[365] »Ich finde es unmöglich – und leider habe ich es erst am letzten Freitag erfahren –, dass es in der Zeit in der ich arbeiten musste, mehrere Vorstandssitzungen gegeben hat, von denen ich nichts, aber auch gar nichts wusste und das, obwohl ich gewähltes Vorstandsmitglied bin, schämt Euch! (…) Mir habt Ihr drei Jahre lang erzählt ich solle nach der Wahl Eure Büro Tippse ersetzen, aber ich weiß ja jetzt wer das macht! Sogar mit Festeinstellung! Es kotzt mich an, immer wenn Ihr ›andere‹ habt, sind Eure Leute die immer da und fleißig waren abgeschrieben, nach dem Motto ›neue Besen kehren gut‹. Ist das der Dank dafür, dass ich mit meiner Familie den Kopf hingehalten habe im Bürgerbegehren?«

Sie sei mit leeren Versprechen auf kommenden Funktionen geködert worden; besonders Jörg Uckermann stand im Fokus ihrer Kritik:[366] »Aber so war es ja auch bei unserem Sonnenkönig von Ehrenfeld, der mir in Ehrenfeld einfach vor die Nase gesetzt wurde, ohne mit mir darüber zu reden und hinter meinem Rücken! Damit er zu Euch wechselt, habt Ihr ihm alles versprochen, ohne Rücksicht auf Verluste! Vorher habt Ihr mir vorgeheuchelt, Spitzenkandidatin zu sein.« Die innerparteiliche Kommunikation sei von Eifersüchteleien und Mobbing geprägt gewesen:[367] »Ich finde das ist eine ganz fiese Art, Menschen gegeneinander auszuspielen. Ist das Eure Vorstellung von Personalführung oder Mitgliederpflege? Bin die Lügerei und das gegeneinander ausspielen der Leute satt!«

---

365 ao-wipperfuehrt.blogspot.com/marylin-anderegg bei pro-koeln.html (Rechtschreibfehler werden übernommen)
366 Ebd.
367 Ebd.

Die »Bürgerbewegung Pro NRW« (Pro NRW)

Eckdaten von Pro NRW

MitgliederInnen von Pro Köln haben zusammen mit politisch Gleichgesinnten und kommunalen rechten MandatsträgerInnen die »Bürgerbewegung pro NRW« im Jahre 2007 ins Leben gerufen. Pro NRW sieht sich selbst als »nonkonforme Bürgerbewegung«, die als Gegenentwurf zu den »verbrauchten Altparteien von politisch engagierten Bürgern« gegründet worden ist.[368] Die Pro-Bewegung beansprucht für sich einen »freiheitlichen, demokratischen und rechtspopulistischen Politikansatz« und will »innerhalb des demokratischen Verfassungsbogens« politische Veränderungen durchsetzen. Das vorrangige Ziel war die Teilnahme an der Kommunalwahl 2009 außerhalb von Köln in zahlreichen Städten und Kreisen.

Am 6.2.2007 gründeten Funktionäre der »Bürgerbewegung pro Köln« mit überwiegend ehemaligen MitgliederInnen der »Republikaner« in Leverkusen den Verein »Bürgerbewegung Pro Nordrhein-Westfalen«, der der Koordinierung und Bündelung »nonkonformer Wählervereinigungen« unterstützen sollte. Der Leiter der Gründungsversammlung von Pro NRW war Björn Clemens aus Düsseldorf, der bis Dezember 2006 das Amt des stellvertretenden Bundesvorsitzenden der »Republikaner« bekleidete. Zum Gründungsvorsitzenden von Pro NRW wurde Markus Beisicht gewählt. Stellvertretende Vorsitzende wurden die Pro-Köln-Aktivistin Judith Wolter und Kevin Gareth Hauer, der bis 2006 den »Republikanern« im Gelsenkirchener Stadtrat angehörte. Daniel Mike Schöppe, der früher Mitglied der DLVH war, wurde zum »Organisationsleiter« von Pro NRW bestimmt.

Die Gründung von Pro NRW stellte sowohl eine Ausdehnung des Modells Pro Köln auf andere Städte in NRW als auch das Signal für einen Wahlantritt bei den Landtagswahlen 2010 dar. Der Vorsitzende Markus Beisicht stellte fest:[369] »Wir sind davon überzeugt, dass dieses Modell im Prinzip auf jede Stadt übertragen werden kann. (...) Konsequente Basisarbeit ist der Schlüssel zum Erfolg. Wir sprechen die Menschen direkt vor Ort auf Probleme an, die sie bedrücken und die von den etablierten Parteien ignoriert werden: Islamisierung, Überfremdung, Kriminalität und politischer Filz samt ausufernder Korruption in der

---

368 www.pro-nrw.org/content/view/297/38
369 Zitiert aus Peters, J./Sager, T./Häusler, A.: PRO NRW und PRO D-Entwicklung, Struktur und Methodik, in Häusler, Rechtspopulismus als »Bürgerbewegung«. Kampagnen gegen Islam und Moscheebau und kommunale Gegenstrategien, a.a.O., S. 72-87, hier S. 76

öffentlichen Verwaltung. Je unmittelbarer die Bürger dabei von Missständen betroffen sind, um so eher kann man sie auch mit nonkonformen, patriotischen Politikansätzen erreichen.«

Die »Bürgerbewegung pro NRW« führte im September 2007 ihren Gründungsparteitag in Bonn durch.[370] Unter der Versammlungsleitung eines Vertreters der rassistischen »Bürgerbewegung pro München« beschlossen die über 200 Delegierten aus ganz Nordrhein-Westfalen die Umwandlung zu einer landesweiten Regionalpartei, die die Beteiligung an den Kommunalwahlen 2009 und an der Landtagswahl 2010 anstrebte. Zum ersten Vorsitzenden wurde der Pro-Köln-Vorsitzende Markus Beisicht gewählt. Markus Wiener wurde zum Generalsekretär bestimmt. Als stellvertretende Vorsitzende gingen aus den Wahlen der Gelsenkirchener Kevin Gareth Hauer, Daniel Schöppe aus Dormagen, Manfred Rouhs und Dieter Danielzick aus Troisdorf hervor.[371] Zur Schatzmeisterin wurde die Pro-Köln-Fraktionsvorsitzende Judith Wolter gewählt, das Amt des Schriftführers bekam der Leverkusener Jörg Frischauf. Landesgeschäftsführer wurde Bernd M. Schöppe. Als Beisitzer setzten sich Stefanie Wohlfart aus Gelsenkirchen, der Dortmunder André Picker, der Duisburger Andreas Akwara, Armin Weyrich aus Radevormwald, die Gummersbacherin Jennifer Pasenow, Thomas Bendt aus Viersen, der Pro-Köln-Fraktionsvorsitzende in der Bezirksvertretung Chorweiler Martin Schöppe, Torsten Uhlenbrock aus Köln und der Essener Apotheker Henryk Dykier durch. Zum Präsidenten des Schiedsgerichtes wurde der Kölner Rechtsanwalt Volker Jung bestellt, und als Rechnungsprüfer fungieren Gabriele Beisicht sowie die Sprecherin der Ehrenfelder Anwohnerinitiative gegen die Großmoschee, Marylin Anderegg, die allerdings inzwischen aus der Pro Bewegung ausgetreten ist.

Diese personelle Zusammensetzung weist auf die Vorherrschaft der Funktionsträger von Pro Köln hin. In einem Interview betonte Markus Beisicht:[372] »Pro Köln kann als rechtspopulistisches Erfolgsmodell angesehen werden, das jetzt im ganzen Bundesland NRW Schule macht.« Vor allem durch den erweiterten Vorstand wurde versucht, die lokalen Neugründungen von Pro NRW in den innerparteilichen Prozess zu integrieren.«

Bis zur Landtagswahl 2010 wird der flächendeckende Aufbau von Strukturen in ganz NRW angestrebt. Die erste Neugründung war kurz nach der Konstituierung als Verein im Februar 2007 Pro Bottrop. In Gelsenkirchen ist Pro NRW nach dem Beitritt des ehemaligen Mitgliedes der »Republikaner« Kevin Gareth Hauer bereits im Stadtrat vertreten.

---

370 www.pro-nrw.org/content/view/77/24
371 Inzwischen wurden Rouhs und Danielzick durch Ronald Micklich und Jürgen Hintz ersetzt.
372 www.pro-nrw.org/content/view/297/38

Bis Ende 2008 weitete sich Pro NRW in verschiedenen Teilen von Nordrhein-Westfalen aus, der Schwerpunkt lag dabei im Rheinland. Jörg Uckermann wurde zum Vorsitzenden des neu gegründeten Bezirksverbandes Rheinland ernannt. Der Bezirksverband Rheinland bestand aus folgenden Kreisverbänden:[373] Aachen (Vorsitzender Bernd Seidel), Bonn (Vorsitzender Dieter Danielzick), Düsseldorf (Vorsitzender Uwe Berger), Köln (Vorsitzender Markus Beisicht), Leverkusen (Vorsitzende Susanne Kutzner), Mettmann (Vorsitzender Uwe Berger), Mönchengladbach (Vorsitzende Renate Willms), Rhein-Kreis Neuss (Vorsitzender Daniel Schöppe), Oberbergischer Kreis (Vorsitzender Udo Schäfer), Rhein-Erft-Kreis (Vorsitzender Jürgen Hintz), Rheinisch-Bergischer Kreis (Vorsitzender Christoph Heger), Rhein-Sieg-Kreis (Vorsitzender Dieter Danielzick), Remscheid (Vorsitzender Udo Schäfer), Solingen (Vorsitzender Roger Schwedes), Viersen (Vorsitzende Renate Willms), Wuppertal (Vorsitzender Ralph Markstein). Die Doppelbesetzungen bei manchen Kreisverbänden deutet auf eine dünne Personaldecke von Pro NRW hin.

Beim Bezirksverband Ruhrgebiet gibt es keinen Vorsitzenden, sondern nur den »Ansprechpartner« André Picker. Folgende Kreisverbände wurden dort gebildet:[374] Bochum (Vorsitzender Garry Hauer), Bottrop (Vorsitzender Josef Scholand), Duisburg (Vorsitzender Erich Christ), Ennepe (Vorsitzender Roger Schwedes), Essen (Vorsitzender Bernd Weyrich), Gelsenkirchen (Vorsitzender Garry Hauer), Herne (Vorsitzender Uwe Berger), Wesel (Vorsitzender Norman Verschitz). Über einen Kreisverband in Dortmund ist allerdings nichts bekannt. In Ostwestfalen und im Münsterland waren Kreisverbände nach eigenen Angaben noch im Aufbau; es existierten lediglich »Ansprechpartner«: Thomas Bongartz für Ostwestfalen[375] und Jürgen Ribaucourt für das Münsterland[376].

Die Analyse der lokalen Gründungen von Pro NRW zeigt, dass der Bezirksverband Rheinland aufgrund der geographischen Nähe zu Pro Köln die am stärksten entwickelte Niederlassung von Pro NRW ist. Je größer die Entfernung vom Rheinland ist, desto höher sind die Hürden zum Aufbau funktionierender Gründungen. Wie auch in der politischen Programmatik zu sehen ist, bildet das Ruhrgebiet einen besonderen Schwerpunkt von Pro NRW.

Um in Absprache mit der Partei einen Kreisverband zu gründen, müssen sich mindestens sieben Mitglieder von Pro NRW zusammenschließen. Weiterhin sind geeignete KandidatInnen für den Kreisvorsitz und BewerberInnen für den Posten des Schatzmeisters notwendig. Neben der Einrichtung eines Kontos soll

---

373 www.pro-nrw.org/content/view/525/355
374 www.pro-nrw.org/content/view/527/363
375 www.pro-nrw.org/content/view/583/358
376 www.pro-nrw.org/content/view/524/354

eine Internetseite aufgebaut werden, bei der die Partei notfalls Hilfestellungen geben kann.[377]

Im Frühjahr 2008 spricht Pro NRW unter Mitberücksichtigung der Kölner Gliederungen von »über 600 Mitgliedern in 27 Kreis- und Bezirksverbänden.«[378] Neben den lokalen Gründungen wurde auch die Parteiarbeit weiter professionalisiert. Durch den »neuen Internetbeauftragten Uwe Berger«, der Mitte des Jahres 2009 im Streit die Partei wieder verließ, sei neben der Verteilung von Flugblättern und Petitionen in der Öffentlichkeitsarbeit ein weiterer »Qualitätssprung« zu verzeichnen.[379]

Im Dezember 2007 kam es zu einem ersten Eklat, als das Vorstandsmitglied von Pro NRW, Andreas Akwara, auf der Internetseite der »Bürgerbewegung Duisburg« den Verantwortlichen des antifaschistischen Weblogs »Biedermanni verliert« den Tod durch Erhängen androhte:[380] Vielleicht bringe »das Schicksal uns (...) einmal zueinander. Dann aber baumeln sie am Strick!« Außerdem setzte er ein Kopfgeld von 1.000 Euro »für sachdienliche Hinweise« zur Enthüllung der Identität der Verantwortlichen des Weblogs aus. Als dies einer breiteren Öffentlichkeit bekannt wurde, geriet Pro NRW unter Druck und schloss Akwara aus.

Die Methode zur landesweiten Ausdehnung von Pro NRW vollzieht sich folgendermaßen:[381]

- Tarnung als »Bürgerbewegung« und Gründung kommunaler Wählergemeinschaften,
- Präsenz zeigen in den Stadtteilen,
- Erstellen von »Bürgeranfragen« bzw. »Bürgerbegehren«,
- Organisieren von Unterschriftssammlungen,
- Sammlung, Katalogisierung und Verschicken von Adressen, Ausbau der lokalen Strukturen und Aufbau eines sympathisierenden Umfelds,
- Bei ausreichendem Bekanntheitsgrad Umfeld und Personalstamm wird ein Wahlantritt vorbereitet.

Um den lokalen Bekanntheitsgrad zu steigern und wenigstens in Ansätzen politisch wahrgenommen zu werden, verlangt der Vorsitzende Markus Beisicht von den regionalen Neugründungen von Pro NRW ein »absolutes seriöses Auftreten«

---

377 Peters, J./Sager, T./Häusler, A.: PRO NRW und PRO D-Entwicklung, Struktur und Methodik, in Häusler, Rechtspopulismus als »Bürgerbewegung«. Kampagnen gegen Islam und Moscheebau und kommunale Gegenstrategien, a.a.O., S. 72-87, hier S. 82
378 www.pro-nrw.org/content/view/328/24
379 Ebd.
380 Zitiert aus Jugendclub Courage,: Köln ganz rechts, a.a.O, S. 28
381 Häusler/Killgus, Feindbild Islam. a.a.O., S. 26

und die Beschäftigung mit kommunalen Themen:[382] »Wir müssen uns aktiv in die jeweilige kommunalpolitische Diskussion einbringen. Pro NRW muss in den Kommunen vor Ort die Meinungsführerschaft gewinnnen.«

Neben dem Arbeitskreis Mittelstand, der im Kapitel Wirtschaftspolitik näher vorgestellt wird, existiert auch noch der Arbeitskreis Jugend Pro NRW. Die Ziele des Arbeitskreises sind folgende:[383] »Die Unzufriedenheit im Volke wächst. (...) millionenfache Arbeitslosigkeit, immense Staatsverschuldung, hohe Kriminalität und arrogante Entscheidungen gegen den Willen unseres Volkes. (...) Vor allem die multikulturelle Politik der Altparteien fordert unseren Widerspruch heraus. Zur Entscheidung steht, ob die Zukunft der Menschheit den multinationalen Konzernen gehört, die regionale Kulturen einebnen und den einzelnen zu einem kleinen Rad in ihrem gewaltigen ökonomistischen Getriebe herabdegradieren, oder den Völkern, die über Nationalstaaten handlungsfähig werden und die demokratische Teilhabe des Individuums an seinem Schicksal erst ermöglichen.«

Über 30 MitgliederInnen der »Jugend pro Köln« und »Jugend pro NRW« nahmen im Jahr 2008 in Antwerpen am »Tag der europäischen Rechtsjugend« teil.[384] In der Hochburg des extrem rechten Vlaams Belang, der bei den Stadtratswahlen in der flämischen Hafenmetropole regelmäßig über 30 Prozent der Stimmen erhält, kamen mehrere Hundert Jugendliche aus den verschiedensten europäischen Ländern zusammen, um »gemeinsam für ein Europa der souveränen Vaterländer und Völker« zu werben. Insgesamt kamen VertreterInnen rechter Jugendorganisationen aus acht europäischen Ländern zusammen. Das politische Rahmenprogramm umfasste Vorträge der Vlaams-Belang-Europaabgeordneten Philip Claeys und Koen Dillen sowie verschiedene Diskussionsrunden, u.a. mit dem Wiener FPÖ-Landtagsabgeordneten Johann Gudenus und dem Mitglied der Pro-Bewegung Jörg Uckermann.

Die »Jugend Pro NRW« verteilte regelmäßig Jugendflugblätter an Schulen, Jugendeinrichtungen und öffentlichen Plätzen, worin »gezielt und deutlich die Probleme junger Menschen in der real existierenden multikulturellen Welt angesprochen« werden sollten.[385] In Bottrop wurde ein eigenes Flugblatt entworfen, das den Schwerpunkt auf die Themen »soziale Gerechtigkeit«, »Überfremdung« und »Islamisierung« legte.

Im Rahmen der Fokussierung von Pro NRW auf die Ruhrgebietsstädte bildete sich eine eigene Bezirksgruppe der »Jugend pro NRW« im Ruhrgebiet. Unter

---

382 Peters, J./Sager, T./Häusler, A.: PRO NRW und PRO D-Entwicklung, Struktur und Methodik, in Häusler, Rechtspopulismus als »Bürgerbewegung«. Kampagnen gegen Islam und Moscheebau und kommunale Gegenstrategien, a.a.O., S. 72-87, hier S. 80
383 www.jugend-pro-nrw.de/mitmachen.php
384 www.pro-nrw.org/content/view/408/40
385 www.pro-nrw.org/content/view/270/61

der Leitung des 20jährigen Auszubildenden Andre Schindler ist sie auch mit einer eigenen Webseite im Netz vertreten. In kurzen prägnanten Sätzen stellt sich die neu gebildete Formation selbst vor:[386] »(…) Waren es einst Tugend und Werte, die uns zum Volk der Dichter und Denker machte, so richten uns heute Multikulti, Überfremdung, Linksextremismus und Drogen hin. (…) Wir als neue und moderne rechtsdemokratische Jugend wollen die Probleme beim Namen nennen und diese gezielt bekämpfen. Ausbildung statt Zuwanderung! Intensivtäter abschieben! Abendland statt Islamisierung! Jugendhäuser statt Moscheen.« Vorrangiges Ziel der Pro NRW-Jugend im Ruhrgebiet ist eine Öffentlichkeitskampagne in Form eines Flugblattes, das in einer Erstauflage von 10.000 Exemplaren vor Schulen und Jugendeinrichtungen verteilt werden soll.

Pro NRW möchte als führende »Antiislamisierungspartei« im rechten Lager wahrgenommen werden. Im Hinblick auf die Kommunalwahlen 2009 und die Landtagswahlen sah sie sich in Konkurrenz zu den etablierten rechten Parteien wie die NPD oder die »Republikaner«. Analog zum Protest gegen den Bau der Moschee in Köln-Ehrenfeld soll das »Kölner Erfolgsmodell« auf andere Städte in NRW übertragen werden. Schwerpunkte waren dabei der nahezu abgeschlossene Bau der Merkez-Moschee in Duisburg-Marxloh und der angekündigte Bau einer Moschee in Essen-Altendorf.

Den Moscheebau in Duisburg-Marxloh bezeichnete Pro NRW als »wahre Machtdemonstration der islamistischen Ideologie mitten im Ruhrgebiet.« Zur Eröffnung der Merkez-Moschee erklärte Markus Beisicht:[387] »Aus dem Duisburger Stadtteil Marxloh, wo gestern Ministerpräsident Rüttgers und Bauminister Wittke den islamistischen Prunkbau eingeweiht haben, tritt im übrigen der Rechtsstaat den Rückzug an. Die Polizisten trauen sich nur noch in größeren Gruppen in den islamisierten Stadtteil. Die noch verbliebenen Deutschen berichten oftmals, wie sie von jungen Muslimen angepöbelt und angegriffen werden. Die einheimischen Bewohner des Duisburger Stadtteils Marxloh haben demzufolge im Gegensatz zu Rüttgers & Co. keinen Anlass zum Feiern.«

Der geplante Moscheebau in Essen-Altendorf wird als »Ausbau gefährlicher der Parallelgesellschaften« gesehen, in denen »ausschließlich der Koran und die Scharia« gelten sollen. Das Mitglied des Pro-NRW-Landesvorstandes, Henryk Dykier, machte in bekannter Manier Stimmung gegen das Projekt:[388] »Das Recht auf freie Religionsausübung beinhaltet eben nicht ein Grundrecht auf

---

386 www.ruhrgebiet-jugend.de

387 www.pro-nrw.org/index.php?option=com_content&view=article&id=749:islamische-machtdemonstration&catid=986&Itemid=234

388 www.pro-nrw.org/index.php?option=com_content&view=article&id=120:pro-nrw-sagt-nein-zum-geplanten-moschee-bau-in-essen&catid=37&Itemid=23

protzige Moscheen. Großmoscheen sind kein Beitrag zur Integration, sondern zementieren Parallelgesellschaften. Folglich werden wir auch in Essen offensiv gegen orientalische Großmoscheen, Hassprediger, Minarette, Muezzinrufe und Parallelgesellschaften kämpfen!«

In rechtspopulistischer Manier differenziert Pro NRW in ihrer politischen Programmatik zwischen den einfachen »Volk« und dem von ihnen kritisierten »Establishment«. Das Weltbild von Pro NRW entspricht einer klaren Freund-Feind-Beziehung: hier die rechtschaffenen biederen Deutschen, dort die bösen Parteien und Regierungsapparate, die sich gegen dessen Interessen verschworen haben. Politiker werden als eigensüchtige Verwalter der Macht angesehen, die den Kontakt zum »normalen Bürger« verloren haben. Der gesamten politischen Klasse wird Vetternwirtschaft und Parteienfilz vorgeworfen, die Homogenität eines angeblichen Volkswillens dient als Gegenentwurf. Pro NRW verspricht bei Wahl der eigenen Partei, Politikern und Verwaltungsbehörden »auf die Finger zu schauen« und eine Politik zugunsten der »einheimischen steuerzahlenden Bevölkerung« durchzusetzen. Das Parteiprogramm von Pro NRW ist plakativ auf sieben Punkte beschränkt, theoretische Bezugspunkte fehlen völlig.[389]

In dem erstem Punkt »Innere Sicherheit stärken« wird eine grundlegende Änderung der Politik beim Thema öffentliche Sicherheit verlangt. Zur Kriminalitätsbekämpfung sollte die Polizei auf der Straße mehr Präsenz zeigen, auch und gerade in »ethnischen und sozialen Brennpunktvierteln«. Weiterhin fordert Pro NRW ein hartes Durchgreifen der Polizei und einen verstärkten Opferschutz. Drakonische Strafen sollen potentielle Straftäter abschrecken:[390] »Windelweiche Alt-68er-›Resozialisierungs‹-Phrasen haben angesichts brutaler Jugendgewalt, rücksichtsloser Straßenkriminalität, organisiertem Verbrechen und hoher Ausländerkriminalität wahrlich keinen Platz mehr!« In der Justizpolitik werden das »viel zu lasche Jugendstrafrecht«, »völlig überbelastete Staatsanwaltschaften« sowie »unverständlich milde Richtersprüche« angeprangert. Pro NRW spricht sich für eine bessere personelle Ausstattung der Staatsanwaltschaften und der Gerichte sowie für eine Verschärfung des Jugendstrafrechtes aus.

Beim zweiten Punkt »Ausbildung statt Zuwanderung« werden die Mängel der Bildungspolitik mit der Zuwanderung verknüpft. Pro NRW spricht sich für den Erhalt des dreigliedrigen Schulsystems aus, da durch die Aufteilung in Gymnasium, Realschule und Hauptschule eine optimale Förderung aller Kinder gewährleistet werde. Außerdem will Pro NRW eine »Bildungselite« schaffen, da »Eliten eine »wesentliche Voraussetzung für individuelle Höchstleistungen, aber auch für die Weiterentwicklung des Ganzen« seien. Durch das Heranzüchten

---

389 www.pro-nrw.net/index.php?option=com_content&view=article&id=260:pro-nrw-programm&catid=42&Itemid=42
390 Ebd.

solcher »Eliten« wäre auch langfristig Zuwanderung »ausländischer« Spitzenkräfte obsolet.

Beim dritten Punkt »Stoppt Korruption und Parteibuchwirtschaft« werden pauschalisierend alle Landtagsfraktionen der Korruption beschuldigt und die eigene Partei als einzige moralische Instanz beschrieben, die dieses selbst herbei geredete Szenario beseitigen kann:[391] »Die politische Klasse in Düsseldorf hat abgewirtschaftet und ist aufgrund der unzähligen Skandale moralisch diskreditiert. Diese Klasse steht für Bestechung, Vorteilsnahme, Ämterpatronage, Spendenskandale und Betrügereien zu Lasten der Bürger. Eine Erneuerung ist von ihr nicht zu erwarten.« Pro NRW schlägt vor, das Amt eines »unabhängigen Beauftragten«, der »ähnliche Befugnisse wie der Datenschutzbeauftragte« haben sollte, einzurichten, um die »Ämterpatronage« zu bekämpfen.

In der Kulturpolitik soll eine nebulöse »Förderung der Hochkultur« in NRW angestrebt werden, während die »Unterstützung avantgardistischer Projekte« als Verschwendung von Steuergeldern gebrandmarkt wird. Laut Pro NRW muss sich die Kulturpolitik in NRW »wieder an Werten orientieren, die allgemeinverbindlich sind.« Was diese »allgemeinverbindlichen Werte« sind oder wie sie durchgesetzt werden können, bleibt im Dunkeln.

Im nächsten Programmpunkt »Bürgerfunk statt Parteibuch-Sender« geht es um die Medienpolitik in NRW. Pro NRW will eine personelle und inhaltliche Reform des Westdeutschen Rundfunks (WDR) durchsetzen, der als linksgerichteter Sender angeblich die Informationspflicht der öffentlich-rechtlichen Medien verletzt:[392] »Beim WDR geben die personellen Hinterlassenschaften aus den langen Jahrzehnten sozialdemokratischer Dominanz in der Landesregierung nach wie vor den Ton an. Versatzstücke linker Ideologie prägen nicht nur die politischen Magazine und die Nachrichten-Sendungen, sondern insbesondere auch das Unterhaltungsprogramm, das oft ein unrealistisches, von multi-kulturellen Trugbildern geprägtes Weltbild transportiert.«

Die Wirtschaftspolitik im Ruhrgebiet wird auf standortnationalistische Phrasen reduziert:[393] »Wir in Nordrhein-Westfalen dürfen uns nicht vollständig von importierter Energie abhängig machen. Unsere heimische Kohleförderung muß überall dort und so lange erhalten bleiben, wo und wie dies wirtschaftlich vertretbar ist.« Gleichzeitig sollte durch einen »Aufbau West« in den Bergbauregionen »in die Zukunft« investiert werden; eine nähere inhaltliche Stellungnahme, wie dies geschehen soll, fehlt hier.

---

391 Ebd.
392 Ebd.
393 Ebd.

Die Beziehung zwischen Wirtschaftspolitik und Schutz der Umwelt wird mit lediglich mit sinnentleerten Phrasen beschrieben:[394] »Die Bürgerbewegung pro NRW räumt dem Umweltschutz einen hohen Stellenwert ein. Einschlägige Maßnahmen dürfen aber nicht die wirtschaftliche Entwicklung behindern. Moderne Technik ist der beste Umweltschutz! Die Sicherung von Arbeitsplätzen hat Vorrang vor gut gemeinten umweltschützerischen Experimenten, deren Erfolg oft zweifelhaft ist.«

Im letzten Programmpunkt fordert Pro NRW ein »gerechteres« Krankenversicherungskonzept. Jeder Bürger muss sich selbst versichern, »egal ob Arbeitnehmer, Beamter, Freiberufler oder Selbständiger«. Damit will Pro NRW gewährleistet, dass »jeder Bürger seinen Teil für die medizinische Versorgung« beisteuert. Der »Missbrauch« durch ZuwandererInnen müsse gestoppt werden:[395] »Im Hinblick auf Immigranten muß zudem darauf geachtet werden, keine zusätzlichen Anreize für eine Einwanderung ins soziale Netz der Bundesrepublik zu schaffen. Asylberber und Sozialhilfeempfänger dürfen bei medizinischen Leistungen nicht besser gestellt sein als beitragszahlende Gering- und Normalverdiener in gesetzlichen Krankenkassen.«

Der Vorsitzende Markus Beisicht gab das Ziel aus, Pro NRW in den Kommunalparlamenten im Jahre 2009 unter dem Motto »für NRW, gegen Islamisierung, Kriminalität und Parteienfilz« zu verankern. Die Regionalpartei trat in Köln, Bonn, Leverkusen, Essen, Gelsenkirchen, Lemgo, Leichlingen, Bergheim, Radevormwald, Troisdorf, Dormagen, im Rheinisch-Bergischen-Kreis, im Oberbergischen-Kreis, im Rhein-Sieg-Kreis, im Rhein-Erft-Kreis sowie im Rhein-Kreis Neuss an.

Die Beteiligung an der Kommunalwahl in Nordrhein-Westfalen brachte Pro NRW beim erstmaligen Antritt einen beträchtlichen Erfolg. Pro NRW gelang es auf Anhieb in folgende Städten in Fraktionsstärke einzuziehen: Bergheim: 6,0 % (3 Sitze), Radevormwald: 5,1 % (2 Sitze), Dormagen: 4,5 % (2 Sitze) Gelsenkirchen: 4,3 % (2 Sitze) und Leverkusen: 4,0 % (3 Sitze). In allen übrigen Städten und Kreisen, schaffte es Pro NRW, überall mindestens mit einem Mandatsträger in die Kreis- und Stadträte. Pro NRW und Pro Köln konnten gegenüber der Kommunalwahl 2004 die Anzahl ihrer kommunalen Mandate von damals 15 auf jetzt 46 Sitze in den Kreistagen, Stadträten und Bezirksvertretungen in Nordrhein-Westfalen mehr als verdreifachen.

Besonders in Bergheim erzielte Pro NRW hohe Stimmenanteile; 6,6 % in Bergheim-Mitte, 7,5 % in Zieverich und 10,4 % in Quadrath-Ichendorf. Mit 5,7% der Stimmen schaffte der Pro-NRW-Bürgermeisterkandidat, Hans Over, einen Achtungserfolg. Dieses gute Wahlergebnis kommt keinesfalls unerwartet.

---

394 Ebd.
395 Ebd.

Eckdaten

Schon vor der Wahl berichtet Markus Beisicht, dass »in der Kreisstadt Bergheim (...) die Mitgliederzahl der nonkonformen Bürgerbewegung regelrecht explodiert« sei.[396] Der dortige Kreisverband gehöre inzwischen zu den mitgliederstärksten Pro-NRW-Verbänden im gesamten Bundesland. Der Pro-NRW-Generalsekretär Markus Wiener konnte bei seiner Bürgermeisterkandidatur in Radevormwald 4,1 % erreichen, Daniel Schöppe erreichte in Dormagen 4 %. Bei der Kandidatur für das Amt des Landrates gelang es dem Kölner Bernd M. Schöppe im Rheinkreis Neuss 5,5 % zu erreichen. Der Overather Physiker Christoph Heger im Rheinisch-Bergischen Kreis erwarb 4 %. Im Durchschnitt entschieden sich fast 4% der WählerInnen bei der Direktwahl der Stadt- und Kreisrepräsentanten für die BewerberInnen der Pro-Bewegung.

Das gute Abschneiden von Pro NRW bei den Kommunalwahlen kommt jedoch nicht überraschend. Der Geschäftsführer des Meinungsforschungsinstitutes FORSA, Manfred Güllner, legte sich lange vor der Kommunalwahl in Nordrhein-Westfalen fest, dass die Erfolgsaussichten rechtspopulistischer Parteien in Deutschland unter günstigen Voraussetzungen durchaus vorhanden sind. Dabei verwies er auf eine Umfrage des FORSA-Institutes, wonach mindestens 13% der WählerInnen bereit wären, eine Partei rechts von der Union zu favorisieren.[397] Der Populismusforscher Frank Decker äußerte sich folgendermaßen zu den Chancen von Pro Köln und Pro NRW:[398] » (...) die Themen der Partei seien zugkräftig, die Angst vor der Ausbreitung des Islams, das Unbehagen gegenüber der Zuwanderung und die Abneigung gegen politische Korrektheit – all das stößt bei mehr als fünf Prozent der Wähler auf Zuspruch.«

Pro NRW wertete das Ergebnis als grandiosen Erfolg und Meilenstein für die Landtagswahlen 2010 in Nordrhein-Westfalen. Gereon Breuer erläuterte:[399] »So haben die Kommunalwahlen vor allem eines ganz deutlich gemacht: pro NRW ist der Stachel im Fleisch der Altparteien, denen die nackte Angst vor dem Verlust ihrer Pfründe im Nacken sitzt. Das Modell der pro-Bewegung als der einzigen rechtsdemokratischen und patriotischen Kraft auf dem Boden des Grundgesetzes hat sich bewährt und bei der Landtagswahl am 9. Mai sind weitere überragende Erfolge zu erwarten.«

Der österreichischen FPÖ-Europaabgeordneten Andreas Mölzer stellte in einer Grußbotschaft fest:[400] »Ihr Erfolg zeigt, daß es patriotischen und nonkonfor-

---

396 www.pro-nrw.de/content/view/821/1
397 Aachener Nachrichten vom 5.1.2008, S. 4
398 Aachener Nachrichten vom 29.8.2008, S. 5
399 www.pro-nrw.org/index.php?option=com_content&view=article&id=1290:pro-nrw-ist-der-gewinner&catid=139
400 www.pro-nrw.org/index.php?option=com_content&view=article&id=1292: glueckwuensche-aus-ganz-europa-zum-wahlerfolg-der-pro-bewegung-&catid=140

mistischen Bewegungen und Parteien trotz des heftigen medialen Gegenwindes und Ausgrenzungen seitens des politischen Establishments möglich ist, die Wähler anzusprechen. Denn die Menschen wollen wählbare Alternativen zu den Altparteien und Bewegungen, die ohne Rücksicht auf den herrschenden linken Zeitgeist ungeschminkt die Probleme unserer Tage ansprechen.«

Tatsächlich sind die Wahlergebnisse im Hinblick auf die Landtagswahlen 2010 als Rückenwind für die Pro-Bewegung zu werten. Der Versuch, auf kommunaler Ebene außerhalb Kölns Fuß zu fassen, ist gelungen. Es ist zu erwarten, dass auch in anderen Regionen Nordrhein-Westfalens, wo Pro NRW diesmal nicht kandidiert hat, ähnliche Ergebnisse erzielt werden können.

Zentrale Themen

Law and Order

In Sachen Kriminalitätsbekämpfung liegen für Pro NRW die Schwerpunkte auf der raschen Abschiebung »krimineller Ausländer« und einer Reform des Jugendstrafrechts unter dem Motto »Null Toleranz«. Wie die »Partei Rechtsstaatliche Offensive« (PRO) des Hamburger Richters Roland Schill will Pro NRW durch eine Law-and-Order-Politik das angeblich mangelhafte Sicherheitsbedürfnis innerhalb der Bevölkerung befriedigen. Dabei verweist Pro NRW immer wieder auf die »exorbitant hohe Kriminalitätsrate« bei Jugendlichen.[401] Besonders in den Großstädten Nordrhein-Westfalens würden »unzählige von so genannten Intensivtätern zumeist mit Migrationshintergrund ihr Unwesen treiben.« Die Gründe für die Gewaltbereitschaft bei jugendlichen Straftätern seien laut Pro NRW die »vorherrschende Perspektivlosigkeit in unseren Multi-Kulti-Wohnghettos«, das »chaotisch überfremdete Bildungssystem« sowie die mangelnden Chancen auf dem Arbeitsmarkt für jugendliche MigrantInnen. In der Analyse der »Kriminalität« von Jugendlichen und jungen Erwachsenen ist bei Pro NRW ein kultureller Rassismus zu beobachten: »(…) Gewalt und mangelnder Respekt auch kulturell bedingt ist und daher bei Zuwanderern aus bestimmten Kulturkreisen vermehrt anzutreffen ist. Die Gewaltbereitschaft islamisch sozialisierter Jugendlicher ist auf ihre kulturelle Prägung zurückzuführen. Man könnte von einem orientalischen Männlichkeitswahn sprechen.« Angeblich gäbe es einen »steigenden kulturellen Rassismus seitens der Zuwanderer gegen Inländer.« Pro NRW bezieht sich dabei vor allem auf die Gewalttat in der Münchener U-Bahn, wo zwei jugendliche Migranten einen deutschen Rentner lebensgefährlich verletzten. Die von den Springer-Medien rassistisch instrumentalisierte Tat wurde

---

401 www.pro-nrw.org/content/view/293/20

sofort von Pro NRW als Paradebeispiel für die »Kriminalität« von jugendlichen Migranten in Szene gesetzt und als »inländerfeindlicher« Angriff gewertet.[402]

Unter dem Motto »CDU-Koch und Bild-Zeitung lamentieren, wir handeln!« startete Pro NRW eine landesweite Unterschriftenkampagne zur Abschiebung von »jugendlichen Intensivstraftätern«.[403] Diese Petition enthielt folgenden Text:[404] »Ich trete mit meiner Unterschrift dafür ein, dass Migranten, die wegen einer Straftat gegen das Leben, einer gefährlichen bzw. schweren Körperverletzung, eines Raubes oder einer Vergewaltigung rechtskräftig verurteilt wurden, ausgewiesen und nach Verbüßung ihrer Strafe in ihre jeweiligen Heimatländer abgeschoben werden. Daneben trete ich mit meiner Unterschrift für ein Verbot aller gewaltbereiten Jugendgangs in NRW ein. Rechtsfreie Räume, in denen sich normale Bürger nicht mehr auf die Straße trauen können, dürfen nirgendwo in NRW toleriert werden!« Im Zusammenhang mit dem Thema »Ausländerkriminalität« wird von Pro NRW in verschiedenen Artikeln immer wieder hervorgehoben, dass die Unterbringung »ausländischer« Häftlinge in den Justizvollzugsanstalten in der gesamten BRD jährlich eine halbe Million Euro kostet.[405]

Pro NRW stellt sich selbst als die Partei dar, die in Nordrhein-Westfalen »entschieden ›Nein‹ zur Kriminalität und zur Jugendgewalt« sagt.[406] Es wird ein Konstrukt von der Gefährdung der »Inneren Sicherheit« gezeichnet:[407] »Es haben viele Bürger ihr Verhalten den Kriminellen unterordnen müssen und Stadtviertel in unseren NRW-Städten sind längst – wie es heute neudeutsch heißt – ›No-go-Areas‹ für Frauen und alle Menschen jenseits der 60 geworden, nicht nur bei Dunkelheit. Unsere Bürger fordern verständlicherweise ihr gutes Recht auf Sicherheit und Bewegungsfreiheit.« In der Verstärkung des Kampfes gegen Kriminalität sieht Pro NRW eine zentrale Aufgabe der Kommunal- bzw. der Landespolitik. Auf diesem Gebiet hätten die etablierten Parteien versagt und »NRW zu einem Hort der ›Kuscheljustiz‹ degenerieren lassen.« Pro NRW macht die abnehmende Polizeipräsenz vor allem innerhalb der Großstädte für diese Situation verantwortlich. Daher werden mehr Polizeistreifen auf den Straßen und in den Stadtteilen gefordert, was dann zu einem Anstieg von Sicherheit und Ordnung führen würde.

Als das Deutsch-Türkische Forum (DTF) der NRW-CDU die Einrichtung einer eigenen muslimischen Polizeieinheit mit 150 bis 200 BeamtInnen mit dem

---

402 www.pro-nrw.org/content/view/203/21
403 www.pro-nrw.org/content/view/212/61
404 Ebd.
405 Vgl. z.B. www.pro-nrw.org/content/view/384/21
406 www.pro-nrw.org/content/view822/1/
407 Ebd.

Hinweis vorschlug, dass derselbe kulturelle Hintergrund wie auch die gleiche Religion einen wichtige Gemeinsamkeit in der Prävention sowie der Verfolgung von Gesetzesüberschreitungen schaffen würden, lehnte der Generalsekretär von Pro NRW, Markus Wiener diesen Vorschlag in aller Schärfe ab:[408] »NRW braucht keine muslimische Polizei. Die NRW-CDU übertrifft sich mal wieder in ihrer naiven und gefährlichen Toleranz-Rhetorik!«

Der Integrationsbeauftragte der Bundesregierung in Düsseldorf, Thomas Kufen (CDU) schlug vor, dass in Zukunft Imame und Polizisten gemeinsam auf Streife gehen und Hausbesuche bei Familien mit Zuwanderungshintergrund machen sollen, deren Nachwuchs in die Kriminalität abzugleiten droht oder bereits straffällig geworden ist. Der Vorschlag hat den Hintergrund, dass die Polizei von muslimischen Menschen oft nicht als Autorität anerkannt werde, der Imam dagegen schon. Pro NRW spricht sich dagegen aus:[409] »Der Imam hat die Rolle auch eines Einpeitschers, der zu Mord und Totschlag aufhetzt. Eine Polizei, die sich ohne die Hilfe islamischer Würdenträger bei potentiellen Straftätern nicht mehr durchsetzen kann, ist offenbar außerstande, ihren gesetzlichen Auftrag zu erfüllen. (…) Statt daß die Polizei dazu übergeht, sich bei den einschlägigen Problempersonen jenen Respekt, der den Beamten verweigert wird, zu verschaffen, soll nun das Pferd von der anderen Seite aufgezäumt und die Gültigkeit des islamischen Rechts, der Scharia, das den Imam als Autorität auch in weltlichen Fragen ansieht, anerkannt werden.« (…) Pro NRW wertet diesen Vorschlag als Vorbote der »zügig voranschreitenden Islamisierung Deutschlands: Die Repräsentanten des Staates weichen zurück, die Imame rücken nach.«

Der damalige Düsseldorfer Oberbürgermeister Joachim Erwin (CDU) startete im Jahre 2008 eine Kampagne gegen »aggressiv bettelnde Obdachlose und gröhlende Betrunkene« in der Düsseldorfer Altstadt.[410] Ein weiteres Feindbild war die »offene Rauschgift-Szene« im Bahnhofsviertel. Erwin machte den Vorschlag, dass in Zukunft an diesen Brennpunkten mehr städtische Ordnungskräfte eingesetzt werden sollten. Da die Ordnungskräfte jedoch keine Möglichkeit mehr besitzen, ein bis zu drei Monate dauerndes Aufenthaltsverbot auszusprechen, setzte sich Erwin für eine Wiedereinführung der Aufenthaltsverbote per Landesgesetz ein. Dies wurde jedoch von der CDU-FDP-Landesregierung wegen fehlenden Handlungsbedarfs abgelehnt. Markus Beisicht unterstützte die Forderung des Düsseldorfer Oberbürgermeisters:[411] »Aufenthaltsverbote sind ein unverzichtbares Mittel im Kampf um Recht und Ordnung. Deswegen findet die Forderung von Joachim Erwin die volle Unterstützung der Bürgerbewegung Pro NRW. (…)

---

408   www.pro-nrw.org/content/view/106/47
409   www.pro-nrw.org/content/view/117/47
410   www.pro-nrw.org/content/view/57/23
411   Ebd.

Das Bettler- und Dealerunwesen blühe in sämtlichen nordrhein-westfälischen Großstädten und stelle für die übergroße Mehrheit der rechtstreuen Normalbürger eine unerträgliche Zumutung dar.« Außerdem kündigte Beisicht an, dass die Wiedereinführung von Aufenthaltsverboten im Landtagswahlkampf 2010 eine wesentliche Forderung von Pro NRW sein werde.

Pro NRW forderte die Verschärfung des Jugendstrafrechtes.[412] Konkret bedeute dies die grundsätzliche Anwendung des Erwachsenenstrafrechts auf Heranwachsende zwischen 18 und 21 Jahren, die Anhebung der Höchststrafe von 10 auf 15 Jahre sowie die Einführung eines »Warnschutzarrestes«. Weiterhin plädierte Pro NRW für die landesweite Einrichtung von Erziehungscamps und für die Abschiebung »ausländischer« jugendlicher StraftäterInnen, wenn diese rechtskräftig zu einer Freiheits- oder Jugendstrafe von mindestens 6 Monate ohne Bewährung verurteilt worden sind. Außerdem solle langfristig über eine generelle Abschaffung des Jugendstrafrechtes nachdacht werden.

Schul- und Bildungspolitik

Pro NRW verbindet die Schul- und Bildungspolitik mit der Zuwanderung. In ihren Aussagen wird durchgängig die These vertreten, dass der hohe Anteil von jungen MigrantInnen mit schlechten Deutschkenntnissen für die Bildungsmisere in Nordrhein-Westfalen verantwortlich sei. Die gesellschaftliche Benachteiligung von MigrantInnen bei der schulischen Ausbildung und auf dem Arbeitsmarkt ist für Pro NRW ein Indikator für die mangelnde Leistungs- und Integrationsbereitschaft von ZuwandererInnen. Pro NRW macht sich dabei den Dualismus deutsch – »ausländisch« zu eigen. Statistisch besuchen demnach 40,5% der »ausländischen« Jugendlichen die Hauptschule, *weiße* deutsche Schüler sind mit 14,8% vertreten. 8,2% aller »ausländischen« Jugendlichen machen Abitur. 25,7% aller weißen Deutschen. 17,5% aller »ausländischen« Jugendlichen erreichen keinen Schulabschluss- wie 7,2% der weißen Deutschen. Diese Zahlen sollen das Konstrukt unterstreichen, dass ZuwandererInnen überproportional schlecht ausgebildet sind und daher in neoliberaler Logik eine Belastung für die Leistungsgesellschaft in der BRD darstellen.

Die »Bürgerbewegung pro NRW« wertet die Zahlen als logische Folge einer gescheiterten Integrationspolitik der Landtagsparteien in NRW. Der Pro NRW-Generalsekretär Markus Wiener erklärte:[413] »Die multi-kulturellen Illusionen von einer ›bunten Bildungsrepublik Deutschland‹ zerschellen an der Realität der integrationsverweigernden Zuwanderer-Parallelgesellschaften in unseren

---

412 www.pro-nrw.org/content/view/236/23
413 www.pro-nrw.org/content/view/265/21

nordrhein-westfälischen Großstädten. (...) müsse das Tabuthema der gescheiterten Einwanderungs- und Integrationspolitik endlich ohne Scheuklappen angepackt werden.«

Pro NRW plädiert für ein Festhalten am dreigliedrigen Schulsystem und lehnt das Konzept der Gesamtschule vehement ab:[414] »Nirgendwo konnte bislang nachgewiesen werden, dass die Gesamtschule das bessere System sei. Wir müssen endlich den Pfusch der 68er mutig über Bord werfen und uns wieder auf unsere eigenen nationalen Bildungstraditionen besinnen. (...) Es muss endlich akzeptiert werden, dass nicht alle Schüler gleich bildungswillig und bildungsfähig sind.«

Als die NRW-Schulministerin Sommer (CDU) im Sommer 2009 die flächendeckende Zusammenlegung von Real- und Hauptschulen aufgrund der mittelfristig sinkenden Schülerzahlen prüfte, intervenierte Pro NRW lautstark. Der Jugendbeauftragte von Pro NRW, Gereon Breuer, erklärte:[415] »Ließ Sommer noch vor einigen Wochen keine Gelegenheit aus, den Hauptschulen Bestandsgarantien noch und nöcher auszusprechen, scheint sie sich jetzt voll und ganz dem Modell des zweigliedrigen Schulsystems zugewendet zu haben. Nun erhält sie vor allem Applaus aus den Reihen von FDP, Linkspartei und SPD, die allesamt in den Plänen der Schulministerin ihr eigenes politisches Programm verwirklicht sehen. Ein Schelm, wer gar denkt, hier täten sich Türen für neue Koalitionen nach der Landtagswahl 2010 auf. (...) Die Pläne der Ministerin sind nichts anderes als ein Verrat an der Zukunft der jungen Generation. Die Schwächung von Haupt- und Realschulen bedeutet ja auch eine Schwächung des Gymnasiums. Denn hier werden die Schülerzahlen aufgrund des sinkenden Niveaus der beiden anderen Schulformen mittelfristig steigen und so zu einer Entwertung dieser Schulform führen. Das ist kein Weg, der in eine lebenswerte Zukunft führt. Dieser Weg führt in die bildungspolitische Wüste.«

Zu den Zielen von Barbara Sommer erklärt der stellvertretende Pro-NRW-Vorsitzende Ronald Micklich: »Mit ihrem Vorstoß legt die Ministerin die Axt an das dreigliedrige Schulsystem und fügt den Beispielen für die Beengtheit ihres geistigen Horizonts ein weiteres hinzu. Nach der generellen Infragestellung aller Bildung durch ein einzig auf die Fragen der Pisa-Studie ausgerichtetes Lernen, ist das ein weiteres Bekenntnis der Ministerin zur Bildungslosigkeit. Das ist ein ungeheuerlicher Vorgang.«

Die in Zukunft immer weiter wachsende Bedeutung von Bildung könne nur mit einem dreigliedrigen Schulsystem gerecht werden, in dem jede Schulform ihre Stärken mit dem größten Nutzen einbringt. Die dauerhafte Zusammenlegung von Haupt- und Realschulen würde nicht die Qualität der Hauptschulen

---

414 www.pro-nrw.org/content/view/275/23
415 Pro NRW Rundbrief vom 15.7.2009

heben, sondern das theoretische Niveau der Realschulen senken. Die »von GEW-Funktionären und anderen Alt-68igern« immer wieder erhobene Forderung nach Ersetzen des »bewährten dreigliedrigen Schulsystems« durch die Gesamtschule geht nach Meinung von Pro NRW an den gesellschaftlichen Problemen völlig vorbei.[416] Pro NRW vertritt die These, dass die Gesamtschule würde eine Nivellierung auf einen schlechteren Leistungsstand mit sich bringen. Die Gesamtschule biete insofern keine Lösung der Bildungsmisere, sondern verschärfe die Situation noch weiter. Dabei beruft sich Pro NRW auf die Pisa-Ergänzungsstudie 2008, wo die Bundesländer mit Gesamtschule tendenziell schlechter abschneiden als jene mit differenziertem Schulsystem. Diese einseitige Interpretation der Pisa-Ergänzungsstudie beschränkt sich auf die reine Wissensvermittlung, Faktoren wie soziales Lernen oder Aufbau von Schlüsselqualifikationen fallen unter den Tisch.

Pro NRW verfolgt das Ziel, die Impulse der so genannten 68er Generation im Bildungswesen anzugreifen und grundsätzliche Änderungen zu fordern:[417] »Jahrzehntelang haben unsere 68er Leistung lächerlich gemacht, die Autorität der Lehrer untergraben, die Unterschiede zwischen den Schularten eingeebnet und das Niveau an den Schulen abgesenkt, damit nur ja jeder sein Gesamtschul-Schmalspur-Abitur bekommt. Im internationalen Vergleich fallen hierdurch deutsche Schüler immer weiter zurück, und zwar vor allem dort, wo die linken Ideologen sich am weitesten durchsetzen konnten.«

Pro NRW kritisiert die fehlende Disziplin und den Mangel an »klassischen bürgerlichen Tugenden« bei den Schülern, die sich dadurch zu einem »manipulierbaren Pöbel« entwickelten.[418] Um diese Sekundärtugenden wieder in den Vordergrund zu stellen, fordert Pro NRW eine Restauration »des vom Papst und Bush bezeichneten klassischen Wertesystems im Zusammenwirken mit der Neubelebung der preußischen und auch sonst abendländischen Tugenden nach modernstaatlichen Gesichtspunkten für Deutschland und Europa.«

Die bürgerlichen Parteien CDU und FDP stellen keine Partner auf dem Weg zur Wiederherstellung bürgerlicher Erziehungsvorstellungen dar. Sie hätten dieser »Destruktion (...) tatenlos zugesehen« und seien »offensichtlich geistig sozialistisch unterwandert.«

Pro NRW bezieht sich positiv auf die Erziehungsideen Wilhelm von Humboldts und die »deutsche Erziehung« in Preußen. Das Schulsystem produziere seit der ideologischen Wende durch die »68er« für die Wirtschaft »unbrauch-

---

416 www.pro-nrw-org/index.php?option=com_content&view=article&id=327:gleiche-chancen-fuer-deutsche-schueler&catid=68
417 Ebd.
418 www.mittelstand-pro-nrw.de/Bildung.htm

baren Bildungsschrott«.[419] In der Tradition kulturpessimistischer Argumentation wird behauptet, das gegenwärtige Bildungs- und Erziehungswesen in Deutschland sei von der »Dekadenz« geprägt:[420] »(…) chaotisch und werte- wie tugendverachtend und ungebildet im staatsbürgerlichen Umgang miteinander und nach außen, zutiefst dekadent.«

Es geht Pro NRW darum, eine neue Bildungselite zu schaffen und das Leistungsprinzip zu einem Dogma zu machen:[421] »(…) wieder auf besondere Leistungen setzen- auf das Bessere, das nun einmal der Feind des Guten (und sicher des Mittelmäßigen) ist. Die Gleichmacherei, dem Billiglohnprinzip ist in der deutschen Bildungspolitik inzwischen genug gehuldigt worden – es käme jetzt darauf an, den Brotkorb wieder höher zu hängen, damit sich die geistigen Hälse recken.« Gleichzeitig soll die Autorität der Lehrenden gestärkt und die Selbstständigkeit und die Mitbestimmung der SchülerInnen geschwächt werden. Laut Pro NRW verschwand die »alte aufklärerische Strenge, das Lernen, Üben, Exerzieren« und wurde im Laufe der Zeit häufig »durch Meditationskurse und pädagogische Heublumenbäder ersetzt«.

Pro NRW verlangt auch in der Hochschulpolitik die Bildung einer Elite. Die durch die Bildungsreformen Anfang der 1970er Jahre angestiegene Zahl der StudentInnen führte laut Pro NRW zu einer Egalisierung.[422] Dadurch sei die Forschung an den Hochschulen beeinträchtigt worden, da die steigende Studentenzahl die Priorität auf die Lehre lege. Trotz der Einführung der »Exellenzinitiative« spricht Pro NRW davon, dass ein Wettbewerb zwischen den Hochschulen kaum mehr existiere und die international konkurrenzfähigen Spitzenleistungen seltener werden. Die Krise an deutschen Schulen und Hochschulen sei demnach eine Krise der »excellence«.

Pro NRW verlangt die Bildung getrennter Schulklassen von deutschen und »ausländischen« SchülerInnen, wenn die Schüler mit Migrationshintergrund nicht über ausreichende Deutschkenntnisse verfügen. Wenn dies nicht geschähe, sei ein Absinken des Leistungsniveaus zu befürchten:[423] »Wenn 60 bis 80 Prozent der Hauptschüler einen Migrationshintergrund aufweisen und die deutsche Sprache nicht beherrschen, ist es nicht verwunderlich, dass ein Unterricht kaum mehr möglich ist und damit auch das Leistungsniveau drastisch sinkt. Dies führt im Ergebnis zu Lernverweigerung, Gewalt und unlösbaren interkulturellen Konflikten.«

---

419 www.mittelstand-pro-nrw.de/Schulpolitik.htm
420 Ebd.
421 Ebd.
422 Ebd.
423 Ebd.

In rassistischer Diktion argumentiert Pro NRW, dass die hohe Zahl von »ausländischen« Schülern die Lernchancen von deutschen SchülerInnen und damit ihre berufliche Zukunft beeinträchtigen würden:[424] »Chancengleichheit gilt nämlich für alle – auch und gerade für unsere eigenen Kinder! Aus diesem Grund fordert pro NRW schon seit geraumer Zeit gerade in sozialen Brennpunktgebieten die Einführung von nach Sprachkenntnissen getrennten Nationalitätenklassen, um den verbliebenen einheimischen Schülern noch eine realistische Zukunftsperspektive zu sichern.«

Es wird von Pro NRW ein Zerrbild entworfen, dass in den Schulen meist »ausländische« Jugendliche gewaltbereite Gangs angehören und, die Angst und Schrecken bei Mitschülern, und Lehrern verbreiten würden:[425] »Raub, Erpressung und Körperverletzungsdelikte sind an der Tagesordnung. Ein Unterricht für lernwillige Schüler ist oftmals nicht mehr möglich, da diese Nachwuchsgangster jegliche Unterrichtsform boykottieren.«

Als Bundesforschungsministerin Annette Schavan (CDU) auf den eklatanten Fachkräftemangel in der BRD regierte und sich für eine verstärkte Anwerbung von »ausländischen« SpezialistInnen aussprach, kritisierte der Vorsitzende der »Bürgerbewegung Pro NRW«, Markus Beisicht, das Werben um hoch qualifizierter internationaler SpezialistInnen:[426] »Offensichtlich beugt sich die große Koalition wieder einmal dem Druck der Wirtschaftslobby, deren einziges Ziel die kurzfristige Maximierung der eigenen Profite ist. Unter Gesichtspunkten des Gemeinwohls ist die Forderung nach weiterer Zuwanderung absurd, solange in der Bundesrepublik ein Millionenheer einheimischer Arbeitsloser besteht.«

Die Tatsache, dass in der BRD ein Mangel an Fachkräften herrsche, sei auf die mangelhafte Bildungspolitik der etablierten Parteien zurückzuführen. Anstatt der Anwerbung von internationalen SpezialistInnen solle sich die Bundesregierung um die Aus- und Weiterbildung der deutschen Bevölkerung besinnen. Dabei orientiert sich Pro NRW an nationalistischen Phrasen, die im Zeitalter der Globalisierung obsolet geworden sind:[427] »Deutschland ist mehr als nur ein ›Wirtschafts- oder Technologiestandort‹, nämlich in erster Linie die Heimat der Deutschen. Deshalb kann das Gebot nur lauten: Ausbildung statt Zuwanderung!«

---

424 www.pro-nrw-org/index.php?option=com_content&view=article&id=327:gleiche-chancen-fuer-deutsche-schueler&catid=68
425 www.pro-nrw.org/content/view822/1/
426 www.pro-nrw-org/index.php?option=com_content&view=article&id=46:ausbildung-statt-zuwanderung-deutschland-ist-mehr-als-nur-ein-wirtschafts-standortq&catid=37&Itemid=23
427 Ebd.

Außerdem beanstandet Pro NRW die Abwanderung von Hunderttausenden deutschen Fachkräften ins Ausland. Nicht die besseren Chancen und die persönliche Weiterentwicklung seien die Gründe für die massive Auswanderung, sondern »die marode Politik der Altparteien – und zwar nicht nur durch überhöhte Steuern, sondern auch durch Kriminalität, Korruption und ›multi-kulturelle‹ Zumutungen in allen Lebensbereichen.«[428] Diese Politik verstößt laut Pro NRW gegen »im allerhöchsten Maße gegen deutsche Interessen«.

Pro NRW wendet sich auch gegen die die geplante bundesweite Einführung des Islamunterrichts in staatlicher Verantwortung. Daniel Schöppe sah darin eine Bedrohung des politischen Systems in der BRD:[429] »Der Staat schafft nur die organisatorischen Voraussetzungen des Unterrichts, er hat keinen Einfluss auf die Inhalte. (…) die islamische Lehre bleibt in ihrem Geiste nach in Teilen grundgesetzwidrig. (…) Wir sehen eine Bedrohung des Rechtsstaates und des inneren Friedens, wenn man zwischen Rhein und Ruhr zehntausende Kinder und Jugendliche täglich mit einer stellenweise totalitären und gewaltverherrlichenden Polit-Religion indoktriniert.«

Deshalb fordert Pro NRW die Landesregierung auf, mit dem Koordinierungsrat der Muslime in der BRD keine weiteren Gespräche über die Einführung von Islamunterricht zu führen.

Islam und Islamismus werden dabei gleichgesetzt; die notwendige Differenzierung wird unterschlagen:[430] »Anstatt den islamischen Fundamentalisten auch noch Zugang zu öffentlichen Schulen zu gewähren, müssen die bestehenden islamischen Schulen streng überwacht und auf demokratiefeindliche Inhalte kontrolliert werden.«

Pro NRW spricht sich für die Einrichtung von Erziehungscamps für straffällig gewordenen Jugendliche nach US-Vorbild aus. Diese Erziehungscamps seien notwenig, um straffälligen Jugendlichen eine feste Struktur zu geben und um ihnen beizubringen, dass »eine Resozialisierung ohne die Beachtung von fundamentalen Regeln nicht möglich sein kann.«[431]

Wirtschaftspolitik

Die wirtschaftspolitischen Vorstellungen von Pro NRW werden in einem hohen Maße vom Arbeitskreis »Mittelstand Pro NRW« beeinflusst. Der Kölner Rechtsanwalt und Unternehmer Jürgen Clouth ist für die Aufbauarbeit des

---

428 Ebd.
429 www.pro-nrw.org/content/view/121/23
430 www.pro-nrw.org/content/view/96/47
431 www.pro-nrw.org/content/view/199/23

Arbeitskreises und die eingerichtete Internetpräsenz verantwortlich.[432] Clouth betreut die »Unterstützer und Förderer der Bürgerbewegungen pro Köln und pro NRW aus Handwerk und Mittelstand« und soll ihnen »eine kraftvolle Stimme im innerparteilichen Diskussionsprozess« verleihen. Die Ziel der Gründung des Arbeitskreises »Mittelstand Pro NRW« beschreibt Judith Wolter:[433] »Die Bürger unserer Städte und dieses Landes wurden in den vergangenen Jahrzehnten genauso Opfer einer verfehlten Politik wie unzählige Selbstständige, Handwerker und kleine Mittelstandsbetriebe. Denn die etablierte Politik macht sich in der Regel nur noch für die Mächtigen und Großen stark: für die ›global players‹, für internationale Konzerne und Heuschrecken-Finanzgesellschaften. Die Interessen der einheimischen Bevölkerung und des traditionellen Mittelstandes bleiben dabei allzu oft auf der Strecke.«

Die »Bürgerbewegung Pro NRW« sieht sich als Partei für die »staatstragende, wertorientierte Mittelschicht«.[434] In rechtspopulistischer Manier wird die »Unzufriedenheit im Volke« postuliert; die Verabschiedung der EU-Verfassung wird als »arrogante Entscheidung wider den Volkswillen« dargestellt. In dem Dualismus Globalisierung versus Nationalstaat wird die Macht der »multinationalen Konzerne« abgelehnt:[435] »Zur Entscheidung steht, ob die Zukunft der Menschheit den multinationalen Konzernen gehört, die regionale Kulturen einebnen und den einzelnen zu einem kleinen Rad in ihrem gewaltigen ökonomistischen Getriebe herabdegradieren, oder den Völkern, die über Nationalstaaten handlungsfähig werden und die demokratische Teilhabe des Individuums an seinem Schicksal erst ermöglichen.«

Der deutsche Mittelstand, der als »Träger unseres Wohlstandes« bezeichnet wird, werde immer weiteren Belastungen ausgesetzt und somit weiter ausgedünnt. Pro NRW bezieht sich auf die Berechnungen des Deutschen Institutes für Wirtschaftsforschung (DIW), das im Jahre 2007 Zahlen zur Einkommensverteilung in der Bundesrepublik vorgelegt hatte. Demzufolge sei die Mittelschicht allein in den Jahren 2000 bis 2006 von 62 % der Bevölkerung auf nur noch knapp über 50 % zusammengeschmolzen. Markus Beisicht erklärte dazu:[436] »Die politische Klasse plündert die so genannte Mittelschicht, also die wahren Leistungsträger unserer Gesellschaft regelrecht aus. Dringender denn je ist heute eine echte Steuerreform nötig, die insbesondere die mittleren Schichten spürbar entlastet und Schluss macht mit der von der politischen Klasse zu verantwortenden Ausbeutung der Arbeitnehmer.«

---

432 www.mittelstand-pro-nrw.de/Why.htm
433 www.pro-nrw.org/content/view/235/72
434 www.pro-nrw.org/content/view/152/23
435 www.pro-nrw.org/content/view/207/11
436 www.pro-nrw.org/content/view/411/20

Im Gegensatz zu dieser Entwicklung bezieht sich Pro NRW positiv auf den Begriff der »nivellierte Mittelstandsgesellschaft« des äußerst umstrittenen Soziologen Helmut Schelsky. Im Jahre 1932 wurde Schelsky Mitglied der SA und arbeitete seit 1933 beim Nationalsozialistischen Deutschen Studentenbund (NSDStB) mit.[437] Im Jahre 1934 schrieb er in einem Beitrag für die Schriftenreihe »Bildung und Nation«:[438] »Wahrer (National) Sozialismus ist es, Leute, die für das Volk ihre Leistung nicht erbringen oder es gar schädigen, auszuschalten oder sie sogar zu vernichten. Eine sozialistische Tat ist so zum Beispiel die Unfruchtbarmachung von unheilbar belasteten Menschen oder die Erziehung einer Presse, die ihre Aufgabe für die Volksgemeinschaft nicht erfüllt, durch Zensur.« Drei Jahre später wurde Schelsky Mitglied der NSDAP. Die Kennzeichnung der Sozialstruktur der BRD als eine »nivellierte Mittelstandsgesellschaft« wurde im Jahre 1953 vom Schelsky geprägt. Er stellte die These auf, dass immer mehr Menschen aus den Unterschichten in die Mittelschicht auf- und aus der Oberschicht abwärts mobil seien. Die Mittelschicht werde damit immer umfangreicher, und ihre Angehörigen entwickelten ein soziales Standesbewusstsein.

Pro NRW prangert die »systematische politische Bevormundung des Bürgers« durch ideologische »linksfreundliche Regularien« an, die »vorgeschoben dem ›Wohl der Allgemeinheit‹ dienen sollen.[439] Diese Entwicklung laufe laut Pro NRW aber auf die Einschränkung der freien Marktwirtschaft und lassen den Unternehmer »nicht mehr richtig täglich arbeiten, vielmehr sein Unternehmen verwalten.« Pro NRW will dagegen einen Abwehrkampf gegen die »undemokratischen Systemgegner des freiheitlichen Mittelstandes« führen. Diese marktradikalen Positionen orientieren sich an der Wirtschaftspolitik Margret Thatchers in Großbritannien. Thatcher ging es vor allem darum, den Einfluss des Staates und der Gewerkschaften auf die Wirtschaft zurückzudrängen. Mit der Privatisierung vieler Staatsunternehmen (etwa der British Telecom, British Petroleum (BP), British Airways) aber auch lokaler Versorgungsunternehmen (Trinkwasserversorgung, Elektrizitätsunternehmen) wurde der Einfluss des Staates deutlich reduziert. Im »Abwehrkampf des Mittelstandes zum Eigenerhalt« wird vor allem gegen die gewerkschaftliche Mitbestimmung gewettert:[440] »Sie stehen mit ihren ortsgebundenen Unternehmen in der Mitte, haben teils aufgrund gewerkschaftlicher Mitbestimmung bereits nicht mehr viel im eigenen Unternehmen zu sagen; die Arbeitnehmerschaft bekommt nicht ›Geld gegen

---

437 Seeliger, R.: Braune Universität. Deutsche Hochschullehrer gestern und heute, Band 3, Berlin 1965, S. 80
438 Zitiert aus Klee, E.: Das Personenlexikon zum Dritten Reich, 2.Auflage, Frankfurt/M. 2005, S. 529
439 www.mittelstand-pro-nrw.de/Beisicht.htm
440 Ebd.

erbrachte Leistung‹, nimmt vielmehr am Unternehmensergebnis ohne eigene tatsächliche jährliche Mehrarbeit teil, ohne aber am Risiko des Unternehmens teilzunehmen. Machen Sie dieses sozialistische Spiel nicht freiwillig mit, nutzt die Gewerkschaft das Mittel der gesetzlich abgesegneten Erpressung, die man auch ›Streik‹ nennt.«

Das abendländische Deutschland wie Europa würde durch die »drei Ideologien Sozialismus, Kommunismus und Islamismus« bedroht. Mit dem Islamismus befindet sich das abendländische Europa laut Pro NRW »bereits unübersehbar im 3. Weltkrieg.« Dagegen wird für ein »freies Europa der Nationen und Vaterländer« geworben; das Feindbild wird in einem »Zentralstaat kommunistischer/islamischer Form« der Baath-Partei in Syrien sowie des »Islamsozialismus« in Lybien ausgemacht. Pro NRW sieht sich dabei als selbsternannte Avantgarde:[441] »Wir sind vielmehr die Speerspitze des Protestes gegen eine abgewirtschaftete politische Klasse.«

Verschwörungstheoretisch wird über »die unterwanderten Medien, die ebenfalls unreflektiert und nicht differenziert zur politischen Landschaft Stellung nehmen und auf plumpe Art ihnen ungünstige Ereignisse und Berichte zu berichten vermeiden« hergezogen. Die hier nicht näher genannten Medien tragen dabei »zur massiven Beeinflussung des ungebildeten Kleinbürgertums« bei.[442]

Die wirtschaftspolitischen Forderungen und Aktivitäten des Arbeitskreises bestehen aus folgenden Punkten:[443]

- die Sammlung freiheitlicher, selbstverantwortlicher Unternehmer mit Bürgerverantwortungsbewusstsein,
- die Handreichung aktueller politisch-wirtschaftlicher Informationen für den Unternehmer,
- Veranstaltung regelmäßiger Treffen mit Informationscharakter,
- Einschränkung von Gewerkschaften und Betriebsräten im Rahmen der gesetzlichen Regelungen,
- Einbindung des Unternehmers in aktuelle Entwicklungen durch Beratungsveranstaltungen mit dem Ziel einer Perspektive zur europäischen Unternehmensausrichtung,
- die Offenlegung von aktuellen Auswirkungen von Regularien und ihre »sozialistische Kontamination«:
  a) Verwaltungshindernisse für den Unternehmer im täglichen Leben und ihre Abwehr,
  b) Bildungsmisere und Facharbeitermangel und ihre Beseitigung,

---

441 Ebd.
442 Ebd.
443 www.mittelstand-pro-nrw.de/Why.htm

c) Gender Change: die Rollenveränderung von Mann und Frau aufgrund sozialistischer Vorstellungen und ihre Auswirkungen auf ein Unternehmen,
d) die Folge der Einwanderung in Industrie und Handel.

Laut Pro NRW vertritt die in Nordrhein-Westfalen besonders neoliberal agierende FDP den »freiheitlichen Mittelstand« nicht in ausreichendem Maße. Wirtschaftspolitische Gesetzesvorhaben der Regierungskoalition von SPD und CDU werden zwar kritisiert, es fehlt jedoch an konkreten Lösungsversuchen zu Gunsten des Klein- und Mittelstandes bei deren täglichen Problemen. Durch diese Politik der Unentschlossenheit mache die FDP damit den Weg frei für eine neue Partei für den Klein- und Mittelstand und für von echten Unternehmern geführte Konzerne. Als solche präsentiere sich die PRO-Bewegung in Deutschland. Clouth versucht mit seiner Kritik unzufriedene Wähler von der FDP zur Wahl der Pro-Bewegung zu überzeugen:[444] »Mittelstand-pro-NRW wird sich dabei als gute Alternative gegenüber der seit Jahrzehnten mehr oder minder erfolglosen FDP darzustellen wissen und auch entsprechende positive Ergebnisse für den Mittelstand erkämpfen.«

In der bisherigen Bildungspolitik sieht Pro NRW einen Rückschritt im standortnationalistischen weltweiten Wettbewerb, der durch eine »GEW und 68er Verschwörung« im Bildungs- und Erziehungswesen verursacht worden sei. Die fehlende Zahl von qualifizierten Fachkräften wird ebenso bemängelt wie die mangelnde Ausbildung von Nachwuchskräften besonders bei mathematischen und betriebswirtschaftlichen Kenntnissen. Antiautoritäre und kritische Haltungen bei jugendlichen BewerberInnen werden ebenfalls angeprangert:[445] »Widerspruchsgeist und ›große Klappe‹ gepaart mit Frechheit und Grobschlächtigkeit sind bei Bewerbern oft an der Tagesordnung. Ausdrucksvermögen ist ein Fremdwort.« Nach der Auflistung dieser »Mängel« malt Pro NRW ein düsteres Bild für die zukünftige wirtschaftliche Entwicklung der BRD. Die Konkurrenz in anderen Ländern würde besonders in der Exportwirtschaft aufholen; China und Indien werden als zukünftige ökonomische Gegenspieler gesehen.

Als der finnische Mobilfunkhersteller Nokia ankündigte, sein Werk in Bochum zu schließen und die Produktion nach Rumänien zu verlegen, machte sich in der Öffentlichkeit Empörung breit. Trotz der Intervention der Landesregierung gelang es nicht, den finnischen Konzern von seiner Entscheidung abzubringen, was den Verlust von Tausenden Arbeitsplätzen im Ruhrgebiet bedeutete. Pro NRW warf in diesem Zusammenhang der Landesregierung in NRW vor, dass in der Vergangenheit fast 90 Millionen Euro an Steuergeldern und Subventionen an den erfolgreichen finnischen Konzern flossen. Die Landesregierung trage an

---

444 www.mittelstand-pro-nrw.de/Mittelstand.htm
445 www.mittelstand-pro-nrw.de/Bildung.htm

dieser wirtschaftlichen Fehlentwicklung eine Mitschuld:[446] »Die Entscheidung des finnischen Konzerns ist skandalös und ein Beleg für unternehmerische Verantwortungslosigkeit bzw. Heuschreckenmentalität. Wer in NRW produziert und von der Infrastruktur profitiert sowie dem Fachkräfteangebot, muss selbstverständlich auch soziale Verantwortung übernehmen. (…) dass gerade die etablierte Politik diesen ökonomischen Supergau in Bochum durch eine völlig verfehlte Wirtschaftspolitik mit zu verantworten hat.«

Migration

Als zwei Jugendliche auf Motorrädern nach einem Zusammenstoß mit einem Streifenwagen der Polizei starben, begannen in den vornehmlich von MigrantInnen bewohnten Vierteln von Paris im Spätherbst 2005 Auseinandersetzungen zwischen jugendlichen EinwandererInnen und der Polizei, die sich mehrere Nächte wiederholten. Die Unruhen breiten sich auf andere Städte Frankreichs aus, wo der Alltag von MigrantInnen durch Chancenlosigkeit auf dem Arbeitsmarkt und von rassistischen Übergriffen der Staatsmacht bestimmt ist. Diese Konfrontationen zeigen laut Pro NRW »wie wenig die aus dem arabischen oder aus Nordafrika stammenden, zumeist moslemischen Jugendlichen die französische Staatsmacht respektieren«.[447] Die Unruhen seien ein Beweis für das »Scheitern des Multikulturalismus«. Es sei nur eine Frage der Zeit und des Anlasses, wann solche Auseinandersetzungen auch auf die Großstädte in NRW überschwappen. Dieses Bedrohungsszenario wird geschickt herangezogen, um die vielfältigen Gründe und Bedingungen für Rassismus und urbane Segregation als »das Scheitern der Integration von Migranten« zu illustrieren.

Als es in Kopenhagen zu gewaltsamen Auseinandersetzungen zwischen verschiedenen Gruppen von Minderheiten kam, schürte Pro NRW in einem Kommentar unter der Überschrift »Droht in NRW ein multikultureller Bürgerkrieg?« die Angst vor einer ähnlichen Konstellation in der BRD:[448] »In Kopenhagen, einer Musterstadt des multikulturellen Zusammenlebens, sind Schießereien zwischen Bevölkerungsgruppen inzwischen an der Tagesordnung. Marschieren wir in der Bundesrepublik etwa auf französische oder dänische Verhältnisse zu?«

Es würde sogar ein Bürgerkrieg mit IslamistInnen in der BRD bevorstehen:[449] »Das bundesdeutsche Innenministerium, so ist zu lesen, hat jüngst in der Studie ›Muslime in Deutschland‹ die Zahl der Islamisten, die antidemokratisch und

---

446 www.pro-nrw.org/content/view/239/23
447 www.pro-nrw.org/content/view/156/22
448 www.pro-nrw.org/content/view/675/22
449 Ebd.

antiwestlich eingestellt sind und das islamische Scharia-Recht in der Bundesrepublik einführen wollen, auf mehr als 400.000 ermittelt. Dies ist ein Bedrohungspotential, eine Armee, die jederzeit zuschlagen kann – an finanziellen Mitteln fehlt es ja bekanntlich nicht. Es wird Zeit, dass wir endlich erkennen: Wer von Integration spricht, muss Integrationswilligkeit verlangen. Denn sonst wird daraus die Unterwerfung der autochthonen Bevölkerung.«

Pro NRW warnt auch vor einer Ausbreitung des »türkischen Chauvinismus« in Nordrhein-Westfalen. Ohne die genauen Ziele und Methoden der extrem rechten »Grauen Wölfe« zu kennen[450], wird festgestellt:[451] »In direkter Nachfolge von Heinrich Himmlers Organisation ›Werwolf‹ agiert die türkisch-nationalfaschistische Extremistengruppe ›Graue Wölfe‹ völlig ungeniert und offen im ›türkisch besetzten Teil Deutschlands‹«.

Weiterhin wird diagnostiziert, dass Jugendliche, die als türkische MigrantInnen identifiziert werden oder sich selbst als solche identifizieren, sich in »Parallelgesellschaften« zurückziehen und chauvinistische Denkweisen an den Tag legen:[452] »Türkische Einwandererkinder der dritten oder sogar vierten Generation sondern sich immer mehr ab, fühlen sich anderen Nationalitäten überlegen und praktizieren ein aggressives, überhebliches Türkentum.«

Eine ständig wiederkehrende Behauptung von Pro NRW ist die seit Jahrzehnten stattfindende »Zuwanderung in die Sozialsysteme«. Dieser Ausdruck geht auf den damaligen Fraktionsvorsitzenden der CDU, Friedrich Merz, zurück. Als die rot-grüne Bundesregierung im März 2002 im Bundestag das neue Zuwanderungsgesetz verabschiedete, warnte Merz vor einer »weiteren Zuwanderung in die deutschen Sozialsysteme«.[453] Mit dieser These werde laut Pro NRW ein »deutsches Tabu-Thema« aufgegriffen. Die nordrhein-westfälischen »Altparteien und NRW-Verfassungsschutz« würden »unisono ein Denkverbot gegen jeden kritischen Geist, der auf den Zusammenhang zwischen Sozialstaatskrise und Einwanderung verweist« verhängen. Die kurz- und langfristigen Kosten der Einwanderung seit Mitte der 1950er Jahre bedeute den »Ruin unserer Staatsfinanzen und Sozialsysteme.« Pro NRW beruft sich dabei auf den in konservativen Kreisen als bevölkerungspolitischen Nestor gefeierten Herwig Birg.[454] Laut Birg

---

450 Vgl. dazu: Aslan, F./Bozay, K.: Graue Wölfe heulen wieder. Türkische Faschisten und ihre Vernetzung in der BRD. Münster 2000, Grangé, J.-C.: Das Imperium der Wölfe. Bergisch Gladbach 2005
451 www.pro-nrw.org/content/view 361/22
452 www.pro-nrw.org/content/view/624/22
453 www.spiegel.de/politik/deutschland/0,1518,184960,00.html
454 www.beisicht.de.index.php?option=com_content&task=view&id=170&itemid=1 Vgl. dazu die grundlegenden Werke Birgs: Die demographische Zeitenwende. Der Bevölkerungsrückgang in Deutschland und Europa, München 2001; Die Weltbevölkerung,

drohe in der Zukunft eine »demographische Zeitenwende«. Die Folge wären entvölkerte Landstriche sowie heruntergekommene und von den »migrantischen Bevölkerungsteilen« in Besitz genommene städtische Ballungszentren.[455] In der rechten Zeitung »Junge Freiheit« stellte Birg fest:[456] »Ein von 90 Prozent Moslems bewohnter Stadtteil ist nicht kulturell ›zurückzuholen‹. (…) Im Jahre 2050 werde man in deutschen Betrieben besser nicht mehr deutsch sprechen, vielleicht ist es bis dahin nur nicht chic, sondern ein Entlassungsgrund.«

Aus diesen Ausführungen Birgs leitet Pro NRW folgende Schlussfolgerung ab:[457] »Das multikulturelle Märchen, dass junge Migranten die demographische Katastrophe abwenden und die Sozialsysteme stabilisieren könnten, ist längst widerlegt. Massenzuwanderung, speziell aus nichteuropäischen Ländern, kostet mehr, als sie einbringt, denn die Integrationskosten werden völlig ignoriert. Besonders in der Bundesrepublik, wo der Anteil der Arbeitslosen und Sozialhilfebezieher unter den Migranten und ihren Kindern mehr als doppelt so hoch wie bei den Einheimischen ist. (…) In den Ghettos der Parallelgesellschaften in unseren nordrhein-westfälischen Großstädten wachsen ganze Generationen von lebenslänglichen Transferempfängern heran.«

Die nicht gerade migrationsfreundliche Politik unter der Regierung Kohl wird von Pro NRW für die heutigen Probleme verantwortlich gemacht. Der in den 1980er Jahren geregelte Familiennachzug sei »ein Hauptgrund für die Massenzuwanderung größtenteils integrationsunwilliger Fremder.«[458]

Es wird ein rassistischer Dualismus zwischen *weißen*, christlichen, europäischen Deutschen (»Einheimischen«)und diesem Bild nicht entsprechenden Deutschen bzw. MigrantInnen hergestellt:[459] »Unablässig wird seitens der politischen Klasse darüber sinniert, wie man die hart erarbeiteten Sozial- und Rentenansprüche der Einheimischen zurückstutzen kann; aber die Milliarden Kosten für Fürsorgeempfänger mit Migrationshintergrund bleiben tabu.« Diese Stimmungsmache gipfelt in der Lüge, dass ZuwandererInnen ohne reguläre Beschäftigung im Sozialsystem besser gestellt sind als Einheimische.[460] ZuwandererInnen werden als faule, integrationsunwillige Sozialschmarotzer dargestellt:[461] »So lange Teile der

---

München 2005; Die ausgefallene Generation. Was die Demographie über unsere Zukunft sagt, München 2005

455 Vgl. dazu Prokla-Zeitschrift für kritische Sozialwissenschaften: »Bevölkerung«-Kritik der Demographie, Ausgabe 146, März 2007
456 Junge Freiheit vom 3.3.2006, S. 5
457 www.pro-nrw.org/content/view/179/46
458 www.pro-nrw.org/content/view/124/47
459 www.pro-nrw.org/content/view/732/20
460 www.pro-nrw.org/content/view/124/47
461 www.pro-nrw.org/content/view/675/22

Migranten sich weigern, die deutsche Sprache zu erlernen, einen Beruf zu erlernen, sich unserem Rechtssystem unterzuordnen, so lange wird alles Gerede von Integration letztendlich inhaltsleeres Geschwätz bleiben. Wir dürfen auch nicht weiter schweigen, wenn unsere Sozialkassen regelrecht geplündert werden.«

Judith Wolter bezieht sich positiv auf die strikte Zuwanderungspolitik der USA, Kanadas und Australiens, wo meist nur hoch qualifizierte Personen einwandern dürfen und eine soziale Selektion nach wohlstandschauvinistischen Prinzipien erfolgt.[462] Sie sympathisiert mit der Forderung der österreichischen FPÖ, eine separate Krankenkasse für MigrantInnen zu installieren:[463] »Es ist evident, dass Migranten mehr Leistungen entnähmen, als sie an Beiträgen einzahlten. (...) So schlügen diese im Bereich der Familienleistungen überdurchschnittlich zu Buche, weil türkische Frauen ungleich häufiger Nachwuchs bekommen als einheimische. Die Politik täte sehr gut daran, den FPÖ-Vorschlag einer separaten Ausländer-Krankenkasse auch für die BRD in Betracht zu ziehen.«

Analog zum Begriff »Ausländerfeindlichkeit« prägte Pro NRW bei »deutschfeindlichen« Äußerungen den Begriff der »Inländerfeindlichkeit«. Mit dieser Wortschöpfung wird das tatsächliche Täter-Opfer-Verhältnis umgekehrt. Die rassistisch motivierte Gewalt – im medialen Diskurs unter der Vermeidung auf einen Verweis auf den Nationalsozialismus in der Regel als »Ausländerfeindlichkeit« bezeichnet – von *weißen* als christlich und abendländisch imaginierte Deutschen werden nicht mehr als rassistische Gewalt der TäterInnen wahrgenommen, sie nehmen nun vielmehr die Opferperspektive ein. Pro NRW fordert deshalb eine Reformierung des §130 StGB (Volksverhetzung), so dass zukünftig auch »deutschfeindliche Beschimpfungen« strafrechtlich geahndet werden können:[464] »›Scheiß Deutscher‹, ›deutsche Hure‹, ›Schweinefresser‹, ›deutsche Schlampe‹ – üble Beschimpfungen und Beleidigungen dieser Art gehören zwischenzeitlich zum tagtäglichen Alltag in NRW. (...) Bei den Tätern handelt es sich zumeist um jugendliche Intensivtäter mit Migrationshintergrund. Die Opfer sind Menschen deutscher Abstammung. (...) Wer in der BRD Hass gegen Migranten schürt, der wird umgehend nach §130 StGB bestraft. Wer aber Deutsche mit vergleichbaren menschenverachtenden Verbalattacken und Hasstiraden überzieht, müsse keine Bestrafung fürchten. (...)«

Um die »stetig wachsende Inländerfeindlichkeit« in Nordrhein-Westfalen zu dokumentieren, hat Pro NRW eine »Beobachtungsstelle von Inländerfeindlichkeit« eingerichtet.[465] Diese »Beobachtungsstelle« besteht aus einer Telefonnum-

---

462 www.pro-nrw.org/content/view/825/1
463 www.pro-nrw.org/content/view/71/40
464 www.pro-nrw.org/content/view/756/20
465 www.pro-nrw.org/content/view/403/22

mer, die »Inländer-Kummernummer«, wo »deutschfeindliche« Äußerungen oder »Gewalttaten« gemeldet werden können.

Laut Pro NRW verschärft die Einwanderung durch die EU-Erweiterung die Konkurrenz auf dem Arbeitsmarkt und führt zu gnadenlosem »Lohndumping«. Es wird versucht, eine Konkurrenzsituation zwischen *weißen* deutschen ArbeitnehmerInnen und »ausländischen« ArbeiterInnen aufzubauen: »(…) dass die Massenzuwanderung mittlerweile wenigstens 3 Millionen Deutsche in die Arbeitslosigkeit gedrängt haben.«[466] Diese simple Logik ist nur eine etwas nettere Umschreibung für die altbekannte Stammtischparole »Ausländer nehmen den Deutschen die Arbeitsplätze weg.«

Als das vom ehemaligen SPD-Vizekanzler Müntefering geführte Bundesarbeitsministerium die bis 2009 geltende Zuzugsbeschränkung für Arbeitnehmer aus den osteuropäischen EU-Bundesländern auf den deutschen Arbeitsmarkt schon zum 1.1.2008 aufheben wollte, reagierte Pro NRW mit Unverständnis. Pro NRW lehnt die Öffnung des deutschen Arbeitsmarktes für Beschäftigungssuchende aus Osteuropa strikt ab, da die deutschen ArbeitnehmerInnen deshalb Wohlstandseinbußen und Einkommensverlust hinnehmen müssten:[467] »Die soziale Lage in unserem Land verschärft sich zusehends und entwickelt sich immer mehr in Richtung so genannter ›amerikanischer Verhältnisse‹. (…) Der Druck auf die Löhne wird sich noch einmal ganz dramatisch verschärfen, wenn die volle Freizügigkeit von Arbeitnehmern aus den osteuropäischen Beitrittsstaaten gilt. Dort liegt die Erwerbslosigkeit bekanntlich deutlich über dem EU-Durchschnitt.« Pro NRW vertritt dabei die These, dass in erster Linie die Arbeitgeber in der BRD von der Zuwanderung osteuropäischer ArbeiterInnen profitieren würden.[468] Die Arbeitgeber versuchen durch ein Überangebot an Arbeitskräften ihre Lohnkosten und damit die Einkommen der Arbeitnehmer generell zu drücken sowie eigene Ausbildungs- und Qualifizierungsleistungen weitestgehend zu vermeiden. Osteuropäische Arbeitskräfte seien z.B. schon ausgebildet und vor allem billiger als deutsche Arbeitnehmer.

Diese Entwicklung würde sich laut Pro NRW noch verschärfen, wenn in naher Zukunft die letzten Zuzugsbeschränkungen für ArbeitnehmerInnen aus den osteuropäischen Beitrittsstaaten fallen oder die Türkei in die EU aufgenommen werden sollte. Durch Grenzkontrollen, Schutzzölle und Mindestlöhne in der BRD will Pro NRW die »Rettung des deutschen Sozialstaates« vorantreiben.[469]

---

466 www.pro-nrw.org/content/view/131/39
467 www.pro-nrw.org/content/view/108/47
468 www.pro-nrw.org/content/view/103/47
469 www.pro-nrw.org/content/view/59/23

Zum Ergebnis des von der Bundesregierung Mitte Juli 2007 ausgerichteten Integrationsgipfels äußerte sich der Pro NRW Vorsitzende Markus Beisicht folgendermaßen:[470] »Der so genannte Integrationsgipfel war vor allem eines: nämlich Gipfel der Anbiederung an die Zuwanderung-Lobby. Quoten-Beamte mit Migrationshintergrund in der Kommunalverwaltung sind da nur das krasseste Beispiel. In nahezu sämtlichen Punkten ist die Bundesregierung vor dem Druck der organisierten Parallelgesellschaft eingeknickt. Statt weiterer Millionenbeträge für Integrationskurse zu versprechen, hätte man deutlich machen müssen, dass Integration in erster Linie Bringschuld der Zuwanderer ist. Wer als Ausländer in Deutschland leben wolle, habe sich an die deutsche Leitkultur anzupassen – und müsse dafür auch aus eigener Tasche aufkommen können.« Statt weiteren Integrationshilfen forderte er die schrittweise »Rückführung« der MigrantInnen in ihre »Heimatländer«: »(…) seien die berechtigten Ängste der einheimischen Bevölkerung nicht zur Sprache gekommen. (…) Wenn der von Frau Merkel als Meilenstein gepriesene nationale Integrationsplan die Probleme wirklich lösen soll, muss er in diesem Sinne durch einen umfassenden Rückführungsplan ergänzt werden.«

Beisicht sprach sich gegen einen weiteren »Dialog« aus und verlangte eine »konsequente, selbstbewusste Vertretung deutscher Interessen.« Pro NRW strebt keine Integration, sondern eine Assimilation der hier lebenden MigrantInnen an:[471] »Eine gelungene Integration, die das Gefüge unseres Staates und seiner Institutionen nicht destabilisiert, muss zwangsläufig in die Assimilation führen.«

Pro NRW wirft der nordrhein-westfälischen CDU vor, in den letzten Jahren weit nach links gerückt und ein Vertreter des multikulturellen Zusammenlebens geworden zu sein:[472] »Schon seit langem verkörpert die CDU einen Etikettenschwindel. Die Partei ist nicht christlich, sondern multikulturell, hat in ihren Reihen Moslems, Buddhisten, Anders- und Nichtgläubige. (…) In keinem wesentlichen Programmpunkt unterscheidet sie sich noch von der SPD. (…) Im ›Volkspartei‹-Modell der CDU gibt es heutzutage keinen so genannten rechten Flügel mehr. Es gibt lediglich noch einige wenige wertkonservative Einzelpersonen, die nur eine Alibi-Funktion erfüllen.«

Einzelne Funktionsträger der CDU werden dabei persönlich angegriffen wie der ehemalige Oberbürgermeister von Köln, Fritz Schramma, oder der Integrationsminister von NRW, Armin Laschet. Markus Beisicht, hetzte im Kommunalwahlkampf gegen Schramma:[473] »Köln braucht sicherlich keinen DITIB-Freund

---

470 www.pro-nrw.org/index.php?option=com_content&view=article&id=50:gipfel-der-anbiederung&catid=37&Itemid=23
471 www.pro-nrw.org/content/view/382/22
472 www.pro-nrw.org/content/view/489/47
473 www.pro-koeln-online.de/artike08/149108_beisicht.htm

und ›Vater aller Türken‹ als Oberbürgermeister, sondern jemanden, der zunächst den Interessen der einheimischen Bevölkerung verpflichtet ist.«

Da Armin Laschet sich angeblich nur »um das Wohl der multikulturellen Gesellschaft« kümmere und die Belange der »einheimischen Bevölkerung« vernachlässige, forderte Pro NRW Ministerpräsident Jürgen Rüttgers auf, Laschet zu entlassen.[474] Laut Pro NRW sollte die Aufgabe Laschets lediglich darin bestehen, »Ausländer zur Anpassung an die deutsche Leitkultur zu bewegen.«

Während Personen wie Schramma und Laschet als Feindbilder herhalten müssen, wird die Politik des hessischen Ministerpräsidenten Roland Koch (CDU) im Landtagswahlkampf gelobt. Koch hatte im Wahlkampf das Thema »Ausländerkriminalität« in den Mittelpunkt gerückt und sich für eine Verschärfung des Jugendstrafrechts ausgesprochen, wobei er »Pro NRW-Forderungen eins zu eins« übernommen habe.[475]

Beim Thema Demographie zeichnet Pro NRW ein Bedrohungsszenario vom »Aussterben des deutschen Volkes«. Die rückläufige Geburtenrate deutscher Frauen wird dem Kinderreichtum von MigrantInnen in Deutschland gegenübergestellt. Um die »völkische Homogenität« zu erhalten, die einen entscheidenden Punkt in den bevölkerungspolitischen Vorstellungen von Pro NRW einnimmt, sollen deutsche Frauen mehr Kinder gebären und MigrantInnen dagegen weniger. Als der nordrhein-westfälische Minister Armin Laschet (CDU) eine verstärkte Zuwanderung in die BRD forderte, um den Stand der Bevölkerung konstant zu halten, entgegnete der stellvertretende Vorsitzende Kevin Gareth Hauer:[476] »Zur Lösung der demographischen Krise benötigen wir keinen weiteren millionenfachen Zustrom aus dem Ausland, sondern eine Minus-Zuwanderung bei gleichzeitig konsequenter Unterstützung deutscher Familien.«

Zum Selbstverständnis der Regionalpartei gehört die Hetze gegen Flüchtlinge, die Asyl beantragen oder eine »Duldung« beanspruchen. Im Wohnheim am Poller Damm in Köln zeige sich ein »problematisches Verhalten dieser Personengruppen«. Die (deutschen) Nachbarn hätten aufgrund von »Polizeieinsätzen mit mehreren Verletzten« und nächtlicher Ruhestörung »die Nase voll vom Wohnheim Poller Damm«.

Pro NRW beansprucht die sofortige Abschaffung der doppelten Staatsbürgerschaft. Der Pro NRW-Generalsekretär Markus Wiener begründet dies mit den angeblichen Aufrufe türkischer Medien, bei der Landtagswahl in Hessen Rot-Grün zu wählen:[477] »Damit, wird ein Teil der Wahlberechtigten, insbesondere

---

474 www.pro-nrw.org/content/view/60/23
475 www.pro-nrw.org/content/view/292/47
476 www.pro-nrw.org/content/view/51/23
477 www.pro-nrw.org/content/view/277/23

junge Türken mit deutschem Pass, von den Meinungsbildern eines anderen außereuropäischen Landes gesteuert. Das ist untragbar.«

Pro NRW setzt sich massiv für eine Änderung der Einwanderungs- und Integrationspolitik ein. Dabei bezeichnete die Partei die »Kontrolle über die eigenen Grenzen« als »Lebensfrage«. Folgende Forderungen werden aufgestellt: »Das weltweit einmalig großzügige bundesdeutsche Grundrecht auf Asyl muss ebenso rigoros eingeschränkt werden, wie die Praxis der ›Heiratsmigration‹ und Familienzusammenführung, die dafür sorgen, dass das Millionenheer der chancenlosen, unqualifizierten Integrationsverweigerer auch von außen ständig Nachschub erhält.« Die Argumentation wird von wohlstandschauvinistischen Motiven geprägt: »Wer will, dass z.B. nur noch Leistungsträger nach Deutschland kommen können, muss allen die Türe weisen, die lediglich der Wunsch nach einem besseren Leben auf Kosten anderer herführt.«

Pro NRW fordert eine Revitalisierung eines völkisch definierten Nationalismus und eine »deutsche Leitkultur« ein. Judith Wolter erklärte:[478] »(…) Wir müssen endlich wieder zu einem normalen und unbefangenen Verhältnis zu unserer Nation gelangen. (…) Ohne Patriotismus, ohne Nationalgefühl kann ein Staat wie die BRD letztendlich nicht funktionieren. (…) Das zufällige, unverbindliche Zusammentreffen von Menschen aller Herren Ländern und unterschiedlicher Kultur auf einem gemeinsamen Territorium stiftet keinen gemeinsamen Halt, keinen Sinn für Bindung und Verantwortung. Wir hingegen werden auch künftig für eine deutsche Leitkultur eintreten.«

Islam und Islamismus

Die Kenntnis über »den Orient« und »den Islam« sind Ausdruck gesellschaftlicher Konstruktionsprozesse. Die Kulturalisierung des »Anderen« geht auf eine lange Tradition zurück, die das europäische Bild über »den Orient« nachhaltig bestimmte.[479] Die Konstruktion des »Orients« geschieht auf exotisierende, verklärende oder herabsetzende Weise, stets jedoch in Abgrenzung zum Selbstbild der »eigen« Kultur. Bezogen auf die Analogisierung orientalisierender und sexualisiernder Diskurse werden mit dem »Orientalischen« »weibliche« Bereiche verbunden (Haremschleier, Bauchtanz, Küche), während Gewalt, Krieg und das Kopftuch eher in »männliche« Kontexte gestellt werden. Orientalisierung und antimuslimischer Rassismus stellen in der bundesrepublikanischen Gesellschaft

---

478 www.pro-nrw.org/content/view/214/44

479 Vgl. dazu Kabbani, R.: Mythos Morgenland. Wie Vorurteile und Klischees unser Bild vom Orient bis heute prägen, München 1993 oder Said, E.: Orientalismus, Frankfurt/Main 1981

kein Randphänomen dar, sondern bilden eine »Facette üblicher Konstruktionsprozesse, Normalisierungsbestrebungen und Machtverhältnisse«.[480]

Pro NRW verzichtet auf die notwendige Unterscheidung zwischen Islam und Islamismus. Der Islam (arabisch: Ergebung in Gottes Willen) ist eine der großen Weltreligionen. Dagegen handelt es sich beim Islamismus um eine Vorstellung, die auf den Gesellschaftswandel mit einer intoleranten Ablehnung aller nichtislamischen Ideologien in alle Lebensbereiche geantwortet hat. Es handelt sich weniger um eine religiöse Erneuerung als eine totalitäre Ideologie, die die Religion in ihren Dienst stellt. Der Islamismus zeichnet sich durch folgende Merkmale aus:[481]

- Rückkehr zum Koran als unverfälschte Glaubensquelle;
- Orientierung am Frühislam als die Einheit der Umma (islamische Gemeinschaft), in der die Scharia, das islamische Recht, alle Bereiche des menschlichen Lebens regelt;
- Betonung der Gleichheit aller Gläubigen und Einheit Gottes.

Pro NRW sieht den Islam nicht als freie Religionsausübung von Muslimen in Deutschland, sondern als »Übertragung der islamischen Wertvorstellungen und der Scharia auf unsere Gesellschaft und unsere Heimat.«[482] In pseudoemanzipierter Manier geht Pro NRW auf die Stellung der Frau in den islamischen Ländern ein:[483] »Frauen werden im Regelfall in den islamistischen Ländern dem totalen Diktat der patriarchischen Wertvorstellungen der alles beherrschenden Scharia unterworfen. (…) Dass Frauen für den islamischen Mann nur ein Sexobjekt zur Triebabfuhr ist (…) Islam bedeutet daher auch eine Ausübung von sexueller Herrschaft des Mannes über die Frau. (…) Unsere Multi-Kulti-Apostel einschließlich Altparteien und Feministinnen schauen nach wie vor tatenlos zu, wenn Millionen Frauen in Europa als Menschen zweiter Klasse abgestempelt werden.«

Es wird versucht, einen Dualismus zwischen dem angeblich aufgeklärten und fortschrittlichen Westen und dem im mittelalterlichen Denken verhafteten Islam zu konstruieren. Pro NRW vergisst dabei nicht nur zu erwähnen, dass das Denken in der BRD immer noch patriarchalisch geprägt ist, sondern bedient sich hier westlicher patriarchaler Orientbilder, die sich den Orient mal als feminin, weich und passiv vorstellen und damit vom »zivilisierten« Westen erobert (und sprachlich penetriet – Islmaophopie) werden muss, und mal als

---

480 Attia, Kulturrassismus und Gesellschaftskritik, in: Ders, Orient- und IslamBilder, a.a.O., S. 11
481 Tworuschka, Grundwissen Islam, a.a.O., S. 73
482 www.pro-nrw.org/content/view/297/38
483 www.pro-nrw.org/content/view/398/20

männlich, gefährlich und fanatische ausmalen (Vgl. Iman Attia, 2007). Im Programm und in den politischen Stellungnahmen von Pro NRW findet sich so gut wie gar keine Stellungnahmen zur Gleichstellung von Mann und Frau. Eine Auseinandersetzung mit den feministischen Theorien – ganz zu schweigen mit kritische feministische Theorien, die bevölkerungspolitische Aspekte wie bei Ingrid Strobls[484] berücksichtigen, fehlt völlig.

Das Bild vom rückständigen Islam zeichnet Pro NRW mit dem Verweis auf die so genannten Ehrenmorde in der BRD. Laut der Regionalpartei wurden zwischen 1998 und 2008 in der BRD 55 solcher Morde und Mordversuche mit insgesamt 70 Opfern verübt.[485]

Der »islamistisch beeinflussten türkischen Regierung« wird unterstellt, dass sie die Zahl türkischer MigrantInnen mit Hilfe des Gesetzes der Familienzusammenführung vergrößern will.[486]

Der Bau von Moscheen in der BRD wird als Zeichen einer »schleichenden Islamisierung« verstanden. In Köln stieg die Zahl der Moscheen und islamischer Gebetsräume laut Pro NRW in den letzten Jahrzehnten auf über 100, was langfristig für »das friedliche Zusammenleben in unserer Gesellschaft außerordendlich gefährlich« sei.[487] Der Kampf gegen den Moscheebau sei notwendig, um zu verhindern, dass NRW »kein bevorzugtes Einsatzgebiet für islamistische Extremisten« werde:[488] »Offenbar soll in ganz NRW flächendeckend die grüne Fahne des Propheten gehisst werden. Von Dortmund, Aachen und Meschede über Bergheim, Gelsenkirchen, Kreuztal, Unna und Moers – in all diesen Städten sind neue, repräsentative Moscheen in Planung oder werden schon gebaut. Die Bürgerbewegung Pro NRW wird den lautstarken Protest der einheimischen Bevölkerung gegen diese Islamierungsoffensive organisieren. Was in Köln möglich war, ist grundsätzlich überall in NRW möglich.«

Als am 12.12.2008 die Tageszeitung »General-Anzeiger-Bonn« eine öffentliche Diskussion über eine geplante Moschee in Alfter-Wittenschlick (Rhein-Sieg-Kreis) veranstaltete, protestierten Angehörige von Pro NRW gegen den Moscheebau.[489]

Der Pro-NRW-Generalsekretär Wiener warnt vor einer Ausbreitung des Islamismus innerhalb Nordrhein-Westfalens:[490] »Islamistische Terroristen sind

---

484 Vgl. dazu Strobl, I.: Strange Fruit. Bevölkerungspolitik: Ideologien Ziele Methoden Widerstand. Berlin 1991
485 www.pro-nrw.org/content/view/462/22
486 www.pro-nrw.org/content/view/730/42
487 www.pro-nrw.org/content/view/69/23
488 Ebd.
489 www.pro-nrw.org/content/view/817/1/
490 www.pro-nrw.org/content/view/78/21

unter uns. Immer wieder versuchen Islamisten, NRW zum Schauplatz des Djihad zu machen. Erinnert sei nur an die sogenannten Kofferbomber von Köln, die im vergangenen Jahr Sprengsätze in Regionalzügen deponierten. (...) Und erst in der letzten Woche wurden im Sauerland wieder Mitglieder einer islamistischen Zelle festgenommen, die mit Autobomben ein verheerendes Blutbad anrichten wollten. (...) Wenn nicht bald ein politisches Umdenken stattfindet, dann ist es nur noch eine Frage der Zeit, bis in NRW auch die ersten Bomben explodieren.«

Wiener entwirft ein Schreckensszenario, wonach die BRD »nach wie vor ein bevorzugter Ruhe-, Ausbildungs- und Reserveraum islamistischer Terroristen« sei.[491] Für diese Entwicklung seien das Schengener Abkommen, was für die Lockerung der Grenzkontrollen sorge, die erleichterte Staatsbürgerschaft, die Duldung von Illegaler[492] sowie die allgemeine Asyl- und Zuwanderungspolitik verantwortlich. Die bundesdeutsche Justiz wird als zu täterfreundlich bezeichnet und die »Förderung islamistischer Propagandisten und Einrichtungen« durch etablierte Parteien und Medien sowie der Kirchen kritisiert.

Durch gewaltbereite IslamistInnen sei die innere Sicherheit gefährdet; die Überwachung dieses Personenkreises würde 10.000 Euro am Tag kosten.[493]

Pro NRW wirbt für eine »Zusammenarbeit aller seriösen islamkritischen Kräfte«. Sie sieht dabei vor allem die »Bürgerbewegung Pax Europa« als Bündnispartner.[494] Der am 17.5.2008 aus der Fusion des »BDB –Bundesverbandes der Bürgerbewegungen e.V.«-mit »Pax Europa e.V.« hervorgegangene gemeinnützige Verein »Bürgerbewegung Pax Europa« hat ihren Sitz Wetzlar/Hessen. Das Ziel des Vereins liegt laut der Satzung darin, »die Öffentlichkeit unabhängig von politischen Parteien oder sonstigen Interessengruppen wertneutral über die Ausbreitung des Islam in Europa und die damit verbundenen Folgen« für das demokratische Staatswesen zu unterrichten. Dies soll durch regelmäßige Veröffentlichungen, öffentliche Informationsveranstaltungen und die Unterstützung von wissenschaftlichen Studien, Tagungen und Kongressen verwirklicht werden. Der Verein informiert über seine Internetseite die Öffentlichkeit über seine Tätigkeit. Neben eigener Projektarbeit werden auch Personen, die gegen die »Ausbreitung des Islam« oben genannten Gebiet publizistisch oder auf anderer Weise tätig sind, finanziell und ideell unterstützt. Pax Europa, die sich angeblich gegen Fremdenfeindlichkeit, Totalitarismus und Antisemitismus positioniert, betont den Dualismus zwischen dem »christlichen Abendland« und dem »ori-

---

491 www.pro-nrw.org/content/view/110/22
492 Zum Diskurs und Begriff »Illegale Einwanderung« vgl. Heck, G.: »Illegale Einwanderung«. Eine umkämpfte Konstruktion in Deutschland und den USA, Münster 2008
493 www.pro-nrw.org/content/view/138/47
494 www.pro-nrw.org./content/view/795/44

entalischen Islam«.[495] Die Organisation wendet sich »gegen die reaktionäre Verteidigung der islamischen Herrschaftsideologie durch islamophile Kräfte.« Dagegen will sie »den Erhalt der Wertegemeinschaft der christlich-jüdischen geprägten europäischen Kultur, die der freiheitlich-demokratischen Grundordnung des Grundgesetzes zugrunde liegt«, fördern. Der Islam wird in seinem Wesen als gewalttätige und antidemokratische Bewegung angesehen:[496] »Der Verein klärt über Bestrebungen auf, diese freiheitlich demokratische Grundordnung in Frage zu stellen und langfristig zugunsten islamisch geprägter Interessengruppen zu verändern. Damit fördert der Verein das demokratische Staatswesen und trägt zu seinem Erhalt bei.« Außerdem wird der Islam mit dem Faschismus gleichgesetzt:[497] »Als Aufgabe haben wir uns gestellt, der schleichenden Islamisierung in der Gesellschaft entgegenzuwirken: So werden wir vielleicht eines Tages unseren Enkel, wenn sie uns fragen, sagen können, wir haben uns eingesetzt und Demokratie gegen eine faschistoide Ideologie verteidigt.«

Der Publizist und »Terrorismusexperte« Udo Ulfkotte stand bis zu seinem Ausscheiden Ende 2008 als Präsident an der Spitze der »Bürgerbewegung Pax Europa«. Die Auseinandersetzung mit dem Islam ist ein zentrales Thema seiner journalistischen Tätigkeit.[498] Der Vorstandsvorsitzende der »Bürgerbewegung Pax Europa« ist Willi Schwend; die anderen Vorstandsmitglieder sind Eckhardt Kiwitt, Gerhard Lipp, Dieter Moll, das Berliner CDU-Mitglied Rene Stadtkewitz und Wilfried Puhl-Schmitt. Der Verein besitzt Landesverbände in Baden-Württemberg, Bayern, Berlin-Brandenburg, Hessen; der Landesverband Nord ist für Bremen, Hamburg, Niedersachsen und Schleswig-Holstein zuständig.[499] Die Jugendorganisation des Vereins, Pax Jugend, verfolgte folgende Ziele:[500] »Wir setzen uns für den Erhalt des bestehenden kulturellen Werteverbundes ein. Die große Gefahr für die freiheitliche Rechts- und Gesellschaftsorientierung besteht auch in der schleichenden Islamisierung Europas. Der Herrschaftsanspruch der Scharia auf staatlicher und gesellschaftlicher Ebene versucht unser freies westliches Gesellschaftssystem durch eine intolerante Religion zu ersetzen. Dieses wahrzunehmen, deutend zu verstehen und offen auszusprechen ist uns wichtig. Wir wollen die junge Generation auffordern, die gesellschaftlichen

---

495 http://s233199163.online.de/test/news/detail.php?nid=39
496 Ebd.
497 http://s233199163.online.de/test/geschichte.php
498 Vgl. dazu folgende Bücher: Ulfkotte, U.: Der Krieg in unseren Städten, Frankfurt/M. 2004 oder Ulfkotte, U.: SOS Abendland. Die schleichende Islamisierung Europas, Rottenburg am Neckar 2008
499 http://s233199163.online.de/test/verein/lvs.php
500 http://s233199163.online.de/test/jugend/index.php

Probleme beim Namen zu nennen und nicht wegen falsch verstandener Toleranz zu schweigen.«

Anfang Dezember 2008 verließ Ulfkotte die »Bürgerbewegung Pax Europa« wegen deren »zunehmend extremistischen Kurses« und warf ihr die Verbreitung »rassistischer und womöglich volksverhetzender Bilder im Stürmer-Stil« vor.[501]

Die »Bürgerbewegung pro NRW« steht auch dem »politisch inkorrekten Weblog in Deutschland« Politically Incorrect (PI) nahe. Auf ihrer Internetseite veröffentlicht PI regelmäßig islamfeindliche Artikel und macht Werbung für rassistisch antiislamische Bücher. Darunter fällt auch die »bekannte Islamkritikerin« Oriani Fallaci[502], die folgendes über ihre Vorstellung des Islams erläuterte:[503] »Europa ist nicht mehr Europa, es ist ›Eurabien‹, eine Kolonie des Islam, wo die islamische Invasion nicht nur physisch voranschreitet, sondern auch auf geistiger und kultureller Ebene.«

Pro NRW nutzte das im Artikel des Grundgesetzes garantierte Petitionsrecht, mit dem sich die Bevölkerung jederzeit mit Beschwerden an die Volksvertretungen wenden kann. Zu diesem Zweck wandte sich Pro NRW mit der rassistisch antimuslimischen Petition »Nein zu Großmoscheen, Minaretten und Muezzinruf!« an den Landtag Nordrhein-Westfalens, die folgendes beinhaltete:[504] »Der nordrhein-westfälische Landtag wird aufgefordert, die nötigen gesetzlichen Voraussetzungen zu schaffen, um in Zukunft weitere Großmoscheebauten, Minarette und Muezzinruf in unseren Städten und Gemeinden zu verhindern. Zudem soll das Land NRW geeignete Maßnahmen ergreifen, um islamistische Zentren zügig zu schließen und radikale muslimische Hassprediger umgehend abschieben zu können.«

Pro NRW lehnt den EU-Beitritt der Türkei ab und fordert die sofortige Beendigung der Beitrittsverhandlungen mit der Türkei. Dies wird damit begründet, dass lediglich ein geringer Teil der Türkei in geographischer Hinsicht zu Europa gehöre:[505] »Ein solcher Beitritt dient ausschließlich den strategischen Interessen der USA und läuft der europäischen Identität zuwider. (…) Das Ziel der EU-Polit-Nomenklatura ist also die Schaffung eines regelrechten Molochs, den außer unserer Kultur, fremde, außereuropäische Staaten angehören sollen.«

---

501 Die Welt vom 2.12.2008
502 Vgl. dazu Fallaci, O.: Die Wut und der Stolz, München 2002 oder Dies.: Kraft der Vernunft, München 2004
503 http://politicallyincorrect.myblog.de/politicallyincorrect/art/4284465
504 www.pro-nrw.org/content/view/268/200
505 www.pro-nrw.org/content/view/472/20

Außerdem wird argumentiert, dass die politische Kultur der Türkei nicht »mit unserem Wertesystem vereinbar« sei und »hunderttausende Kurden und Türken dann in unsere sozialen Sicherungssysteme einreisen« dürften.[506]

Der SPD, den Grünen und der Linkspartei wird allen Ernstes vorgeworfen, dass sie deshalb eine muslimische Zuwanderung befürworten, um bei der Landtagswahl 2010 die absolute Mehrheit zu erringen. Angeblich würden 62% der eingebürgerten MuslimInnen nach Meinungsumfragen die SPD wählen; die restlichen Stimmen würden die Grünen, die Linkspartei und FDP bekommen.[507]

Die bisherige Regelung, der Türkei lediglich eine »privilegierte Partnerschaft« anzubieten, hält Pro NRW für ein Ablenkungsmanöver:[508] »In Wirklichkeit ist auch die Merkel-Regierung längst vor der mächtigen und einflussreichen Osmanen-Lobby eingeknickt und wird letztendlich eine Mitgliedschaft der Türkei sehr wohl akzeptieren.«

Pro NRW fordert einen Maßnahmenkatalog gegen die »schleichende Islamisierung«. Markus Beisicht verlangt, dass demnächst BewerberInnen um die deutsche Staatsbürgerschaft durch die Unterzeichnung einer Urkunde ihr Bekenntnis zum Grundgesetz beweisen sollten.[509] Bei einer Zuwiderhandlung z.B. einer Propagierung der Scharia könnte der Person jederzeit die Staatsangehörigkeit wieder entzogen werden. Weitere Forderungen von Pro NRW sind das Verbot von Minaretten und Muezzin-Ruf, ein Kopftuchverbot an Schulen, Universitäten und im öffentlichen Dienst sowie die Verpflichtung der Religionen zur Verwendung der deutschen Sprache bei der Abhaltung von Gottesdiensten und Predigten.

Zudem müsse die Öffentlichkeit regelmäßig »über die bestehenden Gefahren der Islamisierung« durch einen »jährlichen Situationsbericht« informiert werden. Ein solcher Bericht sollte sich mit der Integration von Muslimen im Hinblick auf die Themenbereiche »Praktizierung der Scharia, Gewaltpotential und Terrorismusgefahr, Lebensweise und Bildung einer Parallelgesellschaft, Hassprediger, religiöse Erziehung, Haltung zum Extremismus, Zwangsehe, Ehrenmord, Menschenrechte, Gleichberechtigung von Mann und Frau, Demokratieverständnis und Toleranz« befassen.

Unerlässlich sei auch eine verstärkte Überwachung von Moscheen, die »als Rekrutierungsorte für extremistische Strömungen« dienen könnten, sowie eine Überwachung der islamischen Schulen und des islamischen Religionsunterrichtes »mit Überprüfung der Schulbücher auf demokratiefeindliche Inhalte«.

---

506 www.pro-nrw.org/content/view/104/23
507 www.pro-nrw.org/content/view/110/22
508 www.pro-nrw.org/content/view/472/20
509 www.pro-nrw.org/content/view/87/23

Der islamische Religionsunterricht dürfe ausschließlich in deutscher Sprache abgehalten werden; Lehrer mit mangelnden Deutschkenntnissen sollte die Lehrerlaubnis entzogen werden. Außerdem müsse über ein »Trageverbot für islamische Kopfverhüllungen« an allen öffentlichen Einrichtungen der BRD nachgedacht werden.[510]

---

510 www.pro-nrw.org/content/view/475/22

Fazit

Der Populismus stellt in den westeuropäischen Massendemokratien ein dauerhaftes Phänomen dar, das zwar in seiner Größenordnung beträchtlichen Schwankungen unterworfen, aber jederzeit zu beleben ist. Die Tatsache, dass die traditionellen Parteibindungen sich in den letzten Jahrzehnten in der BRD und in anderen westeuropäischen Staaten abgeschwächt haben, führt dazu, dass populistische Parteien unter günstigen Voraussetzungen unzufriedene WählerInnen für sich gewinnen können. Die Zielgruppe des Populismus sind die Mittelschichten, die sich durch die politischen EntscheidungsträgerInnen benachteiligt sehen. Für diese Entwicklung werden staatliche Institutionen und deren RepräsentantInnen verantwortlich gemacht. Beim Populismus als Strategie geht es um die Instrumentalisierung von Schwarz-Weiß-Bildern des Politischen; komplexe Probleme werden in simple Parolen transformiert.

Um nicht mit dem Vorwurf des Rechtsextremismus belegt zu werden, bezeichnet sich die Pro-Bewegung als »rechtspopulistisch«. Auf der Gründungsversammlung des Bezirksverbandes von Pro NRW am 28.04.2008 äußerte Jörg Uckermann:[511] »Als stellvertretender Bezirksbürgermeister von Köln-Ehrenfeld habe ich die kommunalpolitischen Probleme und die Verweigerungshaltung der Altparteien insbesondere auch der CDU im Detail kennen gelernt. Bei pro Köln bzw. pro NRW sind dagegen Menschen mit Gespür für den Bürgerwillen und der Entschlossenheit zu einer bürgerfreundlichen Politik am Werke. Das verstehe ich als politischen Populismus im besten Sinne.« Diese Eigenbezeichnung als RechtspopulistInnen bedeutet jedoch keine Abkehr von extrem rechten Inhalten.

Die »Bürgerbewegung Pro Köln« gründete sich am 5.6.1996 in Köln-Dünnwald. Der Aufbau und die Entwicklung von Pro Köln sind eng verknüpft mit der extrem rechten »Deutschen Liga für Volk und Heimat« (DLVH), die in Köln jahrelang die hegemoniale Partei des rechten Lagers war. Die DLVH wurde am 3.10.1991 als Sammlungsbewegung des rechten Lagers in der BRD gegründet. Der DLVH entstammen mehrere heutige Spitzenfunktionäre von Pro Köln wie Manfred Rouhs und Markus Beisicht.

Nachdem ihr Kandidat Stephan Flug bei der Direktwahl des Kölner Oberbürgermeisters im Jahre 2000 lediglich 0,5% der Stimmen erhielt, konzentrierte Pro Köln alle Anstrengungen auf die Kommunalwahl. Mit der Agitation gegen den Bau der Moschee in Köln-Ehrenfeld und zu diesem Thema abgehaltene

---

511 Häusler, A.: Rechtspopulismus als Stilmittel zur Modernisierung der extremen Rechten, in: Häusler, Rechtspopulismus als »Bürgerbewegung«. Kampagnen gegen Islam und Moscheebau und kommunale Gegenstrategien, a.a.O., S. 37-54, hier S. 40

Demonstrationen wurde die »Bürgerbewegung« auch außerhalb Köln einer breiteren Öffentlichkeit bekannt. Bei der Wahl zum Kölner Stadtrat 2004 erreichte Pro Köln 4,7% der Stimmen; dadurch bekam sie vier Mandate im Stadtrat, die von Manfred Rouhs, Bernd-Michael Schöppe, Regina Wilden und Judith Wolter besetzt wurden. Ein fünftes Mandat erreichte Pro Köln durch den Übertritt des Ratsherren Hans-Martin Breninek von den »Republikanern«. Pro Köln gelang ebenfalls der Sprung in alle neun Kölner Bezirksvertretungen mit 12 Mandaten.

Pro Köln will in ihrer Außendarstellung als Partei wahrgenommen werden, die im Gegensatz zu den übrigen im Rat der Stadt Köln vertretenen Parteien für Ehrlichkeit und »Bürgernähe« steht. Das offizielle Programm für die Kommunalwahl 2009 enthielt 16 Punkte, die plakative Aussagen enthielten und leicht verständlich für potentielle WählerInnen waren.

Durch den Einzug in den Rat der Stadt Köln und den damit verbundenen finanziellen Spielräumen betrieb Pro Köln eine strukturelle Jugendarbeit. Der erste Schritt war die Gründung eines »Arbeitskreises Jugend«. Dieser Arbeitskreis war für die Herausgabe der vor allem mit antimuslimisch rassistischen Inhalten gefüllten Schüler- und Jugendzeitung »Objektiv« verantwortlich. Die »Jugend Pro Köln« nahm »Tag der patriotischen Jugend« am 3./4.5.2008 in Antwerpen teil und knüpfte dort Kontakte mit anderen extrem rechten Jugendorganisationen aus Europa.

Der am 27.6.2008 gegründete Arbeitskreis »Christen pro Köln« sieht sich als Vorkämpfer der Christenheit gegen »den sich ausbreitenden Islam in Europa«. Der Arbeitskreis vertritt einen christlichen Fundamentalismus und wirft VertreterInnen der katholischen Kirche vor, dem »linken Zeitgeist« hinterherzulaufen. Neben der Kritik an den Erneuerungsbestrebungen der katholischen Kirche betreibt »Christen pro Köln« in homophoben Artikeln Stimmungsmache gegenüber Lesben und Schwulen.

Pro Köln bezieht sich auf die zahlreichen Fälle von Korruptions- und Vetternwirtschaft in den vergangenen Jahren in der Kölner Kommunalpolitik. Pro Köln versucht, aus diesen Korruptionsvorfällen politisches Kapital zu schlagen und sich als moralische Opposition der hintergangenen Kölner BürgerInnen zu präsentieren. Die Nichtbeachtung von Pro Köln in den Zeitungen von Neven DuMont wird in verschwörungstheoretischer Manier als ein Zusammenspiel der Presse und der etablierten Parteien gesehen. Am Beispiel des 8.5.1945 wird auf geschichtsrevisionistische Weise versucht, den Tag der Befreiung vom Nationalsozialismus umzudeuten und die Deutschen selbst als Opfer der Alliierten darzustellen. Jahrelang war für Pro Köln in antiziganistischer Manier das Thema der »Klau-Kids« von großer Bedeutung. Im Kommunalwahlkampf 2004 nahm das Motiv der »kriminellen Sinti und Roma« einen zentralen Platz ein. Pro Köln agitierte außerdem gegen ein Flüchtlingswohnheim in Köln-Poll, in dem ca. 160 Personen – überwiegend Roma aus dem ehemaligen Jugoslawien – wohnten. Weiterhin plädierte Pro Köln mit Law-and-Order Parolen für eine Stärkung der »inneren Sicherheit«. Die Partei forderte mehr öffentliches und privates Sicherheitspersonal in »Brennpunktvierteln«, die Videoüberwachung von Kriminalitätsschwerpunkten sowie für ein koordiniertes Zusammenwirken von Polizei, Ordnungsamt und anderen zuständigen Stellen.

Pro Köln verfolgt das Ziel, gesellschaftliche Problemlagen mit der Zuwanderung von MigrantInnen in Verbindung zu bringen. Die »demographische Katastrophe« wird zu einer »inneren Bedrohung« hochgespielt. Das »Aussterben des deutschen Volkes« wird dem Kinderreichtum von MigrantInnen in Deutschland gegenübergestellt. Pro Köln weist auf die steigende Gewaltkriminalität unter Jugendlichen und jungen Erwachsenen hin. Dabei wird die nicht belegbare These vertreten, dass die Opfer dieser Gewaltkriminalität meistens Deutsche wären, während die TäterInnen überwiegend aus »multikulturellen Jugendgangs« bestehen würden.

Pro Köln machte die Ablehnung des Baus der Moschee im Stadtteil Ehrenfeld zu einem wesentlichen Teil ihres Kommunalwahlkampfes 2004. Das Thema Moscheebau beschäftigte die Kölner Öffentlichkeit in den letzten Jahren und besaß eine überlokale gesamtgesellschaftliche Relevanz. Eine Grundsatzdebatte über den Moscheebau in Ehrenfeld innerhalb der Kölner CDU führte dazu, dass der CDU-Vorsitzende von Ehrenfeld, Jörg Uckermann, aus der Partei austrat und sich Pro Köln anschloss. Der Kölner Autor und Publizist Ralph Giordano sprach sich gegen den Bau der Moschee aus. Mit seinen Aussagen bot er rassistischen Argumenten von Pro Köln öffentlich eine Argumentationsvorlage.

Die Themenkombination Islam und Islamismus nimmt in der politischen Arbeit von Pro Köln einen zentralen Stellenwert ein. Die in der Öffentlichkeit undifferenziert und mit Bedrohungsszenarien belegte Diskussion um die Themen Islam/Islamismus, Migration und Integration wurden von Pro Köln als antimuslimische Kampagne aufgegriffen. Sie kann sich dabei der gesellschaftlich breit verankerten Diskurse der Orientalisierung bedienen. Pro Köln macht in ihren politischen Stellungnahmen Stimmung gegen einen abendländischen konstruierten und homogenisierten Islam und islamisiert gleichzeitig besonders türkische Deutsche und Menschen mit einem »türkischen Migrationshintergrund«. Dabei verwendet Pro Köln den Dualismus von der Verteidigung der »deutscher Leitkultur« und dem »christlichem Abendland« gegen die »schleichende Islamisierung«. Zur Abwehr dieser Angstmetapher der »schleichenden Islamisierung« verlangt Pro Köln die Erschwerung der Einwanderung in die BRD, eine schnellere Aburteilung und Abschiebung »krimineller« ZuwandererInnen und die sofortige Schließung von Moscheen, Schulen und Einrichtungen mit islamischen Aktivitäten.

Auf verschiedene Erwähnungen in den Verfassungsschutzberichten des Landes NRW reagiert Pro Köln mit polemischen Beschimpfungen und kruden Verschwörungstheorien. Der Verfassungsschutz in Nordrhein-Westfalen wird als »der bundesdeutsche Inlandsgeheimdienst« bezeichnet, der »im Auftrage der etablierten Parteien deren Macht verteidigt«. Ende März 2008 protestierten ca. 30 Personen von Pro Köln und Pro NRW vor der Düsseldorfer Staatskanzlei gegen die Erwähnung im Verfassungsschutzbericht 2007.

Pro Köln distanziert sich aus wahltaktischen Gründen verbal von den »alten« extrem rechten Parteien wie NPD und DVU und betont penetrant ihren demokratischen Anspruch und ihr Bekenntnis zum Grundgesetz. Seitdem NPD, »Republikaner« und »Freie Kameradschaften« Kampagnen zu den Themenbereichen Islam und Moscheebau aufgreifen, sieht Pro Köln ihre hegemoniale Stellung als antiislamistische Partei gefährdet. Zahlreiche Beispiele belegen, dass es seit dem Jahre 2000 immer wieder eine Zusammenarbeit mit extrem rechten Kreisen gab.

Seit einigen Jahren unterhält Pro Köln gute Beziehungen zum belgischen Vlaams Belang und zur österreichischen FPÖ. Die Wahlerfolge der beiden Parteien in ihren Ländern haben für Pro Köln einen gewissen Vorbildcharakter.

Unter dem Motto »Nein zur Islamisierung – Nein zur Kölner Großmoschee« veranstaltete Pro Köln am 19/20.9.2008 in Köln einen »Anti-Islamisierungskongress« auf dem Heumarkt. Dieser Kongress stellte nicht nur eine Protestveranstaltung gegen die angeblich »schleichende Islamisierung« dar. Er erfüllte ebenso den Zweck, den Wahlkampf für die Kommunalwahl 2009 einleiten. Außerdem diente die Veranstaltung des Kongresses auch dazu, die europäische Vernetzung extrem rechter Parteien unter dem Dach einer »Anti-Islam-Kampagne« voranzutreiben. Neben antifaschistischen Initiativen beteiligten sich große Teile der Kölner Öffentlichkeit für eine Mobilisierung gegen den geplanten Kongress von Pro Köln.

Der »Höhepunkt« des Kongresses, an dem ca. 200 Personen aus dem In- und Ausland teilnahmen, war die gemeinsame Verabschiedung der »Kölner Erklärung«, in der rassistische und islamfeindliche Hetze betrieben wurde. Als es am Rande der Absperrungen gegen Mittag zu Zusammenstößen von ca. 200 militanten GegendemonstrantInnen mit der Polizei kam, untersagte der Kölner Polizeipräsident Klaus Steffenhagen die Veranstaltung mit der Begründung, dass die Sicherheit der Kölner BürgerInnen und der friedlichen DemonstrantInnen nicht mehr gewährleistet sei.

Um die Blamage des »Anti-Islamisierungskongresses« im Jahr 2008 vergessen zu machen und zugleich Öffentlichkeitsarbeit für die anstehenden Kommunalwahlen 2009 zu betreiben, initiierte Pro Köln einen zweiten »Anti-Islamisierungskongress« am 9./10.5.2009 auf dem Barmer Platz in Köln. Lediglich

200-300 Menschen waren bei der Kundgebung anwesend; mehrere Tausend Menschen protestierten friedlich gegen die Veranstaltung.

Am 6.2.2007 gründeten Funktionäre der »Bürgerbewegung pro Köln« mit überwiegend ehemaligen MitgliederInnen der »Republikaner« in Leverkusen den Verein »Bürgerbewegung Pro Nordrhein-Westfalen«. Die Gründung von Pro NRW stellte sowohl eine Ausdehnung des Modells Pro Köln auf andere Städte in NRW als auch das Signal für einen Wahlantritt bei den Landtagswahlen 2010 dar. Auf dem Gründungsparteitag im September 2007 beschlossen die Delegierten die Umwandlung zu einer Regionalpartei für ganz Nordrhein-Westfalen, die an den Kommunalwahlen 2009 und an der Landtagswahl 2010 teilnehmen sollte. Bis zur Landtagswahl wird der flächendeckende Ausbau von politischen Strukturen in Nordrhein-Westfalen angestrebt. Um den Bekanntheitsgrad von Pro NRW zu steigern, verlangt der Vorsitzende Markus Beisicht ein seriöses Auftreten und die Auseinandersetzung mit hegemonialen kommunalpolitischen Themenbereichen. Das Parteiprogramm von Pro NRW besteht aus sieben Punkten (Innere Sicherheit, Ausbildung statt Zuwanderung, Stoppt Korruption und Parteibuchwirtschaft, Rückbesinnung auf Werte, Neutraler Bürgerfunk, Ruhrgebiet stärken, Unser Gesundheitssystem), theoretische Herleitungen oder Bezugspunkte fehlen völlig. Bei dieser Aneinanderreihung plakativer Phrasen würde sich vermutlich der Nestor der bundesrepublikanischen Rechten, Armin Mohler, im Grab umdrehen. Auch die beiden Protagonisten der Pro-Bewegung inhaltlich verwandten rechten intellektuellen Szene, Götz Kubitschek und Karl-Heinz Weißmann, halten Distanz zur »Bürgerbewegung Pro NRW«. Die Beteiligung von Pro NRW bei der Kommunalwahl 2010 ist als Erfolg zu werten. Die Regionalpartei schaffte es, mindestens mit einer Person in die Kreis- und Stadträte.

Pro NRW postuliert die rasche Abschiebung »krimineller Ausländer« sowie eine Verschärfung des Jugendstrafrechts. Die Partei macht die abnehmende Polizeipräsenz in den Großstädten für die »mangelnde Sicherheit« verantwortlich und fordert eine Aufstockung der Polizeistreifen auf den Straßen. Pro NRW verbindet die Misere in der Schul- und Bildungspolitik mit der Zuwanderung. Der hohe Anteil von jungen MigrantInnen mit schlechten Deutschkenntnissen sei für die Bildungsmisere in Nordrhein-Westfalen verantwortlich. Pro NRW will das dreigliedrige Schulsystem erhalten und lehnt das Konzept der Gesamtschule ab. Der Arbeitskreis »Mittelstand Pro NRW«, der von dem Unternehmer Jürgen Clouth geleitet wird, sieht sich als Vertreter für die »staatstragende, wertorientierte Mittelschicht«. Mit marktradikalen Konzepten soll der Einfluss des Staates und der Gewerkschaften auf die Wirtschaft zurückgedrängt werden. Pro NRW denunziert nichtweiße Deutsche MigrantInnen pauschal als IntegrationsverweigerInnen, die sich in »Parallelgesellschaften« zurückziehen würden. Es hätte in den letzten Jahren und Jahrzehnten eine »Zuwanderung in die sozialen Sicherungssysteme« stattgefunden, so dass für die deutsche Bevölkerung immer weniger Geld bleibe. Pro NRW verfolgt das Ziel, als hegemoniale »Antiislamisierungspartei« wahrgenommen zu werden. Analog zum Protest gegen den Moscheebau in Köln-Ehrenfeld soll die Kölner Initiative auf andere Großstädte in NRW übertragen werden. Dabei geht es vor allem um den Bau der Merkez-Moschee in Duisburg-Marxloh in den geplanten Bau in Essen-Altenessen. Der EU-Beitritt der Türkei wird strikt abgelehnt und ein Maßnahmenkatalog gegen die »schleichende Islamisierung« gefordert.

Literatur

Monographien, Zeitschriften, Zeitungen

Aachener Nachrichten vom 20.11.2005
Aachener Nachrichten vom 21.7.2007
Aachener Nachrichten vom 5.1.2008
Aachener Nachrichten vom 28.8.2008
Aachener Nachrichten vom 29.8.2008
Ali, T.: Fundamentalismus im Kampf um die Weltordnung. Die Krisenherde unserer Zeit und ihre historischen Wurzeln, München 2002
Antifaschistische Nachrichten, Nr. 19 vom 25.9.2008
Antifaschistische Nachrichten, Nr. 20 vom 9.10.2008
Amtsgericht Münster: Beschluss vom 6. November 1981, Az. 32 Ds 46 Js 59/80
Bayerisches Staatsministerium des Innern (Hrsg.): Verfassungsschutzinformationen Bayern. 1. Halbjahr 2002, München 2002
Aslan, F./Bozay, K.: Graue Wölfe heulen wieder. Türkische Faschisten und ihre Vernetzung in der BRD. Münster 2000
Attia, I. (Hrsg.): Orient- und IslamBilder. Interdisziplinäre Beiträge zu Orientalismus und antimuslimischen Rassismus, Münster 2007
Benz, W. (Hrsg.): Antisemitismus in Deutschland. Zur Aktualität eines Vorurteils, München 1995
Benz, W.: Vorwort, in: Ders. (Hrsg.): Jahrbuch für Antisemitismusforschung, 17, Berlin 2008, S. 9-16
Betz, H.-G.: Rechtspopulismus. Ein internationaler Trend?, in: Aus Politik und Zeitgeschichte, Band 9-10, 1998, S. 3-12
Birg, H.: Die demographische Zeitenwende. Der Bevölkerungsrückgang in Deutschland und Europa, München 2001;
Birg, H.: Die Weltbevölkerung, München 2005
Birg, H.: Was die Demographie über unsere Zukunft sagt, München 2005
Blaue Narzisse vom 27.3.2008
Braasch, S.: »Deutsche Liga für Volk und Heimat – Neue Rechtspartei gegründet,« in: Der Rechte Rand 14/1991, S. 19-21
Broder, H.M.: »Hurra, wir kapitulieren!« Von der Lust am Einknicken. Berlin 2006
Bundesministerium des Innern (Hrsg.): Gewalt von rechts. Beiträge aus Wissenschaft und Publizistik, Bonn 1982
Bundesministerium des Inneren (Hrsg.): Muslime in Deutschland. Integration, Integrationsbarrieren, Religion und Einstellungen zu Demokratie, Rechtsstaat und politisch-religiös motivierter Gewalt, Berlin 2007
Bürgerbewegung Pro Köln Arbeitskreis Jugend (Hrsg.): Deutsch ist geil, Köln o.J.
Canovan, M.: Taking Politics to the People. Populism as the Ideology of Democracy, in: Mény, Y./Surel, Y. (Hrsg.): Democracies and the Populist Challange, New York 2002, S. 25-44

Christians, G.: Die Reihen fest geschlossen: die FAP, zu Anatomie und Umfeld einer militant neofaschistischen Partei in den 80er Jahren, Marburg 1990
Detjen, J.: Die rechtspopulistische Mobilisierungsstrategie von »pro Köln«, in: Helas, H./ Rubisch, D. (Hrsg.): Rechtsextremismus in Deutschland. Analysen, Erfahrungen, Gegenstrategien, Berlin 2006, S. 84-94
Der Standard vom 28.2.2005
Deutsche Stimme 1/2003
Deutsche Stimme 7/2007
Deutsche Stimme 11/2007
Die Aula, Dezember 2005
Die Presse vom 8.11.2006
Die Sachsen Zeit vom 11.12.2008
Die Welt vom 6.1.1999
Die Welt 11.2.2007
Die Welt vom 18.11.2008
Die Welt vom 2.12.2008
Europa Vorn, Nr. 35,1991
Fallaci, O.: Die Wut und der Stolz, München 2002
Fallaci, O.: Kraft der Vernunft, München 2004
Fernsehdiskussion Faymann – Strache am 16. September 2008
Flugblatt von Pro Köln zur Kommunalwahl am 26.9.2004
FPÖ Wien: Strache: »KanakAttack« – Wien darf nicht Istanbul werden. 28. Februar 2005
Fraktion Pro Köln in der Bezirksvertretung Ehrenfeld: Antrag vom 12.4.2008: die Durchführung einer Aktuellen Stunde zum Thema »Radikaler Islam in Ehrenfeld und die Gefahr für die Bevölkerung und die Stadt Köln«, Köln 2008
Fraktion der Bürgerbewegung Pro Köln e.V. im Rat der Stadt Köln: Antrag 14.2.2006, Köln 2006
Fraktion der Bürgerbewegung pro Köln e.V. im Rat der Stadt Köln: Antrag 22.6.2006, Köln 2006
Fraktion der Bürgerbewegung pro Köln e.V. im Rat der Stadt Köln: Antrag 28.9.2006, Köln 2006
Fraktion der Bürgerbewegung pro Köln e.V. im Rat der Stadt Köln: Antrag 14.8.2008, Köln 2008
Fraktion Pro Köln in der Bezirksvertretung Ehrenfeld: Antrag vom 12.04.2008, Köln 2008
Freiheitlicher Parlamentsklub – FPÖ: Strache: Islamismus ist der Faschismus des 21. Jahrhunderts. Wien 2007
Freudenberg, A Freiheitlich-konservative Kleinparteien im wiedervereinigten Deutschland: Bund Freier Bürger, Deutsche Partei, Deutsche Soziale Union, Partei Rechtsstaatlicher Offensive, Leipzig 2009
Geden, O.: Identitätsdiskurs und politische Macht. Die Mobilisierung von Ethnozentrismus zwischen Regierung und Opposition am Beispiel der FPÖ und SVP, in: Frölich-Steffen/Rensmann, L. (Hrsg.): Populisten an die Macht.

Populistische Regierungsparteien in Ost- und Westeuropa, Wien 2005, S. 71-85

Geden, O.: Diskursstrategien im Rechtspopulismus. Freiheitliche Partei Österreichs und Schweizerische Volkspartei zwischen Opposition und Regierungsbeteiligung, Wiesbaden 2006

Grangé, J.-C.: Das Imperium der Wölfe. Bergisch Gladbach 2005

Grumke, T./Wagner, B. (Hrsg.): Handbuch Rechtsradikalismus. Personen – Organisationen – Netzwerke vom Neonazismus bis in die Mitte der Gesellschaft, Opladen 2002

Hans-Willi Wolters, Bezirksvertreter für die Bürgerbewegung pro Köln in der Bezirksvertretung Lindenthal: Anfrage: Unterbringung von Asylbewerbern in Weiden, Köln 2007

Heinisch, R.: Die FPÖ – Ein Phänomen im internationalen Vergleich. Erfolg und Misserfolg des identitären Rechtspopulismus. In: Österreichische Zeitschrift für Politikwissenschaft 3/2004, S. 247-261

Heitmeyer, W./Loch, D.: Schattenseiten der Globalisierung, Frankfurt/M. 2001

Heitmeyer, W./Mansel, G.: Gesellschaftliche Entwicklung und Gruppenbezogene Menschenfeindlichkeit: Unübersichtliche Perspektiven, in: Heitmeyer, W. (Hrsg.): Deutsche Zustände, Frankfurt/Main 2007, S. 13-35

Häusler, A. (Hrsg.): »Rechtspopulismus als ›Bürgerbewegung‹. Kampagnen gegen Islam und Moscheebau und kommunale Gegenstrategien«, Wiesbaden 2008, S. 76

Häusler, A./Killgus, H.-P. (Hrsg.): Feindbild Islam. Rechtspopulistische Kulturalisierung des Politischen. Dokumentation zur Fachtagung vom 13.9.2008, Köln 2008

Heck, G.: »Illegale Einwanderung«. Eine umkämpfte Konstruktion in Deutschland und den USA, Münster 2008

Innenministerium des Landes Nordrhein-Westfalen (Hrsg.): Verfassungsschutzbericht des Landes Nordrhein-Westfalen 1994, Düsseldorf 1995

Innenministerium des Landes Nordrhein-Westfalen (Hrsg.): Verfassungsschutzbericht des Landes Nordrhein-Westfalen über das Jahr 1995, Düsseldorf 1996

Innenministerium des Landes Nordrhein-Westfalens (Hrsg.): Verfassungsschutzbericht des Landes Nordrhein-Westfalen über das Jahr 1996, Düsseldorf 1997

Innenministerium des Landes Nordrhein Westfalen (Hrsg.): Verfassungsschutzbericht des Landes Nordrhein-Westfalen über das Jahr 1998, Düsseldorf 1999

Innenministerium des Landes Nordrhein-Westfalen (Hrsg.): Verfassungsschutzbericht des Landes Nordrhein-Westfalen über das Jahr2000, Düsseldorf 2001

Innenministerium des Landes Nordrhein-Westfalen (Hrsg.): Verfassungsschutzbericht des
– Landes Nordrhein-Westfalen über das Jahr 2002, Düsseldorf 2003

Innenministerium des Landes Nordrhein-Westfalen (Hrsg.): Verfassungsschutzbericht des Landes Nordrhein-Westfalen über das Jahr 2006, Düsseldorf 2007

Innenministerium des Landes Nordrhein-Westfalen (Hrsg.): Verfassungsschutzbericht des Landes Nordrhein-Westfalen über das Jahr 2007, Düsseldorf 2008

Jäger, S./Halm, D. (Hrsg.): Mediale Barrieren. Rassismus als Integrationshindernis, Münster 2008

Jesse, E.: Die Rechts(außen)parteien. Keine ersichtlichen Erfolge, keine Erfolge in Sicht, in: Niedermayer, O. (Hrsg.): Die Parteien nach der Bundestagswahl 2002, Berlin 2003, S. 168-182

Junge Freiheit vom 6.5.2005
Junge Freiheit vom 17.2.2006
Junge Freiheit vom 3.3.2006
Junge Freiheit vom 11.1.2008
Jugendclub Courage (Hrsg.): Köln ganz rechts, Köln 2008
Kabbani, R.: Mythos Morgenland. Wie Vorurteile und Klischees unser Bild vom Orient bis heute prägen, München 1993
Klee, E.: Das Personenlexikon zum Dritten Reich, 2.Auflage, Frankfurt/M. 2005
Kölner Stadt-Anzeiger vom 30.12.2003
Kölner Stadt-Anzeiger vom 27.11.2007
Kölner Stadt-Anzeiger vom 4.11.2008
Kölnische Rundschau vom 3.7.2006
Kölnische Rundschau vom 17.8.2009
Königseder, A.: Feindbild Islam, in: Benz, W. (Hrsg.): Jahrbuch für Antisemitismusforschung, 17, Berlin 2008, S. 17-44
Kühnel, S./Leibhold, J.: Islamophobie in der deutschen Bevölkerung: Ein neues Phänomen oder nur ein neuer Name?, in: Wohlrab-Dar, M./Tezcan, L.(Hrsg.): Konfliktfeld Islam in Europa, Baden-Baden 2005, S. 135-154
Leipziger Volkszeitung vom 22.9.2008
Lindner, K.: »25 Jahre ›Marche des Beurs‹: Kämpfe der Migration im Frankreich der 1980er Jahren und heute«, in: Peripherie. Zeitschrift für Politik und Ökonomie in der Dritten Welt, Nr. 114/115, 29. Jg., Heft 2/2009, S. 304-324
Luther, K. R.: Die Freiheitliche Partei Österreichs (FPÖ) und das Bündnis Zukunft Österreichs (BZÖ), in: Dachs, H. u.a.. (Hrsg.): Politik in Österreich. Das Handbuch. Wien 2006, S: 364-388
Meyer, T.: Populismus und Medien, in: Decker, F.: (Hrsg.): Populismus in Europa. Gefahr für die Demokratie oder nützliches Korrektiv?, Wiesbaden 2006, S. 81-98
National-Zeitung Nr. 26, 2006
National-Zeitung vom 22.6.2007
Naumann, T.: Feindbild Islam. Historische und theologische Gründe einer europäischen Angst-gegenwärtige Herausforderungen, Siegen 2006
Noelle, E./Petersen, T.: Eine fremde, bedrohliche Welt, in: FAZ vom 17.5.2006
Objektiv Nr.1
Objektiv Nr.2
Objektiv Nr.3
Objektiv Nr. 4
ORF vom Januar 2007: »In falschen Kontext gestellt«
Österreich vom 26.1.2007
Papadopoulos, Y.: Populism, the Democratic Question, and Contemporary Governance, in: Mény, Y,/Surel, Y.: (Hrsg.): Democracies and the Populist Challange, New York 2002, S. 81-98
Pro Köln in der Bezirksvertretung Rodenkirchen (Hrsg.): Dokumentation. Bezirksvertretungsarbeit pro Köln 2004-2006, Köln 2007
Pro Köln. Fraktion im Rat der Stadt Köln (Hrsg.): Dokumentation. Stachel im Fleisch

der Etablierten. Ein Jahr Ratsarbeit pro Köln, Köln 2005
Pro Köln: Flugblatt: NEIN-zum geplanten Beitritt der Türkei zur EU, Köln o.J
Fraktion Pro Köln (Hrsg.) Bezirksvertretungsarbeit pro Köln 2004-2006, Köln 2007
Fraktion der Bürgerbewegung pro Köln e.V. im Rat der Stadt Köln: Antrag vom 18.5.2006, Köln 2006
Fraktion der Bürgerbewegung pro Köln e.V. im Rat der Stadt Köln: Antrag vom 28.9.2006, Köln 2006
Pro Köln (Hrsg.): Informationen von der Bürgerbewegung pro Köln e.V., Nr.1, 4.Quartal 2002, Köln 2002
Pro Köln (Hrsg.): Informationen der Bürgerbewegung pro Köln e.V., Nr. 2, 2.Quartal 2003, Köln 2003
Pro Köln (Hrsg.): Informationen von der Bürgerbewegung pro Köln e.V., Nr.7, 3.Quartal 2004, Köln 2004
Pro Köln (Hrsg.): Informationen der Fraktion pro Köln im Rat der Stadt Köln, Nr. 10, 2. Quartal 2005, Köln 2005
Pro Köln (Hrsg.): Informationen der Fraktion pro Köln im Rat der Stadt Köln, Nr. 13, 1. Quartal 2006, Köln 2006
Pro Köln (Hrsg.): Informationen der Fraktion pro Köln im Rat der Stadt Köln, Nr.15, 3.Quartal 2006, Köln 2006
Pro Köln (Hrsg.): Informationen der Fraktion pro Köln im Rat der Stadt Köln, Nr.17,1. Quartal 2007, Köln 2007
Pro Köln (Hrsg.) Informationen der Fraktion pro Köln im Rat der Stadt Köln, Nr.21, 4. Quartal 2008
Pro Köln (Hrsg.): Informationen der Fraktion pro Köln im Rat der Stadt Köln, Anfrage für die Sitzung des Rates am 22.6.2006/Türkischer Extremismus und Deutschfeindlichkeit, Köln 2006
Pro Köln (Hrsg.) Sonderblatt für den Stadtteil Zollstock zu den islamistischen Umtrieben in der Abu- Bakr- Moschee im Höninger Weg, Köln 2007
Pro NRW Rundbrief vom 15.7.2009
Prokla-Zeitschrift für kritische Sozialwissenschaften: »Bevölkerung«-Kritik der Demographie, Ausgabe 146, März 2007
Regina Wilden: Gegenrede zum Antrag des Integrationsrates auf Förderung Interkultureller Zentren vom 5.7.2005, Köln 2005
Rensmann, L.: Populismus und Ideologie, in: Decker, F. (Hrsg.): Populismus in Europa. Gefahr für die Demokratie oder nützliches Korrektiv?, Wiesbaden 2006, S. 59-80
Rheinische Post vom 22.9.2008
Said, E. W.: Orientalismus, Frankfurt/Main 1981
Sächsiche Zeitung vom 20.2.2008
Scheuch, E:K./Scheuch, U.: Cliquen, Klüngel und Karrieren: Über den Verfall der politischen Parteien, Reinbek 1992
Scheuch, E:K./Scheuch, U.: Bürokraten in den Chefetagen, Reinbek 1995
Scheuch, E. K.: Die Spendenkrise – Parteien außer Kontrolle, Reinbek 2000
Schmid, B.: Die neue Rechte in Frankreich, Münster 2009

Schmitt, C.: Der Begriff des Politischen, Berlin 1963
Schmitt, T. : Moscheen in Deutschland. Konflikte um die Errichtung und Nutzung, Flensburg 2003
Seeliger, R.: Braune Universität. Deutsche Hochschullehrer gestern und heute, Band 3, Berlin 1965
Solms, W./Strauß, D.: »Zigeunerbilder« in der deutschsprachigen Literatur, Heidelberg 1995
Spiegel Online: Rechtspopulist fordert Koran-Verbot vom 8.8. 2007
Strobl, I.: Strange Fruit. Bevölkerungspolitik: Ideologien-Ziele-Methoden-Widerstand, Berlin 1991
Süddeutsche Zeitung vom 22.9.2008
Tagesspiegel vom 7. 11. 2005
taz vom 20.4.2005
taz vom 10.9.2005
Tschworuschka, M.: Grundwissen Islam. Religion, Politik und Gesellschaft, Münster 2003
Ulfkotte, U.: Der Krieg in unseren Städten, Frankfurt/M. 2004
Ulfkotte, U.: SOS Abendland. Die schleichende Islamisierung Europas, Rottenburg am Neckar 2008
von Hellfeld, M.: Bündische Jugend und Hitlerjugend – Zur Geschichte von Anpassung und Widerstand 1930–1939, Berlin 1987
Vortrag von Markus Wiener bei der Gedenkveranstaltung von Pro Köln am 7.5.2005, Köln 2005
Wippermann, W.: Wie die Zigeuner – wie die Juden. Antisemitismus und Antiziganismus im Vergleich, in: Butterwegge, C. (Hrsg.): NS-Vergangenheit, Antisemitismus und Nationalismus in Deutschland, Baden-Baden 1997, S. 69-84
ZDF-Sendung »Frontal21« vom 8. Oktober 2002

Internetquellen

ao-wipperfuehrt.blogspot.com/marylin-anderegg bei pro-koeln.html
de.altermedia.info/…/austritt-«pro-koeln«-verliert-jugendbeauftragren-270509_29003.html
politicallyincorrect.myblog.de/politicallyincorrect/art/4284465
s233199163.online.de/test/news/detail.php?nid=39
s233199163.online.de/test/geschichte.php
s233199163.online.de/test/verein/lvs.php
s233199163.online.de/test/jugend/index.php
wien.orf.at/stories/105061/
diepresse.com/home/politik/innenpolitik/446252/index.do?parentid=0&act=0&isanonym=0
209.85.129.132/search?q=cache:YgIbhKxR3MoJ:ao-wipperfuerth.blogspot.com/2008_10_01_archive.html+Rede+Schrammas+Roncalliplatz+20.9.2008&cd=3&hl=d

e&ct=clnk&gl=de
gesamtrechts.wordpress.com/2009/07/07/nach-austritt-das-sagt-pro-nrw-aussteiger-uwe-berger/
www.berlinonline.de/berlinerzeitung/archiv/.bin/dump.fcgi/2009/0508/seite1/0036/index.html
www.christen-pro-koeln.de
www.christen-pro-koeln.de/archiv.htm
www.christen-pro-koeln.de/biskupek.htm
www.christen-pro-koeln.de/domradio.htm
www.christen-pro-koeln.de/ehrenfeld.htm
www.christen-pro-koeln.de/islamis.htm
www.christen-pro-koeln.de/pogrom.htm
www.christen-pro-koeln.de/reaktionen.htm
www.im.nrw.de/sch/756.htm
www.jugend-pro-koeln,de/jugendantwerpenfahrt2007.php
www.jugend-pro-koeln.de/einheitsschuleneindanke.php
www.jugend-pro-koeln.de/hetzjagdgodorf.php
www.jugend-pro-koeln.de/jugendinfostaende2007.php
www.jugend-pro-nrw.de/mitmachen.php
www.konservativ.de/epoche/145/epo145d.htm
www.kreuz.net/article.2705.html
www.mittelstand-pro-nrw.de/Beisicht.htm
www.mittelstand-pro-nrw.de/Bildung.htm
www.mittelstand-pro-nrw.de/Mittelstand.htm
www.mittelstand-pro-nrw.de/Schulpolitik.htm
www.mittelstand-pro-nrw.de/Why.htm
www.pi-news.net/leitlinien/
www.pro-koeln.net/images8/anfrage-ausstellung.pdf
www.pro-koeln.org/artikel/achtermai.htm
www.pro-koeln-online.de/artike08/149108_beisicht.htm
www.pro-koeln-online.de/artike6/intakt.htm
www.pro-koeln-online.de/artike6/mg.htm
www.pro-koeln-online.de/artike6/mitte.htm
www.pro-koeln-online.de/artike6/sitz.htm
www.pro-koeln-online.de/artikel 08/011008_preise.htm
www.pro-koeln-online.de/artikel 108/101208_breuer.htm
www.pro-koeln-online.de/artikel 108/111208_cdu.htm
www.pro-koeln-online.de/artikel 108/121208_interview.htm
www.pro-koeln-online.de/artikel 108/141208_kongress.htm
www.pro-koeln-online.de/artikel 108/181208_fraktion.htm
www.pro-koeln-online.de/artikel08/050508_jugend.htm
www.pro-koeln-online.de/artikel08/051108_ob.htm
www.pro-koeln-online.de/artikel08/061208_beisicht.htm

www.pro-koeln-online.de/artikel08/061208_nom09.htm
www.pro-koeln-online.de/artikel08/071008_mafia.htm
www.pro-koeln-online.de/artikel08/071208_nom09.htm
www.pro-koeln-online.de/artikel08/100308_lepen.htm
www.pro-koeln-online.de/artikel08/101108_lev.htm
www.pro-koeln-online.de/artikel08/180908_fpoe.htm
www.pro-koeln-online.de/artikel08/201108_libertas.htm
www.pro-koeln-online.de/artikel08/210408_rathaus.htm
www.pro-koeln-online.de/artikel08/210908_verlauf.htm
www.pro-koeln-online.de/artikel08/220908_ob.htm
www.pro-koeln-online.de/artikel08/220908_polizei.htm
www.pro-koeln-online.de/artikel08/220908_skandal.htm
www.pro-koeln-online.de/artikel08/240908_ob.htm
www.pro-koeln-online.de/artikel08/260908_wolter.htm
www.pro-koeln-online.de/artikel08/280308_vs.htm
www.pro-koeln-online.de/artikel08/dick.htm
www.pro-koeln-online.de/artikel08/gestoert.htm
www.pro-koeln-online.de/artikel08/ratssitzung.htm
www.pro-koeln-online.de/artikel108/171208_int.htm
www.pro-koeln-online.de/artikel3/koeln-kippt.htm
www.pro-koeln-online.de/artikel6/cpk.htm
www.pro-koeln-online.de/artikel6/dschihad.htm
www.pro-koeln-online.de/artikel6/grossmoschee.htm
www.pro-koeln-online.de/artikel6/jugendbanden
www.pro-koeln-online.de/artikel6/kreativ.htm
www.pro-koeln-online.de/artikel6/kriminell.htm
www.pro-koeln-online.de/artikel6/punker.htm
www.pro-koeln-online.de/artikel6/schaden.htm
www.pro-koeln-online.de/artikel6/schaeuble.htm
www.pro-koeln-online.de/artikel6/stimmung.htm
www.pro-koeln-online.de/artikel6/tuerkisch.htm
www.pro-koeln-online.de/das/htm
www.pro-koeln-online.de/images/moscheebau.pdf
www.pro-koeln-online.de/images08_2/antrag-diebe.pdf
www.pro-koeln-online.de/images1/prokoeln11.pdf
www.pro-koeln-online.de/images9/zeitung0107.pdf
www.pro-koeln-online.de/stamm/nippes.htm+Pro+K%B6In+klau-kids+weidenpesch&cd=28
www.pro-koeln-online.de/stamm/programm.htm
www.pro-koeln-online.de/stamm/rat.htm
www.pro-nrw.net/index.php?option=com_content&view=article&id=260:pro-nrw-programm&catid=42&Itemid=42
www.pro-nrw.org./content/view/795/44

www.pro-nrw.org/content/view/103/47
www.pro-nrw.org/content/view/104/23
www.pro-nrw.org/content/view/106/47
www.pro-nrw.org/content/view/108/47
www.pro-nrw.org/content/view/110/22
www.pro-nrw.org/content/view/117/47
www.pro-nrw.org/content/view/121/23
www.pro-nrw.org/content/view/123/23
www.pro-nrw.org/content/view/131/39
www.pro-nrw.org/content/view/138/47
www.pro-nrw.org/content/view/152/23
www.pro-nrw.org/content/view/156/22
www.pro-nrw.org/content/view/179/46
www.pro-nrw.org/content/view/199/23
www.pro-nrw.org/content/view/203/21
www.pro-nrw.org/content/view/207/11
www.pro-nrw.org/content/view/212/61
www.pro-nrw.org/content/view/214/44
www.pro-nrw.org/content/view/235/72
www.pro-nrw.org/content/view/236/23
www.pro-nrw.org/content/view/239/23
www.pro-nrw.org/content/view/265/21
www.pro-nrw.org/content/view/268/200
www.pro-nrw.org/content/view/270/61
www.pro-nrw.org/content/view/275/23
www.pro-nrw.org/content/view/277/23
www.pro-nrw.org/content/view/292/47
www.pro-nrw.org/content/view/293/20
www.pro-nrw.org/content/view/297/38
www.pro-nrw.org/content/view/328/24
www.pro-nrw.org/content/view/361/22
www.pro-nrw.org/content/view/382/22
www.pro-nrw.org/content/view/384/21
www.pro-nrw.org/content/view/398/20
www.pro-nrw.org/content/view/403/22
www.pro-nrw.org/content/view/408/40
www.pro-nrw.org/content/view/411/20
www.pro-nrw.org/content/view/445/39
www.pro-nrw.org/content/view/462/22
www.pro-nrw.org/content/view/472/20
www.pro-nrw.org/content/view/475/22
www.pro-nrw.org/content/view/489/47
www.pro-nrw.org/content/view/51/23

www.pro-nrw.org/content/view/511/222
www.pro-nrw.org/content/view/512/223
www.pro-nrw.org/content/view/524/354
www.pro-nrw.org/content/view/525/355
www.pro-nrw.org/content/view/527/363
www.pro-nrw.org/content/view/57/23
www.pro-nrw.org/content/view/583/358
www.pro-nrw.org/content/view/59/23
www.pro-nrw.org/content/view/60/23
www.pro-nrw.org/content/view/624/22
www.pro-nrw.org/content/view/675/22
www.pro-nrw.org/content/view/675/22
www.pro-nrw.org/content/view/69/23
www.pro-nrw.org/content/view/700/225
www.pro-nrw.org/content/view/71/40
www.pro-nrw.org/content/view/730/42
www.pro-nrw.org/content/view/732/20
www.pro-nrw.org/content/view/756/20
www.pro-nrw.org/content/view/77/24
www.pro-nrw.org/content/view/78/21
www.pro-nrw.org/content/view/81/20
www.pro-nrw.org/content/view/817/1/
www.pro-nrw.org/content/view/821/1
www.pro-nrw.org/content/view/822/1/
www.pro-nrw.org/content/view/824/1/
www.pro-nrw.org/content/view/825/1
www.pro-nrw.org/content/view/825/1/
www.pro-nrw.org/content/view/87/23
www.pro-nrw.org/content/view/96/47
www.pro-nrw.org/index.php?option=com_content&view=article&id:es-liegt-ausschließlich-an-uns-selber&catid=166Itemid=44
www.pro-nrw.org/index.php?option=com_content&view=article&id=120:pro-nrw-sagt-nein-zum-geplanten-moschee-bau-in-essen&catid=37&Itemid=23
www.pro-nrw.org/index.php?option=com_content&view=article&id=1290:pro-nrw-ist-der-gewinner&catid=139
www.pro-nrw.org/index.php?option=com_content&view=article&id=1292:glueckwuensche-aus-ganz-europa-zum-wahlerfolg-der-pro-bewegung-&catid=140
www.pro-nrw.org/index.php?option=com_content&view=article&id=253:frustrierte-rechtsextremisten-machen-gegen-pro-koeln-bzw-pro-nrw-mobil&catid=34&Itemid=46
www.pro-nrw.org/index.php?option=com_content&view=article&id=339:bravo-und-dank-an-geert-wilders&catid=30&Itemid=43

www.pro-nrw.org/index.php?option=com_content&view=article&id=50:gipfel-der-anbiederung&catid=37&Itemid=23
www.pro-nrw.org/index.php?option=com_content&view=article&id=749:islamische-machtdemonstration&catid=986&Itemid=234
www.pro-nrw-org/index.php?option=com_content&view=article&id=327:gleiche-chancen-fuer-deutsche-schueler&catid=68
www.pro-nrw-org/index.php?option=com_content&view=article&id=46:ausbildung-statt-zuwanderung-deutschland-ist-mehr-als-nur-ein-wirtschafts-standortq&catid=37&Itemid=23
www.report-k.de/content/view/97/18/40
www.ruhrgebiet-jugend.de
www.spiegel.de/politik/ausland/0,1518,498881,00,html
www.spiegel.de/politik/deutschland/0,1518,184960,00.html
www.stadt-koeln.de/zahlen/bevoelkerung/artikel/04605/index.html
www.sueddeutsche.de/politik/249/398034/text/
www.zentralmoschee-koeln.de/default.php?id=5&lang=de
www.zurzeit.at/index.php?id=387
www-pro-koeln-online.de/artikel6/islamisierung.htm
www-pro-koeln-online.de/stamm/ausgrenzung.htm

Weitere Informationen

Auf der Unrast Website zum Buch finden Sie:

- ein Personen- und Themenregister
- aktuelle Nachrichten und Informationen zur Pro-Bewegung
- Hintergrundliteratur zu den Themen der Pro-Bewegung
- Presseberichte und Rezensionen zum Buch

Besuchen sie uns!

www.unrast-verlag.de

Iman Attia (Hg.)
Orient- und IslamBilder
Interdisziplinäre Beiträge zu Orientalismus und antimuslimischem Rassismus
12 Seiten | 19,80 Euro | ISBN 978-3-89771-466-3
Der Sammelband setzt an der Konstruktion des Gegenbildes Orient bzw. Islam an und legt die dahinter liegenden Interessen offen.

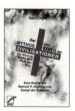

Gazi Caglar
Der Mythos vom Krieg der Zivilisationen
Der Westen gegen den Rest der Welt
Eine Replik auf Samuel P. Huntingtons Kampf der Kulturen
190 Seiten | 14 Euro | ISBN 3-89771-414-0
Das Zivilisationsparadigma von S. P. Huntington und Bassam Tibi ist keineswegs so neu, wie es behauptet wird. Die geschichtstheoretischen Grundlagen dieses Paradigmas sind zu finden in den zyklischen Geschichtsphilosophien, deren Exponenten Oswald Spengler, Arnold Toynbee und Nikolaj Danilevskij waren.

Heiko Kauffmann, Helmut Kellershohn, Jobst Paul (Hg.)
Völkische Bande
Dekadenz und Wiedergeburt - Analysen rechter Ideologie
Edition DISS Bd. 8 | 254 Seiten | 18 Euro | ISBN 3-89771-737-9
Die Autor*innen* präsentieren Ergebnisse der neueren Faschismusforschung anhand eingehender Einzelanalysen und Fallstudien z.B. zu Armin Mohler, Arthur Möller van den Bruck, Thomas Mann, Guy Héraud. Mit Beiträgen u.a. von Roger Griffin, Heiko Kauffmann, Kurt Lenk, Volker Weiß und Moshe Zuckermann

Siegfried Jäger / Dirk Halm (Hg.)
Mediale Barrieren
Rassismus als Integrationshindernis
Edition DISS Bd. 13 | ISBN 978-3-89771-742-8 | 259 S. | 24.00 Euro

Die Medien befeuern einen rassistischen Einwanderungsdiskurs und bedienen sich tendenziell eines »binären Reduktionismus«: Es findet eine Schwarz-Weiß-Malerei statt, indem Muslimen (und anderen Einwanderern) pauschal schlechte Eigenschaften zugeschrieben werden. Hierin sehen die Autorinnen ein ernsthaftes Hindernis für eine »friedliche Koexistenz« der Kulturen – weltweit.

Alfred Schobert
Analysen und Essays
Extreme Rechte – Geschichtspolitik – Poststrukturalismus.
Herausgebeben von: Martin Dietzsch, Siegfried Jäger, Moshe Zuckermann
Edition Diss Band: 21
440 Seiten | 29,80 Euro | ISBN 978-3-89771-750-3

Der Band enthält die wichtigsten wissenschaftlichen und journalistischen Veröffentlichungen und eine Reihe bisher nicht publizierter Vorträge von Alfred Schobert. Als Schüler des französisch-algerischen Philosophen Jacques Derrida war Alfred Schobert einer der schärfsten Kritiker »Deutscher« und »Französischer Zustände«.

Margarete Jäger / Jürgen Link (Hg.)
Macht – Religion – Politik
Zur Renaissance religiöser Praktiken und Mentalitäten
Edition DISS Bd. 11 | 304 Seiten | 24 Euro | ISBN 3-89771-740-9

Aus einer vorwiegend kulturwissenschaftlich orientierten Perspektive werden Aktionen und Konflikte des Machtkomplexes in Deutschland untersucht und (normalismus-)theoretisch begründet. Die Analysen beziehen sich auch auf Entwicklungen in den Niederlanden, den USA und Russland.

Kien Nghi Ha, Nicola Lauré al-Samarai, Sheila Mysorekar (Hg.)
re/visionen
Postkoloniale Perspektiven von People of Color auf Rassismus, Kulturpolitik und Widerstand in Deutschland
456 Seiten | 24 Euro | ISBN 978-3-89771-458-8
In »re/visionen« werden erstmals kritische Stimmen ausnahmslos von People of Color zusammen gebracht – Schwarze Deutsche, Roma und Menschen mit außereuropäischen Flucht- und Migrationshintergründen.

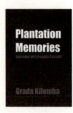

Grada Kilomba
Plantation Memories
Episodes of Everyday Racism
ISBN 978-3-89771-485-4 | 152 S. | 16 Euro
In englischer Sprache
Plantation Memories erforscht Alltagsrassismus in Form einer Sammlung von Geschichten. Es begreift Rassismus als psychologische Realität. Indem Grada Kilomba postkoloniale Theorie, Psychoanalyse und poetisches Erzählen miteinander verbindet, ermöglicht sie eine neue und inspirierende Interpretation von Alltagsrassismus, Erinnerung, Trauma und Dekolonisierung in der Form von Kurzgeschichten.

Maureen M. Eggers, Grada Kilomba, Peggy Piesche, Susan Arndt (Hg.):
Mythen, Masken und Subjekte
Kritische Weißseinsforschung in Deutschland
2. Auflage | 544 Seiten | 24 Euro | ISBN 3-89771-440-X
Mit einem hegemoniekritischen Fokus im Diskurs um Ethnisierung und Rassifizierung geht dieser Band auf die kritische Auseinandersetzung mit der Kategorie Weißsein aus einer Schwarzen Perspektive als konzeptionellem Schwerpunkt ein.